本书由
中央高校建设世界一流大学（学科）
和特色发展引导专项资金
资助

中南财经政法大学“双一流”建设文库

创｜新｜治｜理｜系｜列｜

居家养老：照护方式的选择

邓汉慧　著

中国财经出版传媒集团
中国财政经济出版社

图书在版编目（CIP）数据

居家养老：照护方式的选择 / 邓汉慧著．-- 北京：中国财政经济出版社，2019.12

（中南财经政法大学“双一流”建设文库．创新治理系列）

ISBN 978-7-5095-9417-9

Ⅰ．①居…　Ⅱ．①邓…　Ⅲ．①养老－服务模式－研究－中国　Ⅳ．①D669.6

中国版本图书馆 CIP 数据核字（2019）第 250695 号

责任编辑：钱红叶　　　　责任校对：徐艳丽

封面设计：陈宇琰

居家养老：照护方式的选择

JUJIA YANGLAO：ZHAOHU FANGSHI DE XUANZE

中国财政经济出版社 出版

URL：http://www.cfeph.cn

E-mail：cfeph@cfemg.cn

社址：北京市海淀区阜成路甲 28 号　邮政编码：100142

营销中心电话：010-88191537

北京财经印刷厂印装　各地新华书店经销

787×1092 毫米　16 开　17.25 印张　280 000 字

2019 年 12 月第 1 版　2019 年 12 月北京第 1 次印刷

定价：78.00 元

ISBN 978-7-5095-9417-9

（图书出现印装问题，本社负责调换）

本社质量投诉电话：010-88190744

打击盗版举报热线：010-88191661　QQ：2242791300

总 序

“中南财经政法大学‘双一流’建设文库”是中南财经政法大学组织出版的系列学术丛书，是学校“双一流”建设的特色项目和重要学术成果的展现。

中南财经政法大学源起于1948年以邓小平为第一书记的中共中央中原局在挺进中原、解放全中国的革命烽烟中创建的中原大学。1953年，以中原大学财经学院、政法学院为基础，荟萃中南地区多所高等院校的财经、政法系科与学术精英，成立中南财经学院和中南政法学院。之后学校历经湖北大学、湖北财经专科学校、湖北财经学院、复建中南政法学院、中南财经大学的发展时期。2000年5月26日，同根同源的中南财经大学与中南政法学院合并组建“中南财经政法大学”，成为一所财经、政法“强强联合”的人文社科类高校。2005年，学校入选国家“211工程”重点建设高校；2011年，学校入选国家“985工程优势学科创新平台”项目重点建设高校；2017年，学校入选世界一流大学和一流学科（简称“双一流”）建设高校。70年来，中南财经政法大学与新中国同呼吸、共命运，奋勇投身于中华民族从自强独立走向民主富强的复兴征程，参与缔造了新中国高等财经、政法教育从创立到繁荣的学科历史。

“板凳要坐十年冷，文章不写一句空”，作为一所传承红色基因的人文社科大学，中南财经政法大学将范文澜和潘梓年等前贤们坚守的马克思主义革命学风和严谨务实的学术品格内化为学术文化基因。学校继承优良学术传统，深入推进师德师风建设，改革完善人才引育机制，营造风清气正的学术氛围，为人才辈出提供良好的学术环境。入选“双一流”建设高校，是党和国家对学校70年办学历史、办学成就和办学特色的充分认可。“中南大”人不忘初心，牢记使命，以立德树人为根本，以“中国特色、世界一流”为核心，坚持内涵发展，“双一流”建设取得显著进步：学科体系不断健全，人才体系初步成型，师资队伍不断壮大，研究水平和创新能力不断提高，现代大学治理体系不断完善，国际交流合作优化升级，综合实力和核心竞争力显著提升，为在2048年建校百年时，实现主干学科跻身世界一流学科行列的发展愿景打下了坚实根基。

“当代中国正经历着我国历史上最为广泛而深刻的社会变革，也正在进行着人类历史上最为宏大而独特的实践创新”，“这是一个需要理论而且一定能够产生理论的时代，这是一个需要思想而且一定能够产生思想的时代”①。坚持和发展中国特色社会主义，统筹推进“五位一体”总体布局和协调推进“四个全面”战略布局，实现“两个一百年”奋斗目标、实现中华民族伟大复兴的中国梦，需要构建中国特色哲学社会科学体系。市场经济就是法治经济，法学和经济学是哲学社会科学的重要支撑学科，是新时代构建中国特色哲学社会科学体系的着力点、着重点。法学与经济学交叉融合成为哲学社会科学创新发展的重要动力，也为塑造中国学术自主性提供了重大机遇。学校坚持财经政法融通的办学定位和学科学术发展战略，“双一流”建设以来，以“法与经济学科群”为引领，以构建中国特色法学和经济学学科、学术、话语体系为己任，立足新时代中国特色社会主义伟大实践，发掘中国传统经济思想、法律文化智慧，提炼中国经济发展与法治实践经验，推动马克思主义法学和经济学中国化、现代化、国际化，产出了一批高质量的研究成果，“中南财经政法大学‘双一流’建设文库”即为其中部分学术成果的展现。

文库首批遴选、出版二百余册专著，以区域发展、长江经济带、“一带一路”、创新治理、中国经济发展、贸易冲突、全球治理、数字经济、文化传承、生态文明等十个主题系列呈现，通过问题导向、概念共享，探寻中华文明生生不息的内在复杂性与合理性，阐释新时代中国经济、法治成就与自信，展望人类命运共同体构建过程中所呈现的新生态体系，为解决全球经济、法治问题提供创新性思路和方案，进一步促进财经政法融合发展、范式更新。本文库的著者有德高望重的学科开拓者、奠基人，有风华正茂的学术带头人和领军人物，亦有崭露头角的青年一代，老中青学者秉持家国情怀，述学立论、建言献策，彰显“中南大”经世济民的学术底蕴和薪火相传的人才体系。放眼未来、走向世界，我们以习近平新时代中国特色社会主义思想为指导，砥砺前行，凝心聚

① 习近平：《在哲学社会科学工作座谈会上的讲话》，2016年5月17日。

力推进“双一流”加快建设、特色建设、高质量建设，开创“中南学派”，以中国理论、中国实践引领法学和经济学研究的国际前沿，为世界经济发展、法治建设做出卓越贡献。为此，我们将积极回应社会发展出现的新问题、新趋势，不断推出新的主题系列，以增强文库的开放性和丰富性。

“中南财经政法大学‘双一流’建设文库”的出版工作是一个系统工程，它的推进得到相关学院和出版单位的鼎力支持，学者们精益求精、数易其稿，付出极大辛劳。在此，我们向所有作者以及参与编纂工作的同志们致以诚挚的谢意！

因时间所囿，不妥之处还恳请广大读者和同行包涵、指正！

中南财经政法大学校长 杨灿明

目　录

导　论

一、选题背景与意义

中国在人口结构及社会结构快速转型过程中，高龄、空巢、少子致使养老问题日益凸显，“老有所养、老有所医”已经成为政府和社会各界关注的焦点[①]。家庭核心化、小型化和养老功能弱化，导致传统“养儿防老”的家庭养老模式无法完全承担当前的养老重任[②]，依托社区的居家养老成为一种最经济的公共消费与整合社会有限养老资源的养老方式，开始受到重视。

在国际上，养老服务供给经历了从重视机构照护转向回归社区照护。源于英国的社区整合照护可应对老龄福利带来的沉重国家财政负担，同时，有效解决了养老院舍、养老机构服务的负面影响，引导需要照护的老年群体回归社区和家庭。去养老机构化、院舍化，恢复老年人生活正常化，使老年人在家能够得到与养老机构一样服务品质的专业人士照护。这些表明，居家养老符合人性且照顾成本相对较低。《1982 年维也纳老龄问题国际行动计划》指出，“应该设法让年长者能够尽量在自己的家里和社区独立生活”，并且建议“社会福利服务应该以社区为基础，向老年人提供各个方面的服务”。1992 年，联合国通过的《老龄问题宣言》强调，“以社区为单位，让老年人尽可能长期在家里居住”。在福利多元主义思潮影响下，国际上形成以英国、美国、日本、新加坡为代表的“社区整合照护”模式。这种普惠型福利模式强调社区中非正式网络家庭、朋友、邻里、志愿者等与正式社会服务机构结合，以“社区”为基本照护单位，

---

① 本研究系国家社会科学基金项目：医养融合的社区居家养老模式研究（项目编码：15BRK022）阶段性成果．

② 张川川，陈斌开．“社会养老”能否替代“家庭养老”？——来自中国新型农村社会养老保险的证据［J］．经济研究，2014，49（11）：102－115.

以老年人为中心，服务内容更注重医疗照护、康复照护和社会照顾，整合正式照护与非正式照护资源，提供连续、高效的医养服务，强调服务提供各方联合，摒弃竞争，提高服务者的积极性，减少照护资源浪费。但是，这种普惠型福利模式过于注重建立正式照护服务体系，其非正式照护明显不足，尤其是来自子女的照护支持很少。

中国养老事业发展不存在从机构照护向社区照护转移以及家庭照护回归。长期以来，我国均以反哺育式①家庭养老为主。中华人民共和国民政部、中华人民共和国国家发展和改革委员会印发的《民政事业发展第十三个五年规划》（民发〔2016〕107号）提出，“全面建成以居家为基础、社区为依托、机构为补充、医养结合的多层次养老服务体系”，明确了以居家养老为基础的指导思想。目前，居家养老已经成为绝大多数老年人的自愿选择，但居家养老服务却是养老事业中最薄弱的领域，最需照护的失能老人、高龄空巢老人、贫困老年人的养老问题凸显。实际调查结果表明，看似红火的居家养老服务并未使最需照护的失能老人受益，社区养老服务未深入老年人的家庭，主要服务于生活自理老年人。看似巨大的居家养老服务需求，老年人使用率低、提供养老服务的组织也并未盈利。看似老年人的养老服务需求相对集中，但在实践中却高度分散，居家养老服务供需匹配脱节、错位问题凸显。

本书提出构建老年人需求导向居家养老服务体系，不同生命周期的老年人对照护方式的选择成为研究的核心问题。以家庭养老为基础，又与传统家庭养老有差异的居家养老方式，并非以牺牲家人的时间和幸福，降低自我生活质量为代价，而是老年人居住在家，不脱离方便温馨的家庭环境，接受适当社会化正式照护并协助老年人继续社会化的符合人性的养老方式。我国面临正式照护明显不足与非正式照护弱化的双重问题，不仅需要继续挖掘家庭、邻里、志愿者等非正式照护资源，更重要的是需要大力发展社会化的正式照护服务体系，推动养老服务主体、客体、资金筹措、服务队伍、服务管理等可持续社会化发展，实现养老服务产业化、专业化。

学术界对一系列养老问题从不同视角展开了深入的研究。当前，倾向性的养老问题研究方式，是通过尽可能完善、系统的社会调查方法获得翔实的样本数据，然后应用统计学的各种计量模型处理、分析样本数据，最后以相关理论

① 费孝通．乡土中国：生育制度［M］．北京：北京大学出版社，1998.

为指导，对计量模型分析成果进行合理、实事求是的解释，以期获得正确的认识并为政府决策、制度设计、养老市场规划与发展等提供科学的依据。但是，与社会科学其他领域的研究工作一样，养老问题的研究过程也充满了各种风险和不确定性，主要表现为：其一，数据样本的代表性和系统性往往受到调查区域和调查对象局限性、城乡养老模式差异性以及其他因素的挑战，难以真实反映设定的调查问题；其二，在数据样本的统计学处理过程中，同样存在计量模型不适用的风险以及变量选择的内生性问题，稍有不慎将导致本身质量良好、基础扎实的数据样本呈现出错误的信息；其三，模型分析成果的理论解释，可能因为指导理论的不完善或歧义性，甚至因为研究者的思维偏好，严重偏离社会实际。

针对上述问题，本书对老年人照护方式选择问题的研究，从数据样本的代表性和系统性入手，严谨选择并构建研究样本。在数据分析过程中，结合问题构建适用的统计学计量模型，针对实证过程中必然出现的内生性问题，选择有效的工具变量或代理变量。实证成果解释除了全面梳理相关基础理论外，重点从社会实际出发，理论结合实际阐释相关研究成果。本书中阐述的居家养老照护方式选择问题，均基于作者 2015 年立项的国家社会科学基金项目：医养融合的社区居家养老模式研究。作者指导的研究生赵姣姣、徐倩倩、熊佩、付一博、吕雅茜、李鑫源等人参与了该项目的研究，并以此为依托完成研究生学位论文。对于他们在项目研究中发挥的作用，谨致感谢！

二、 主要研究内容

老年人个体的差异导致的养老服务需求差异表现为其对照护内容、方式选择的方面。老年人生活自理能力、购买力、家庭照护能力、社区养老服务供给、养老观念差异等诸多因素影响老年人照护方式的选择，但最终决策取决于多因素的平衡。正式照护与非正式照护方式往往呈现动态变化过程。老年人最初出现生活自理能力下降时，寄希望于配偶和子女的家庭照护，如果家庭照护可以弥补自理能力下降关联的照护需求，他们无论是从传统家庭观念还是基于经济支出考虑，均不愿选择正式照护。但随着老年人自理能力进一步丧失，家庭照护无法满足老年人自理能力下降需要的更专业、精细化服务之时，具有购买能力的老年人就会产生选择正式照护的强烈意愿。有意思的是，在正式照护包含的养老院服务和保姆照护两种方式中，大多数老年人更趋向于选择保姆照护。统计资料显示，对经济收入较高的重度失能老人来说，正式照护方式的选择大多偏好保姆照护方式。对此，本书进行了深入地分析和讨论。

目前，我国社区养老服务尚处于初级阶段，大多数采取选择性社会福利制度，养老服务的社会化明显不足，误以为"以社区为依托"就是依靠社区居委会将社区责任无限扩大。事实上，老年人工作只是社区工作职责之一，社区养老服务的投入主体并非社区，必须改变社区管理者直接充当养老服务提供者的现状，整合社区内的各种养老服务资源，为有需要的老年人提供全面、有效的服务。目前，照护服务的刚需主要源自失能老人，社区养老服务组织需要深入分析这类老年人的需求内容、需求水平、需求强度。实际生活中，老年人对养老服务的需求往往是多样化和多层次的。研究表明，美国居家照护服务使用率依次为：专业护理服务（84%）、物理治疗（40%）、援助与日常生活（37%）、家庭主妇服务（17%）、伤口护理和职业治疗（均为14%）、膳食咨询（14%）。中国老年人的个体差异对日常照护需求有显著影响。统计数据显示，中国老年人对日常生活照护的需求率为50%～60%[①]。对于生活能够自理的老年人来说，心理需求以及自我实现需求显著强于失能老人[②]；轻度失能老人对照护服务的需求少且需求率低，陪伴散步和聊天是重要的精神慰藉需求；中度失能老人对生活照护方面需求率高，陪伴阅读或是阅览书报是需求最高的精神慰藉项目，重度失能老人则不仅需求项目多，而且需求强度高。

本研究利用公开的全国性社会调查数据，从多个维度探讨不同生命周期的老年人在居家养老过程中，医疗服务可及性、社区医疗资源对老年人健康的影响，老年人生活自理能力、代际支持、经济收入等方面对老年人照护方式选择的影响。社区居家养老服务是解决中国众多老年人养老问题的根本途径。如何让老年人在社区居家养老过程中真正享受健康幸福的晚年生活，分析老年人如何选择照护方式是关键点。本研究基于扎实的调研数据、翔实的深度访谈资料、

① 黄匡时．中国老年人日常生活照料需求研究［J］．人口与社会．2014，30（4）：10－17．

② 周姗姗．重庆地区失能老年人心理需求状况调查［J］．老龄科学研究．2015，3（2）：65－71．

应用相关研究模型和数理统计方法，对居家养老的失能、半失能老人的照护方式展开实证分析和深入探索，以期为解决这一问题提供科学的依据，并根据研究结果，为顶层设计和政府决策提出可行的对策建议。

三、研究数据来源

由于研究的需要，本研究分别利用了3套全国性的公开社会调查数据（CLHLS、CFPS和CHARLS）。3套公开数据各有不同的调查侧重点，但它们共同的特点是调查数据可靠度高，可信度强，信息翔实，数据质量总体较好，具有较强的代表性。

（一）CLHLS数据

第一套公开数据为美国杜克大学与北京大学联合组织的中国老年人口健康状况调查项目（CLHLS）2011年度和2014年度的调查数据。该项目另一名称为中国老人健康长寿影响因素研究。作为一项长期性的调查项目，CLHLS开始于1998年，随后在2000年、2002年、2005年、2008年、2011年、2014年分别开展了追踪调查。CLHLS基线调查和跟踪调查涵盖了全国具有代表性的23个省份和地区①，采用多阶段分层抽样的方法，随机抽取约50%的市、县或区入户进行问卷调查。1998年和2000年主要针对80岁及以上的高龄老人展开调查，自2002年开始把65岁及以上的老年人列入调查范围。调查内容包括了老年人的个人及家庭基本状况、对自身健康状况与健康状况的自我评价、养老方式、经济来源和经济状况、日常活动能力、认知功能、生活方式、医疗保障等诸多方面，涵盖面广而细微，数据信息量大。此外，由调查所在地的专业医护人员或担任本次调查员的医学院学生对每位受访老年人进行了基本的健康体检，提供了受访老年人的客观健康状况信息。

① 23个省份包括：北京、天津、河北、河南、辽宁、吉林、黑龙江、山东、山西、陕西、上海、江苏、浙江、安徽、福建、江西、湖北、湖南、广东、广西、四川、重庆、海南等。

（二）CFPS 数据

第二套公开数据来源于北京大学中国社会科学调查中心（ISSS）在全国实施的“中国家庭追踪调查”（China Family Panel Studies，CFPS）2014 年调查数据库。CFPS 数据通过多层次抽样调查方法获得。该调查项目的目的是通过系统收集并建立自然人个体、家庭以及社区层面的相关数据库，立体、多维地涵盖中国当前的社会经济以及教育医疗等诸多基础信息。因此，这是一项全国性的大规模、多学科社会跟踪调查项目。该项调查获得的数据全面、丰富、客观且严谨，符合本书实证研究的需要，并为研究结果的可靠性提供了坚实的基础。

CFPS 分别于 2008 年和 2009 年先后在北京、上海和广东三地开展了初访与追踪调查，以此为基础，于 2010 年正式开展调查工作，并扩展了调查的区域范围。CFPS 将 2010 年参与正式调查访问的基线家庭成员以及其后新加入家庭成员，都作为该项调查访问的永久追踪对象。CFPS 调查问卷最初主要分为以下 4 个类型：社区问卷、家庭问卷、成人问卷和儿童问卷。后续调查中，CFPS 根据实际情况分别发展出长问卷、短问卷、代答问卷、电访问卷以及面试问卷等形式。因此，该项调查问卷不仅内容丰富广泛而且形式多样，涉及个人家庭信息及医疗健康方面的信息，非常适于本研究内容。实证研究重点选取了 CFPS 的 2014 年调查数据，是因为其更为全面、更符合本研究需要。

（三）CHARLS 数据

第三套公开数据来源于 2015 年中国健康与养老追踪调查（China Health and Retirement Longitudinal Study，CHARLS）。该调查旨在收集并形成代表中国 45 岁及以上中老年人家庭与个人的微观数据，用以分析中国的人口老龄化等相关问题。CHARLS 数据调查始于 2008 年，随后 2011 年、2012 年、2013 年，2015 年均开展了追踪调查。其中，2008 年与 2012 年分别为两省试调查与两省追踪调查，2011 年与 2013 年分别为全国基线调查与全国追踪调查。在 2011 年的 CHARLS 全国基线调查中，调查范围涵盖了 150 个县级单位，450 个村级单位，所含个体大约为 1 万户家庭中的 1.7 万人。在 2013 年的 CHARLS 全国追踪调查中，与家庭户主问卷相关的数据组包括基本信息、家庭信息、家庭成员信息等内容。2015 年底[①]，CHARLS 又更新了与退出及死因问卷相关的数据组，包括退出调查与死亡信息等内容。

四、 相关概念界定与理论基础

（一）相关概念界定

1. 老年人健康

按照国际惯例，当一个国家或地区总人口中年龄在 60 周岁及以上人口占比超过 10%，即表示该国家或地区已经进入老龄化社会。参照中国对退休年龄的规定，绝大部分自然人会在 60 周岁左右退休，进入人生另一个阶段。退休意味着人的社会功能发生了巨大变化，从而对老年人身体和心理健康都将产生巨大影响。因此，本研究将年龄在 60 周岁及以上作为筛选老年人样本的年龄指标。

20 世纪 90 年代，世界卫生组织（WHO）将健康定义为一个综合的、全面的、可操作的概念，健康不仅包括生理上的健康，即没有疾病的状态，而且心理上具有承受力，兼具一定的社会适应能力。这也是健康老龄化的主旨内容[②]。自评健康状况和日常生活自理能力是国际上比较通用的测量老年人健康的两个指标，能够在一定程度上反映个人健康的主观状况和客观状态。本研究采用自评健康和日常生活自理能力作为衡量老年人健康的重要指标，并将老年人的心理健康状况作为补充指标。根据已有的测量量表以及问卷中的相关问题设置，将涉及健康层面的问题进行整合，从主观与客观方面综合评价老年人健康问题。

2. 失能老人

根据世界卫生组织对老年人的定义，当自然人个体年龄达到或者超过 60 周岁即可以称之为老年人。我国根据实际情况，将自实行健康档案以来，年龄达

---

① CHARLS 官方网站，网址：http：//charls. ccer. edu. cn/zh – CN/page/data/2013 – charls – wave2。

② 健康老龄化，是指使多数老年人保持较好的身心健康，拥有较好的智力、心理、躯体、社会和经济功能状态，并让这五大功能的潜力得到充分发挥。

到和超过65周岁的自然人群体称为老年人。当前，我国的老年人口总数已达2.41亿人，占我国人口总额的17.3%[①]。本书在对失能或半失能老人进行研究时，根据其失能程度作了进一步的划分。界定和测量老年人是否失能及其失能程度，应用了日常生活活动能力量表（ADL指数量表），通过各项得分的计算加以判定。本书在处理CLHLS数据时，将其中有关日常活动能力的6项指标（穿衣、吃饭、上下床、如厕、洗澡、室内行走）进行整理，将调研结果中无法独立完成或需要帮助才能完成其中任何1项的样本归为失能样本。

综合梳理学术界的倾向性认识，失能往往是指自然人个体由于受到伤残、疾病或因年龄增长等原因，逐渐导致个体身体功能出现障碍，丧失生活自理能力的一种表现。从该认识中不难看出，导致失能的原因往往有罹患重大疾病、慢性病或突发性疾病及伤残。同时，个体随着年龄增长，身体机能出现退化也可能造成失能。此外，有学者建议，将个体能否有效地进行社会交流也作为衡量失能程度的指标之一（王丽姿，2009）。对于失能程度的衡量方法已较为成熟，一般通过日常生活能力（ADL）的6个方面来衡量。这6个方面分别为：穿衣、吃饭、上下床、如厕、洗澡、室内行走。其中，1~2项缺失被定义为轻度失能，3~4项缺失被定义为中度失能，5~6项缺失被定义为重度失能。

依据Katz指数的测量方法，老年人的个体失能程度可被划分为以下7个层级：A级，全部观测功能均能独立完成；B级，只有其中任意1项观测功能不能独立完成，其他5项均能独立完成；C级，只有洗澡和其余任意1项观测功能不能独立完成；D级，洗澡、穿衣和其余4项观测功能之一不能独立完成；E级，洗澡、穿衣、如厕和其余3项观测功能之一不能完成；F级，洗澡、穿衣、如厕、移动和其余2项观测功能之一不能独立完成；G级，所有6项观测功能中，无一项可以独立完成。

同时，根据Katz指数判定的老年人失能程度，与以往研究方法划分的失能等级进行了对应衔接。根据Katz指数判定的B级、C级定义为轻度失能，根据Katz指数判定的D级、E级定义为中度失能，根据Katz指数判定的F级、G级定义为高度失能或重度失能。本研究工作中，根据中国实际情况采用65岁为失能老人的年龄标准。因此，本书中提及的失能老人是指ADL 6项指标中至少有1项不能独立完成的65岁及以上自然人群体。

---

① 资料来源于中华人民共和国中央人民政府官方网站，网址：http://www.gov.cn/xinwen/2018-02/26/content_5268992.htm。

3. 医疗服务可及性

关于医疗服务的定义存在不同的解释，不同部门根据其自身的出发点和利益对医疗服务进行了定义。例如，《财政部国家税务总局关于医疗卫生机构有关税收政策的通知》（财税〔2000〕42 号）指出："医疗服务是指医疗服务机构对患者进行检查、诊断、治疗、康复和提供预防保健、接生、计划生育方面的服务，以及与这些服务有关的提供药品、医用材料器具、救护车、病房住宿和伙食的业务"。结合本书中的医疗服务使用对象为老年人，本书中医疗服务的概念指医疗服务机构对老年人开展的预防保健、门诊或住院治疗的服务以及有关的药品提供及医疗设施利用等业务。

各界关于医疗服务可及性的定义未达成一致。Peters David（2008）根据患者对医疗资源的实际使用情况建立了概念框架，认为服务质量是最终目的，从资源的需求与供给方面阐述了 4 个方面的可及性：一是地理可及性，指就医距离和就医成本；二是可得性，指正确的医疗服务类型与适当的等候时间；三是经济可得性，指恰当的购买意愿以及服务价格在患者支付能力范围之内；四是可接受性，指医疗服务态度良好，接受者的满意度较高①。世界卫生组织认为，医疗卫生可及性是指居民去医疗卫生机构的方便程度，主要体现在距离医疗机构的远近、医疗服务获取的难易程度、医患关系的融洽程度、诊疗的快捷方便程度和价格的公平性。② 国内的相关研究认为，医疗服务可及性是医疗资源的需求和供给动态关联的纽带，有便捷获得的含义。由于老年人机体老化，居住与活动场所相对单一，老年人是最需要医疗服务的群体，而医疗服务的可及性已成为老年人较为关注的话题。

李建新和夏翠翠（2014）认为，有无医疗保险、医疗保险支付者、医疗费用主要支付方式、是否有定期医疗照护、就医距离和时间、医疗机构类型、医疗服务的类型、是否能在疾病最佳的治疗时间内就医等，都可作为衡量医疗服务可及性的重要指标。结合已有的研究结论，本书涉及的医疗服务可及性主要指老年人获得所需医疗服务的便捷程度。本书中测量老年人医疗服务可及性的指标则从国内学者已使用的测量指标以及数据可得性方面选取就医及时性、有无医疗保险、就诊距离③作为主要指标，将有无常规体检作为预防性医疗服务可

① David H. Peters, Anu Garg, Gerry B., et al. Poverty and access to health care in developing countries [J]. Annals of the New York Academy of Sciences, 2008, 1136 (1): 161 - 171.

② 李建新，夏翠翠. 城乡老年人口医疗服务可及性差异探析［N］. 中国人口报，2015 - 04 - 13（第 3 版）.

③ 选取医疗服务可及性测量指标，参考了北京大学顾大男教授、李建新教授、苗艳青博士后的测量方法。

及性[①]的补充指标。

4. 社区医疗卫生资源

社区医疗卫生服务的主要提供者一般来说为社区医疗卫生服务机构。作为准公共用品，社区医疗卫生服务机构通常是由政府主导建立、具有非营利性和公益性的社会组织，通常是由社区卫生服务中心和社区卫生服务站构成。从广义上分析，社区医疗卫生资源指的是开展社区基本卫生服务所使用的全部社会资源，主要包括卫生服务过程中关联的人力、物力、财力和卫生信息资源等。社区卫生资源的狭义定义，则指社区在提供基本卫生保健过程中占用或消耗的各种要素之和。本章的研究对象采用对社区卫生资源的狭义定义。

以往的研究关于社区医疗卫生资源有很多定义，有些研究以千人医生量、千人床位数等指标来衡量，也有研究文献讨论医疗服务可及性，以距离医院的远近作为客观指标（例如，以1千米作为判别标准）以及到达最近医疗机构的交通费用或交通时长进行测算（杨玉丰，2015；朱建平，2012；熊雪晨和陈海乐等，2016）。

5. 长期护理、正式照护与非正式照护

“长期护理”一词来源于国外学者有关Long－term Care（LTC）的研究。关于长期护理，国内外学者的认识不尽相同。Kim E. Y. 和Yang B. M. （2005）认为，长期护理是指个体在一个相对较长时期需要他人在日常生活活动、社会活动以及医疗服务中给予广泛帮助的情况。而产生这种帮助和照护需求的原因有很多。例如，意外伤残、突发性疾病或者患慢性疾病等导致个体的身体机能或精神健康受损，从而丧失日常生活自理能力的状态。由于对Long－term Care的翻译存在差异，所以“长期护理”在文献资料又可以称为“长期照护”或者“长期照料”。根据提供照护服务的来源、场所和内容等不同要素，学者们对于长期照护模式也具有不同的划分方式。根据照护服务发生的地点，可将长期护理服务分为以下2类：第一类是居家长期照护，即被照护者居住在家中，由其配偶、子女及其他亲属、邻居、朋友、家政服务和社区服务等人员或组织提供照护服务；第二类是指被照护者居住在专业养老院或者护理院等照护机构中，由机构中护理人员提供专业化照护服务，称之为机构长期照护。有些学者（Liu W. T. ，2000；陈丽秀等，2016）认为，根据所提供的服务是否需要付费，可以

① 预防性医疗服务可及性指预防性医疗服务使用频率。选取有无常规体检，参考了北京大学秦雪征副教授和西南财经大学周钦博士的研究方法。

将照护方式分为非正式照护和正式照护2种类型。其中，非正式照护是指通过被照护者的配偶、子女或者其他亲属以及邻居朋友等提供的非有偿性照护服务，服务内容主要包括经济支持、心理情感支持以及日常生活照护支持3个方面；正式照护则是指由政府、基层社区、志愿组织、养老机构、老年医疗机构以及家政服务等社会组织和专业机构提供的有偿服务。正式照护对于非规律性事件以及意外事件具有较好的应对性，且能够应对多种无法细分的需求。显然，这是非正式照护所不具备的。

本书在进行文献梳理与分析过程中，为防止文献研究过于狭隘，所以并未对长期护理、长期照护、长期照料的概念做具体的细致比较。仅从提供的服务内容上看，长期照护主要包括：①日常生活照护服务。例如，帮助被照护者完成吃饭、穿衣、如厕以及协助购物、洗衣和外出办事等；②精神慰藉服务。例如，对失能老人进行精神安慰、聊天、倾诉、情绪排解以及临终关怀等；③医疗康复服务。例如，康复照护、协助老年人进行康复训练等相关医疗服务。此外，长期照护还要求能够提供长期性、连续性以及劳动频率较高的照护服务，属于一种劳动密集型的工作。严格来讲，长期照护的照护对象并不只限于老年人，因病致疾、因伤致残的儿童、青壮年、中年人群也均可以成为照护的对象。但本书主要针对老年人开展研究。

非正式照护是非市场化的免费、无偿护理模式，一般由家庭成员特别是配偶、子女充当照护者。正式护理则是市场化、支付性的专业照护。

非正式照护有效性高且节约成本（Bonsang，2009）。在我国，非正式护理对家政服务、养老机构使用和门诊医疗服务均有替代效应，且替代效应超过国外。居家养老效用明显优于机构养老，为获得与居家养老相同的服务满意度，机构养老的费用需要达到居家养老费用的1.153倍（邓颖等，2004）。

（二）理论基础

与前述的概念界定相似，本部分仅对本书各章研究中频繁涉及的相关理论进行阐述，一些仅在某一章中出现的基础理论，则在相关章节单独阐述。

1. Anderson医疗服务利用行为模型

Anderson医疗服务利用行为模型由美国洛杉矶加州大学Anderson教授于1968年提出，该模型的内容在学术研究中不断充实和深化。目前，学术界研究医疗服务可及性主要以该医疗服务利用行为模型作为理论框架和研究基础。

Anderson 模型主要包括了 4 个方面的内容，即环境因素（environment）、人群特征（population characteristics）、卫生行为（health behavior）和健康结果（outcomes）[①]。环境因素包括了外部环境（经济发展水平、政治制度和相关社会政策）和卫生服务体系（卫生政策、医疗资源配置与安排）。人群特征包括了倾向特征（人口学特征、社会结构、对医疗卫生事业的态度）、促进资源（个人、家庭与社区资源）、对医疗卫生服务的需求状况（需要）。[②] 卫生行为则包括了个人健康行为（个人维持健康状况的行为）和医疗服务利用（卫生服务类型）。健康结果包括了对健康状况的主观判断（对个人健康的认知结果）、专业诊疗的客观结果以及个人对医疗服务的满意度评价。该模型是从系统学角度将 4 项内容联系起来，其整体逻辑框架阐释了医疗服务可及性的影响因素。

图 0 – 1 为 Anderson 医疗服务利用行为模型整体研究框架。如图 0 – 1 所示，个人的环境因素不可控，归为客观因素。人群特征中的倾向特征决定了个人享有的医疗服务资源的多少，其资源主要来源于个人、家庭与社区。因此，个人从主观与客观对自身的健康作出评价，即产生需要。对医疗服务的需求推动了医疗服务利用的发生。服务利用行为主要是个人为维持日常身体健康采取的保健活动以及在患病后的治疗活动。行为发生后输出了健康结果，健康结果的产生直接原因是医疗服务行为的发生，其影响因素包括了宏观社会政策以及个体特征。健康结果则由个人对自身健康的评价、客观的诊疗结果以及对服务的感知组成。该模型的 4 个方面相辅相成，互相影响。在学术研究中，该模型可适用于具体某一地区或某一群体研究医疗卫生服务可及性，是帮助决策者提高医疗服务可及性的重要手段。

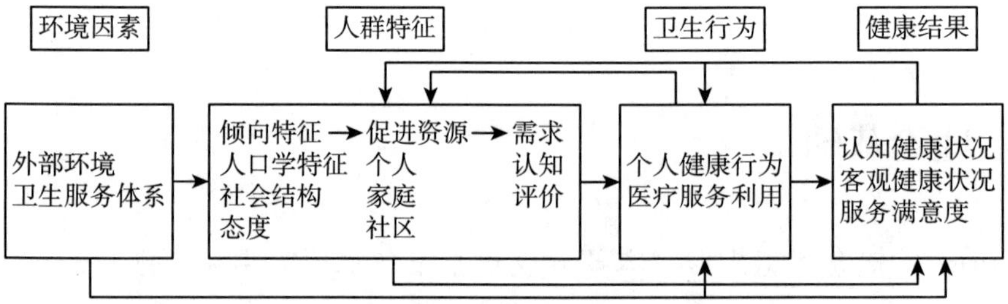

图 0 – 1　Anderson 医疗服务利用行为模型

① 陈英耀，王立基，王华．卫生服务可及性评价［J］．中国卫生资源，2000（6）：279 – 282.
② 侯干干．医疗服务可及性对农村老龄人口健康的研究［D］．蚌埠：安徽财经大学，2016.

2. Grossman 健康需求理论

Michael Grossman（1972）在人力资本理论的基础上，依据健康的特征建立了分析健康资本需求理论模型，即：

$$H_i + 1 - H_i = I_i - \delta H_i$$

该模型表示一个人当前的健康状况取决于上一期健康的投入和健康折旧之差。Grossman 认为，最重要的变量是消费者的教育程度，该变量可以视作一项无形资产，从而间接影响整个生产过程的“效率”。消费者有健康投资的动机，原因是健康可以作为消费品与投资品，消费者在投资过程中身心产生满足感，而且投资后的溢出效应为个人带来更多的收益。因此，消费者对健康有着持续性的投入习惯，产出的结果可用身心健康程度、日常生活自理能力等指标衡量。

在健康需求理论的基础上 Grossman 完善了健康生产函数模型如下：

$$H = f(x)$$

其中，H 代表个人的健康状态；x 代表影响个人健康的一系列因素，既包括个人的工资水平、文化程度、婚姻状况、年龄、性别、居住模式、生活习惯、生活方式等非医疗因素，又包括卫生保健、医疗服务等医疗因素。该模型有利于预测健康的影响因素，为其他研究选择控制变量提供了理论支撑。

老年人的健康需求与健康产出具有这个年龄层次的固有特征。从健康需求角度来说，老年人健康资本的折旧率要比其他年龄段高很多，因而对健康的需求更大。老年人对健康的需求是把健康作为一种消费品，希望得到一个健康的身体和愉悦的心理状态。从健康生产角度而言，老年人可以通过参与医疗保险、购买医疗服务等行为加大自己的健康投入。老年人根据自身健康状况选择医疗服务的内容和获取方式。进入老年状态后，健康状况较差的老年人为降低患病风险，选择参与医疗保险的可能性更大，而且对社区提供的医疗服务需求更多。寻求更多医疗服务的行为可视为健康投资行为，以满足自己的健康需求，而获取的医疗服务对老年人健康状况的改善程度可视为为健康产出。老年人的健康产出比其他年龄段人群更具有持续性，产出结果具有不稳定性。本书主要研究影响老年人健康投入的重要因素，即获得医疗服务的便捷程度对其健康的影响。

根据 Grossman 健康生产函数模型可知，影响老年人健康的因素很多。因此，本书在研究医疗服务可及性与健康关系基础上，选择的控制变量也是更多地影响老年人健康的因素。将老年人性别、年龄、户籍、文化程度等个体特征，经济收入、生活方式等社会经济特征，吸烟、饮酒等日常生活方式以及患病经历作为模型的控制变量，尽量保证变量选取的完整性。

3. 理性选择理论

20 世纪 50 年代以来，在社会学领域的研究中，广泛应用了经济学的基本理论和方法。科尔曼在 1990 年出版的《社会理论的基础》（英文版）中，第一次将理性选择范式应用于传统社会问题的研究。科尔曼在相关理论发展的基础之上提出了行动系统层次的观点，“行动者”“资源”和“利益”① 分别是该观点的 3 个要素。科尔曼的理性选择理论认为，自然人是“具有目的性的理性人”，并且总是追求自身利益的最大化。但同时，个人的行动也会受到周边资源和环境的制约，物质需求和精神需求共同构成了关乎行动主体利益的偏好。科尔曼认为的理性人除了追求经济效益，还追求情感的、社会的、政治的、文化的等其他综合效益。

科尔曼提出自然人个体是理性的，会选择理性行动以实现自身效用的最大化（丁波和王蓉，2015）。理性人追求的是一种综合效益，包括经济效益、情感效益、社会效益、政治效益和文化效益。这为本研究直接提供了理论支撑。失能老人属于理性人，其照护方式的选择是为了保障晚年生活，包括失能老人的基本生存需求、经济需求、照护需求和精神慰藉需求，体现在本书当中就是失能老人照护方式的选择。因此，本书在充分研究和理解科尔曼理性选择理论的基础上，从 3 个层次分析失能老人照护方式的选择偏好及其主要影响因素。

这 3 个层次为微观、中观和宏观。微观层面主要是指失能老人的个体特征，包括失能老人的性别、年龄、居住地（城镇与乡村）、是否参加养老保险、是否参加医疗保险、受教育程度等；中观层面从老年人生活的基本单位（家庭）相关特征出发，包括家庭尚健在的子女数、是否有配偶、家庭经济支持、家庭年收入和家庭生活水平等；宏观层面需要考虑社区对失能老人照护方式选择的影响。例如，社区是否提供居家照护服务、是否上门看病送药、是否提供精神慰藉、是否提供保健知识等。

本书重点聚焦于行动系统理论的 3 个基本要素（即行动者、资源和利

① 〔美〕詹姆斯·S. 科尔曼. 社会理论的基础［M］. 北京：社会科学文献出版社，1999.

益），将失能老人视为理性人，并从3个视角（失能老人的人口学特征、经济特征和社区特征）研究子女支持对失能老人照护方式的选择行为及其作用机制；着重研究子女经济支持、照护支持和情感支持对其照护方式选择的影响。作为理性人和社会人，老年人在进行照护方式选择的时候会受到周边诸多因素的影响。家庭是老年人最基本的生活单位，老年人在选择照护方式时会考虑家庭经济情况，特别是子女状况，其对照护方式的选择是在家庭成员协商一致的情况下做出的。因此，子女支持是影响失能老人选择照护方式的重要决定因素。

第一章　医疗服务可及性对老年人健康的影响

一、医疗服务可及性

医疗服务可及性分为供方可及性与需方可及性。供方可及性是指医疗服务提供方能否提供充足的和公平的医疗卫生资源，又称绝对可及性①。需方可及性，即个人是否有能力获得由供方提供的医疗卫生服务，又称相对可及性②。龚幼龙（2010）认为，卫生服务可及性包括以下 2 个层面：一是价格上的可接受性，即患者能否承受就诊支出；二是就诊距离的适当性，即患者能否及时得到救治，用与医院的距离或者前往医院花费的时间评测。王伟和任再（2011）认为，可及性指保证医疗服务在一段时间内是可持续的，并且有组织专门提供医疗服务，包括服务内容上合理、费用可接受、数量基本可满足需求。李建新和夏翠翠（2014）认为，老年人对医疗服务的需求量较大，并认为医疗服务可及性是指能够接触到所需的医疗服务。刘昌平和赵洁（2016）着重研究了新型农村合作医疗（以下简称"新农合"）服务的可及性，将其量化为参与新农合的时间、途径、缴费水平以及报销方式等指标。该研究发现，老年人的教育水平和个人收入与可及性显著相关，与就医距离、交通费用不显著相关，并且仍有约 1/5 的老年人认为门诊与住院医疗服务不可及。综合国内外学者对可及性的研究，基本认同可及性是医疗资源需求和供给动态关联的纽带，并且含有便捷获得的含义。因此，大多将医疗服务可及性定义为时间具有持续性并且较为容易

① 朱莉华，曹乾，王健．居民健康与卫生保健及医疗服务的可及性关系——基于 CHNS 2006 年数据的实证研究［J］．经济研究导刊，2009（13）：205－207.

② 苗艳青．卫生资源可及性与农民的健康问题：来自中国农村的经验分析［J］．中国人口科学，2008（3）：47－55.

获得的医疗服务。本章的研究意义是为了得出对医疗服务产生促进或者阻碍的潜在因素。

（一）医疗服务可及性的测量指标

国外学者对医疗服务可及性的测量指标，多是依据预防性医疗使用频率、就诊可能性、住院可及性、医疗费用等进行测量。国内学者针对研究对象和采集数据的不同而选取不同的测量指标[①]。表 1－1 系统梳理了国内学者使用频率较高的医疗服务可及性测量指标。

表 1－1 部分国内学者使用的医疗服务可及性测量指标

作者	文献名	医疗服务可及性测量指标
顾大男	中国高龄老人就医及时性状况研究	就医及时性
李建新和夏翠翠	我国城乡老年人口医疗服务可及性差异研究——基于 2011 年中国老年健康影响因素跟踪调查数据	就医及时性
高建民和陈钢	互助医疗改善卫生服务可及性的效果评价	就诊频率，住院频率，就诊距离
朱莉华、曹乾和王健	居民健康与卫生保健及医疗服务的可及性关系——基于 CHNS 2006 年数据的实证研究	就诊距离、有无医疗保险、单程交通方式与交通费用、医院类别，医生类别，医疗费用支付方，有无常规体检
周钦、秦雪征和袁燕	农民工的实际医疗服务可及性——基于北京市农民工的专项调研	常规体检、患病是否选择就医、医疗费用的支付方
苗艳青	卫生资源可及性与农民的健康问题：来自中国农村的经验分析	就诊距离、就诊时间、有无医疗保险、对医生的评价、是否开展健康教育、获得保健知识的渠道
高建民、周忠良、闫菊娥和杨晓玮	我国基本医疗保障制度卫生服务可及性实证研究	两周就诊率、年住院率
李佳和赵建国	新农合提高医疗服务可及性了吗？——基于农民主观感受的测度	农民对“看病难”“看病贵”的主观评价

① 周钦，秦雪征，袁燕．农民工的实际医疗服务可及性——基于北京市农民工的专项调研［J］．保险研究，2013（9）：112－119.

续表

作者	文献名	医疗服务可及性测量指标
刘昌平和赵洁	新农合制度的医疗服务可及性评价及其影响因素——基于 CHARLS 数据的实证分析	新农保制度可及性（参与时间、参与途径、缴费水平和报销便利程度）
张思锋、杨致忻、李菲和王立剑	新型农村合作医疗对农村居民卫生服务可及性的影响——基于陕西省的抽样调查	空间可及性：就诊距离 时间可及性：就诊时间 经济可及性：就诊费用
周忠良、高建民、周志英、杨晓玮和闫菊娥	新型农村合作医疗改善卫生服务可及性效果评价	门诊概率与频率、住院概率与频率
王晗和侯干干	医疗服务可及性对农村老龄人口健康影响的实证分析	就诊距离、门诊频率、住院频率

从表 1－1 可以看出，国内学者对医疗服务可及性的研究主要集中在农村地区，研究内容是新型农村合作医疗保险在可及性方面效果评价的相对较多。在测量医疗服务可及性的指标方面，学术界较为认同的测量指标包括就医及时性、有无医疗保险、医疗费用支付方、就诊距离、就诊时间、门诊与住院频率，医疗机构类型与医疗服务类型、有无常规体检等①。本章将在前人研究的基础上结合数据可得性，选择就医及时性、有无医疗保险、就诊距离作为测量医疗服务可及性的主要指标，将有无常规体检作为预防性医疗服务可及性的补充指标。

（二）医疗服务可及性与健康关系

国内学者对医疗服务利用与健康关系的研究主要基于以下 2 个视角。

第一，医疗服务利用与健康的不平等性。相关研究主要使用集中指数（CI）方法，由于数据较难获得，研究成果相对较少。胡琳琳（2005）较早使用 CI 方法研究健康不平等性，利用国家卫生调查数据比较国内外健康不平等程度。陈

---

① 李建新，夏翠翠．我国城乡老年人口医疗服务可及性差异研究——基于 2011 年中国老年健康影响因素跟踪调查数据［J］．中国卫生政策研究，2014，7（9）：39－44.

璐等（2007）研究了上海4个郊区的合作医疗，使用慢性病患病经历和就诊率衡量医疗服务需求量，门诊使用和住院使用评价医疗资源利用状况。结果表明，低收入群体患病较多，医疗服务需求量也更大，中高收入人群多使用门诊服务，低收入人群主要使用住院服务。解垩（2009）利用CI方法发现存在亲富人的健康和医疗服务利用不平等性，农村地区健康不平等程度整体高于城市地区，个人经济收入是造成不平等的主要原因。顾和军和刘云平（2011）研究了老年人健康不平等的形成因素，发现老年人收入、是否参加医疗保险与生活习惯是健康不平等的主要原因，但居住方式造成的影响很小。刘柏惠、俞卫和寇恩惠（2012）利用CI方法分析了80岁以上高龄老人的社会照护和医疗服务使用的不均等性，发现自理程度越低，需要的社会照护越多，亲富人趋势在老年人社会照护方面不明显，居住地区和教育水平是导致不均等的主要原因。医疗服务的不均等程度小于社会照护的不均等程度，鉴于老年人健康状态的相对性，年龄越大对社会照护和医疗服务的需求越大，社会照护和医疗服务存在共同增长的趋势。

第二，医疗服务可及性对健康的影响。齐良书（2008）研究了收入分配、医疗资源与健康的关系，指出收入差距造就了医疗资源人均拥有量的差异。杨晓胜和刘海兰（2016）根据亚特金森指数和固定效应模型，使用省级面板数据定量分析了医疗资源地理分布差异对健康的影响，其使用看病花费的时间与资源密度（例如，医疗机构数量、分布距离等）作为衡量医疗资源的标准，并考虑人口老龄化和人均收入等因素。该研究结果表明，医疗资源的丰富程度与死亡率有直接联系，各个地区之间的地理特征差异直接影响资源分布与就医距离。宋月萍和谭琳（2006）研究了医疗资源可及性对农村儿童健康的影响，认为农村儿童的医疗资源供需缺乏，资源配置不公平。顾大男（2002）发现及时就医对老年人的自评健康与生活自理能力起到改善作用。苗艳青（2008）实证分析了卫生服务可及性与农民健康的关系，并得出可及性能够改善农民健康状况的结论。朱莉华、曹乾和王健（2009）研究发现，就诊单程交通时间对居民健康的影响有统计学意义。王晗和侯干干（2016）研究结果表明，就医距离越近对农村地区老年人健康改善状况越好，且就医频率对健康存在正向作用。

本章将老年人医疗服务可及性使用过程中就医及时性、有无医疗保险、就诊距离、有无常规体检作为测量指标，根据老年人健康状况分为健康自评、生活自理能力、心理健康3个测量维度。数据处理的4个控制变量包括老年人个体特征、社会经济特征、日常生活方式和患病经历。通过对数据的描述性分析和建立多元线性回归模型，进一步分析老年人医疗服务可及性与健康的关系，探索改善老年人健康状况的途径。

国外对老年人健康的研究较多，早期对健康影响因素的研究已经相对成熟，但多以欧美地区的人群作为样本，研究结论是否对中国适用是国内学者不断努力探讨的重要方向之一。目前，中国有关老年人医疗服务可及性与健康的研究多立足宏观层面。本章将老年人整体作为研究对象，试图将老年人医疗服务可及性的相关测量指标加以梳理，研究视角进一步缩小，学术深度进一步加深，以中国老人健康长寿影响因素研究（CLHLS）2011 年调查数据为基础，运用多元回归模型研究医疗服务可及性对老年人身心健康状况的影响。同时，通过对老年人医疗服务可及性指标的梳理探讨了这些指标与健康状况的关系。

二、数据来源、变量选择与研究假设

（一）数据来源与变量选取

1. 数据来源

采用美国杜克大学与北京大学联合组织的中国老年人口健康状况调查项目（CLHLS，又名中国老人健康长寿影响因素研究）2011 年的数据。根据国际普遍采用的标准，选取年龄在 65 周岁及以上的老年人，将涉及关键变量的缺失值和无效值剔除，最终选定的总样本量有 7542 个。

2. 变量选取

（1）因变量：老年人健康状况。本章选取老年人健康状况作为因变量。根据前述核心概念的界定，衡量老年人健康应包含主观和客观指标，更加综合地分析健康状况。因此，本章选择从以下 3 个维度衡量老年人的身心健康情况：自评健康状况、生活自理能力和精神健康（如表 1 – 2 所示）。

表 1-2　　变量的定义及赋值

变量		赋值
因变量	健康自评状况	很不好 =1；不好 =2；一般 =3；好 =4；很好 =5
	生活自理能力（ADL）	自理，无须帮助 =1；非自理，需要帮助 =0
	精神健康状况	总是 =1；经常 =2；有时 =3；很少 =4；从不 =5
自变量	就医及时性	能 =1；不能 =0
	有无医疗保险	参加 =1；未参加 =0
	就医距离	2 千米及以内 =1；2 千米以上 =0
	有无常规体检	有 =1；无 =0
控制变量	性别	男 =1；女 =0
	年龄	单位：岁
	婚姻状况	有配偶 =1；无配偶 =0
	居住地	城镇 =1；农村 =0
	受教育状况	受过教育 =1；文盲 =0
	居住安排	与家人或养老院 =1；独居 =0
	经济状况	够用 =1；不够用 =0
	是否吸烟	吸烟 =1；不吸烟 =0
	是否饮酒	饮酒 =1；不饮酒 =0
	是否日常锻炼	锻炼 =1；不锻炼 =0
	患慢性病状况	患有 =1；未患有 =0
	近两周患病经历	患有 =1；未患有 =0

①健康自评状况。健康自评状况是学术界研究老年人健康的常用测量指标，该指标易获得且有一定的可信度。本章采用问卷 B 部分对现状和性格特征的评价“您觉得现在您自己的健康状况怎么样?”来测量，数据编码则将回答“1. 很好”赋值为 5，回答“2. 好”赋值为 4，回答“3. 一般”赋值为 3，回答“4. 不好”赋值为 2，回答“5. 很不好”赋值为 1。赋值越大表示老年人的自评健康状况越好。

②生活自理能力。Katz 提出 ADL 独立性测量内容包括穿衣、吃饭、上下床、如厕、洗澡、室内走动 6 项指标，且每个指标划分为以下 3 个等级：独立、部分依赖、完全依赖。本章根据此标准，在问卷中选取“日常生活自理能力（ADL）”模块中 E 部分的 6 项问题，包括了“E1 您洗澡时是否需要他人帮助?”“E2 您穿衣时是否需要他人帮助?”“E3 您上下床是否需要他人帮助?”“E4 在

室内活动时您是否需要他人帮助?”“E5 您是否能控制大小便?”“E6 您吃饭时是否需要他人帮助?”问卷答案设置划分为 3 个维度：无须帮助、部分帮助、完全帮助。结合研究需要重新编码为二分类的虚拟变量，即当老年人对上述 6 项问题均无须帮助，处理为“自理，无须帮助”，赋值为 1；老年人在上述 6 项问题中至少有 1 项需要帮助，处理为“非自理，需要帮助”，赋值为 0。赋值越高，说明老年人的生活自理能力越好。

③精神健康状况。姚远和陈立新（2005）的研究使用了 L. R. Derogatis 编制的心理健康自评量表研究老年人心理健康，将老年人的情绪稳定性以及孤独程度作为测量指标。由于问卷心理健康相关问题有限，选取问卷 B 部分的问题作为测量指标，即“B2. 4 您是不是经常觉得孤独?”对数据进行编码形成单独的新变量。将回答“1. 总是”赋值为 1，回答“2. 经常”赋值为 2，回答“3. 有时”赋值为 3，回答“4. 很少”赋值为 4，回答“5. 从不”赋值为 5。赋值越大，说明老年人的精神健康状况越好。

（2）自变量：医疗服务可及性。

①就医及时性。该指标选取问卷中 F 部分关于个人背景及家庭结构的调查，使用“F6. 1 如果生重病，请问您能及时到医院治疗吗?”来测量[①]。对数据采用二分法处理。回答“能”可认为就医及时性较好，赋值为 1；回答“不能”则认为就医及时性较差，赋值为 0。该值越大，表示就医及时性越好。

②有无医疗保险 。该指标选取问卷中 F 部分关于个人背景及家庭结构的调查，变量集中选取于“F6. 4 您目前有哪些社会保障和商业保险? 1. 退休金；2. 养老金；3. 商业养老保险；4. 公费医疗；5. 城镇职工医疗保险；6. 城镇居民医疗保险；7. 新型农村合作医疗保险；8. 商业医疗保险；9. 其他”，每项均已“有、没有”作为备选答案。由于该指标调研医疗保险，本章将涉及养老的选项剔除，余下“4. 公费医疗；5. 城镇职工医疗保险；6. 城镇居民医疗保险；7. 新型农村合作医疗保险；8. 商业医疗保险”。将以上 5 个选项重新编码为二分类的虚拟变量。当受访老年人享有其中 1 种或几种医疗保险时，回答为“参加”，赋值为 1；当受访老年人未享有以上任何医疗保险时，则回答为“未参加”，赋值为 0。

③就医距离。根据 David 的医疗资源使用概念框架结合研究需要，就医距离

① 就医及时性问题的选择参考了北京大学李建新教授的研究方法。

是影响老年人就医的重要因素，可作为医疗服务可及性的测量指标。① 指标来自问卷F部分“F6.5.2.a从您家到最近的医疗机构有多远？___千米”衡量就医距离的长短。由于问卷中为数值变量，现重新编码为二分类的虚拟变量，将就医距离以是否达到2千米②进行划分。将“距离为2千米及以内”认为就医距离较近，赋值为1；将“就医距离为2千米以上”认为就医距离较远，赋值为0。

④有无常规体检。根据Anderson医疗服务利用行为模型，老年人采取的健康行为包含以下2个方面：一是预防保健类行为；二是患病就医行为。因此，常规体检可作为预防性医疗服务可及性的指标③，对医疗服务利用和健康结果的输出可能存在影响。指标来自问卷F部分“F6.5.2.b您是否进行每年一次的常规体检?”。对其采用二分法处理，回答“是”认为老年人的预防性医疗服务可及性④较好，赋值为1；回答“否”认为老年人的预防性医疗服务可及性较差，赋值为0。

（3）控制变量。根据Grossman健康需求理论，老年人的健康受多个因素的影响。惠蓉（2002）、胡宏伟（2011）等认为，老年人的年龄、性别、婚姻状况、社会经济状况、居住安排和生活方式等对老年人的身体健康和生活自理能力有直接影响。宋璐（2008）发现老年人的年龄、婚姻状况、教育程度、孙子女照护、子女外出情况、代际支持等对老年人的精神健康有显著的影响。本章根据学术界已有的研究发现结合研究需要，选取老年人个体特征（性别、年龄、婚姻状况、居住地），社会经济变量（受教育状况、居住安排、经济状况）、生活方式（吸烟习惯、饮酒习惯、日常锻炼习惯）、患病经历（患慢性病状况，近两周患病经历）等作为控制变量。

（二）研究假设与模型构建

1. 研究假设

顾大男（2002）的研究证实，患病能够得到及时医治将促进老年人的健康

① 任燕燕，阚兴旺，宋丹丹．逆向选择和道德风险：基于老年基本医疗保险市场的考察［J］．上海财经大学学报（哲学社会科学学报），2014，16（4）：54－63.

② 就医距离采用2千米划分标准，参考了北京大学李建新教授的方法．

③ 周钦，秦雪征，袁燕．农民工的实际医疗服务可及性——基于北京市农民工的专项调研［J］．保险研究，2013（9）：112－119.

④ 预防性医疗服务可及性问题的选择，参考了北京大学秦雪征副教授的观点和方法。

自评和生活自理能力。王新军和郑超（2014）的研究发现，医疗保险对老年人健康起到改善作用，医疗保险的利用在城镇与农村之间存在差异。杨慧康（2015）研究发现，医疗资源获取的及时性对健康有正面影响。因此，本章结合学术界已有研究结果，提出以下研究假设：

假设1：城乡老年人医疗服务可及性存在差异，年龄越大的老年人越渴望更好的医疗服务可及性。

假设2：医疗服务可及性对老年人的健康自评状况与生活自理能力起到一定改善作用；老年人医疗服务可及性状况越好越能够减少心理层面孤独等消极情感，情绪越稳定，其精神状态越好。

假设3：老年人健康与其个体特征、社会经济特征、生活方式、患病状况相关。经济状况宽裕、有吸烟饮酒习惯、经常锻炼对老年人健康有显著的改善作用，患有慢性病及近期有患病经历损害老年人健康。

2. 模型构建

本章选用多元线性回归方法作为研究模型，将老年人的健康状况作为因变量，分别对老年人自评健康状况、日常生活自理能力以及精神健康状况建立多元回归模型。自变量选取就医及时性、有无医疗保险、就诊距离、有无常规体检。控制变量选取老年人的个体特征、社会经济特征、生活方式、患病经历等，包含性别、年龄、居住安排、经济收入，受教育状况、吸烟习惯、饮酒习惯、患慢性病情况等对老年人健康产生影响的因素，利用SPSS 22.0统计软件进行回归分析。对各个变量重新编码和赋值后，采用逻辑回归模型分别建立以下回归方程：

模型Ⅰ：$H=\alpha+\beta X+\varepsilon$

模型Ⅱ：$H=\alpha+\beta X+\delta Z+\varepsilon$

其中，H代表老年人健康，包括健康自评状况、生活自理能力以及精神健康状况；X代表老年人医疗服务可及性；Z代表控制变量，包括老年人个体特征、社会经济特征、生活方式、患病经历。

模型Ⅰ只研究老年人医疗服务可及性自变量对健康因变量的影响，模型Ⅱ在模型Ⅰ的基础上，加入老年人个体特征等控制变量，研究系数变化及自变量对因变量影响的变化程度。由于在因变量中，自评健康状况、精神健康状况均为次序变量，对其采取次序逻辑回归，日常生活自理能力为二分变量，采取二元逻辑回归，根据模型Ⅰ与模型Ⅱ的差异，分析老年人医疗服务可及性对其健康的影响程度。

（三）样本描述

1. 因变量

（1）健康自评状况。健康自评状况是根据调查对象的主观回答测量老年人健康状况的重要指标。国内学者对老年人健康自评状况的研究较为成熟。谷琳和乔晓春（2006）使用2002年中国老人健康长寿影响因素研究数据探讨不同老年群体的健康自评差异性，谷琳和杜鹏（2007）采用2002—2008年数据对比研究了老年人健康自评的变化及其影响因素。表1－3汇总了2002年、2005年、2008年和2011年中国65岁及以上老年人健康自评状况。整体老年人对健康状况的评价集中在“一般”“好”，认为自身健康状况较差的比例逐年下降，作出积极健康状况评价的比例缓慢上升。

表1－3　　中国65岁及以上老年人健康自评状况分布表　　单位：%

健康自评状况	2002年	2005年	2008年	2011年
很差	2.1	1.5	1.4	1.4
差	20.3	20.2	17.8	15.9
一般	33.3	32.5	34.2	37.3
好	34.9	36.2	36.3	35.1
很好	9.4	9.6	10.3	10.3
合计	100.0	100.0	100.0	100.0

数据来源：根据2002—2011年中国健康与养老追踪调查数据整理而成。

表1－4示出了研究样本中老年人健康自评状况的分布情况。可以看出，45.1%的老年人认为自身健康状况较好。其中，10.2%的老年人认为自己健康状况很好，34.9%的老年人认为自己身体健康状况好。37.7%的老年人认为自己健康状况一般，所占比重最大。17.2%的老年人认为自己健康状况较差。由表1－5可以看出，老年人对自身健康状况评价均值为2.63，标准差为0.912。本研究对比2002—2011年老年人健康自评状况（如图1－1所示），可判断该研究样本的整体健康自评状况较好，老年人群体内健康状况差异较大。

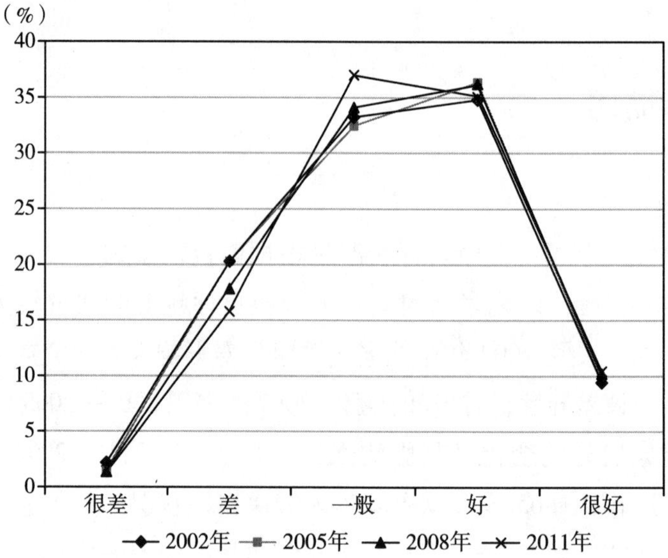

图1－1　2002—2011年全国65岁及以上老年人健康自评状况变化趋势

表1－4　样本健康自评状况分布表

健康自评状况	频率（位）	百分比（%）	有效百分比（%）
很差	97	1.3	1.3
差	1197	15.9	15.9
一般	2846	37.7	37.7
好	2634	34.9	34.9
很好	768	10.2	10.2
合计	7542	100.0	100.0

表1－5　健康自评状况赋值汇总表

变量	*N*（个）	最小值	最大值	平均数	标准差
健康自评状况	7542	1	5	2.63	0.912

（2）生活自理能力。生活自理能力通常依据老年人日常活动是否需要帮助加以判断。王德文等（2004）的研究发现，1998年全国高龄老人的日常生活自理能力按由弱到强排序依次为：洗澡、穿衣、上厕所、室内活动、吃饭和控制大小便。以上6项都能够完全自理的占比为65.6%。顾大男和曾毅（2006）认为，1992—2002年，中国老年人的生活自理失能率以年均1%的幅度下降。依据上述研究，本研究样本中，将老年人生活自理能力定义为二分类变量，“非自

理，需要帮助”的老年人占比为21.7%，“可自理，无须帮助”的老年人占比为78.3%，且老年人对自身生活自理能力评价均值为0.78，整体分布差异较小，说明绝大多数老年人的生活自理能力较好（如表1－6、表1－7所示）。

表1－6　　样本生活自理能力状况分布表

生活自理能力	频率（位）	百分比（%）	有效百分比（%）
非自理，需要帮助	1637	21.7	21.7
可自理，无须帮助	5905	78.3	78.3
合计	7542	100.0	100.0

表1－7　　生活自理能力赋值汇总表

变量	N（个）	最小值	最大值	平均数	标准差
生活自理能力	7542	0	1	0.78	0.412

（3）精神健康状况。本章以老年人是否经常感觉孤独为标准判断其精神健康状况。根据表1－8可知，约有6.8%的老年人总是和经常感到自己存在消极情绪，但这一群体只占少数；有时感到孤独或焦虑的老年人占比为22.4%，很少及从未感到孤独或焦虑的老年人占比为70.7%。从上述数据分析可以看出，精神健康状况良好或较好的老年人占有较大比例。老年人对自身精神健康状况评价的均值为3.98，标准差较大，说明老年人整体精神健康状况普遍较好，但群体内部存在较大的差异（如表1－9所示）。

表1－8　　样本精神健康状况分布表

精神健康状况	频率（位）	百分比（%）	有效百分比（%）
总是	115	1.5	1.5
经常	403	5.3	5.3
有时	1693	22.4	22.4
很少	2672	35.4	35.4
从不	2659	35.3	35.3
合计	7542	100.0	100.0

表1－9　　精神健康状况赋值汇总表

变量	N（个）	最小值	最大值	平均数	标准差
精神健康	7542	1	5	3.98	0.963

2. 自变量

（1）就医及时性。本章中就医及时性主要指老年人患有重病时能否及时得到医治，患有重病意味着老年人可能需要住院治疗。中国老人健康长寿影响因素研究调查问卷（CLHLS）中问题“F6.1.0 您患重病不去医院的原因是：（单选）”及选项“1. 没钱；2. 路途远；3. 行动不便；4. 无人陪伴；5. 不愿意；6. 其他”侧面反映就医及时性包含了经济可得性、地理可及性、就医意愿的含义。

顾大男（2002）使用1998年高龄老人健康数据分析了高龄老人①的就医及时性状况。数据显示，约3.7%的高龄老人在患重病时无法及时得到医治，农村地区老年人无法及时就医的比重比城镇地区老年人高出1.2个百分点②。患病无法获得及时医治的原因依次为其他原因（39.2%）、经济困难（20.4%）、行动不便（26.6%）、路途远（10.4%）、无人陪伴（3.4%）。其中，存在经济困难的老年人主要由个人承担医疗开支。研究发现，在童年或60岁以上患病能够获得及时医治的高龄老人就医及时性更好，其照护资源③对老年人就医及时性影响较大。

表1－10和表1－11为研究样本中老年人整体的就医及时性状况及统计学参数。可以看出，94.6%的老年人能够在患重病时得到及时的医治，仅有5.4%的老年人患重病可能无法得到医治，且老年人对就医及时性的评价均值达到0.95，接近于1，说明老年人的整体就医可及性状况较好。

表1－10　　样本就医及时性状况分布表

变量		频率（位）	百分比（%）	有效百分比（%）
生病及时就医	不能	407	5.4	5.4
	能	7135	94.6	94.6

表1－11　　就医及时性赋值汇总表

变量	*N*（个）	最小值	最大值	平均数	标准差
就医及时性	7542	0	1	0.95	0.226

① 高龄老人指80岁及以上老年人。
② 顾大男．中国高龄老人就医及时性状况研究［J］．人口学刊，2002（3）：54－60.
③ 照护资源指患病时由家庭成员提供照护服务或由社会提供照护服务。

表 1－12 分别从性别、年龄和居住地 3 个方面呈现了就医及时性的差异状况。在性别方面，男性老年人与女性老年人的就医及时性差异较小，男性老年人的就医及时性稍高于女性老年人。在年龄方面，65～74 岁（含）、75～84 岁（含）、85 岁及以上患重病能及时就医的比例分别为 96%、94.9%、93.7%，呈现随着年龄增长就医及时性下降的趋势。其中，65～74 岁（含）的老年人能够及时就医的比例最高，可能是由于该年龄段老年人身体健康状况和自理能力相对较好，患病就医的行为能力和积极性较高。在居住地方面，农村地区老年人患重病能够及时就医的占比为 93.5%，低于城镇地区老年人患重病及时就医的占比。

表 1－12　就医及时性差异状况分布表　单位：%

变量			患重病能否及时就医占比	
			不能	能
有效	性别	女	6.0	94.0
		男	4.7	95.3
	年龄	65～74 岁（含）	4.0	96.0
		75～84 岁（含）	5.1	94.9
		85 岁及以上	6.3	93.7
	居住地	农村	6.5	93.5
		城镇	4.4	95.6

表 1－13 显示了患病无法及时就医的原因构成。没钱成为老年人无法及时就医的最主要原因，占比达到 34.6%。老年人退出就业市场后，养老与医疗成为老年人日常最大的开支内容，由于老年人生活的经济来源相对较为单一，因此成为贫困问题高发的群体。根据预测，目前中国的老年贫困人口超过 2000 万人[①]。显然，没钱看病是造成众多老年人健康状况恶化的直接原因。行动不便导致的不愿意就医行为，也是老年人患病无法就医的主要原因之一，从侧面说明了老年人肢体的行动能力会影响就医行为。就医意愿是老年人根据自身条件判断是否采取就医的行为。对比之前的研究结果，老年人的经济困难仍是造成其就医及时性较差的主要原因。

① 孙琪宇．中国老年人贫困治理研究［J］．黑龙江社会科学，2015（6）：85－89.

表 1－13　　患病无法医治的原因构成

无法医治原因	百分比（%）	有效百分比（%）
没钱	34.6	34.6
路途远	6.2	6.2
行动不便	19.7	19.7
无人陪伴	7.3	7.3
不愿意	15.9	15.9
其他	4.3	4.3
无法回答	11.9	11.9

图 1－2 和图 1－3 分别示出了城镇地区老年人与农村地区老年人患重病无法医治的原因构成。城镇地区老年人因缺钱无法医治疾病的占比为 33%，农村地区老年人因没钱无法医治疾病的占比达到 36%。究其差异原因，与城乡老年人经济能力存在差异有关，揭示出农村地区老年人的经济状况相对堪忧。因行动不便无法就医的城镇地区老年人与农村地区老年人占比分别为 20% 和 19%，两者相差较小，说明老年人群体普遍存在行动不便无法采取积极就医的问题。农村地区老年人因就医路途远无法就医的占比为 7%，因该问题无法就医的城镇地区老年人占比为 5%，说明就医距离影响老年人就医行为，且城镇地区就医便捷程度优于农村地区。

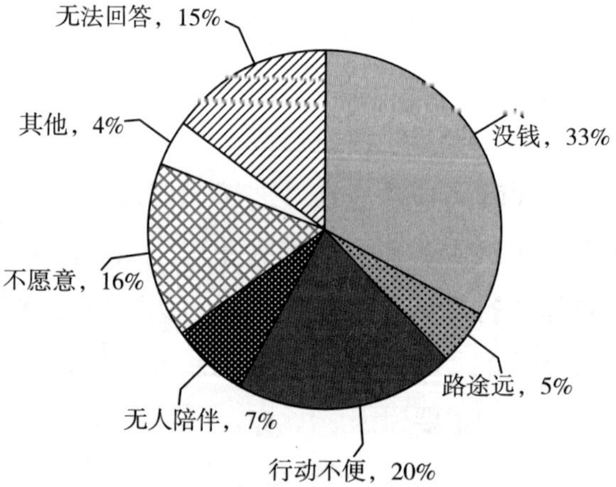

图 1－2　城镇地区老年人患重病无法医治的原因构成

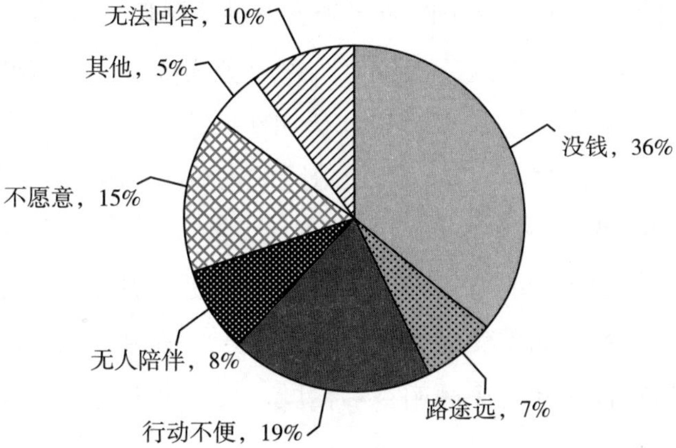

图 1－3　农村地区老年人患重病无法医治的原因构成

（2）医疗保险状况。王新军（2014）指出，参加医疗保险能够促进老年人的医疗服务利用，有效减轻家庭医疗负担。王新军和郑超（2014）验证了医疗保险对老年人健康存在显著的促进作用。任燕燕、阚兴旺和宋丹丹（2014）通过实证研究发现，老年人参加基本医疗保障存在一定的逆向选择和道德风险，参加基本医疗保障增加了老年人的医疗开支，降低了老年人参加体育锻炼的概率。其他学者有相似的研究结果，证实基本医疗保险能够改善老年人健康状况，并且提高医疗服务利用程度。

表 1－14 和表 1－15 示出了研究样本中老年人医疗保险的参与状况，表明 86.6% 的老年人参加了医疗保险，仅有 13.4% 的老年人未参加医疗保险，且老年人参加医疗保险的均值达到了 0.87，说明大部分老年人对参加 1 种或几种医疗保险持积极态度。

表 1－14　　样本老年人医疗保险参与状况分布表

变量		频率（位）	百分比（%）	有效百分比（%）
是否参加医保	未参加	1007	13.4	13.4
	参加	6535	86.6	86.6

表 1－15　　医疗保险参与状况赋值汇总表

变量	N（个）	最小值	最大值	平均数	标准差
医疗保险状况	7542	0	1	0.87	0.340

表 1－16 示出了研究样本中老年人参与各类医疗保险的状况。由表 1－16 可

见，未参加公费医疗、城镇职工医疗保险、城镇居民医疗保险的受访者占比均达到90%以上。其中，公费医疗仅针对国家公务人员设立。因此，受访者中未参加公费医疗占比最大，达到95.5%。参加新农合的老年人占比达到67.8%，未参保占比为32.2%。老年人参加商业保险的占比为0.4%，表明绝大多数老年人（占比为99.6%）未参加任何商业保险。参加商业保险属于老年人个人向市场寻求抵御养老风险的方式，投保率较低可能表明老年人对市场机制的信任度较低，且市场风险的承受能力较弱。老年人对城镇职工医疗保险、城镇居民医疗保险和新农合保险有更高的参与程度，揭示出老年人更倾向选择参与社会医疗保险。

表1-16　　抽样调查中各类医疗保险老年人参与分布表

险种	参保状况	频率（位）	百分比（%）	有效百分比（%）
公费医疗	未参加	7206	95.5	95.5
	参加	336	4.5	4.5
城镇职工医疗保险	未参加	6829	90.5	90.5
	参加	713	9.5	9.5
城镇居民医疗保险	未参加	7007	92.9	92.9
	参加	535	7.1	7.1
新农合保险	未参加	2427	32.2	32.2
	参加	5115	67.8	67.8
商业医疗保险	未参加	7514	99.6	99.6
	参加	28	0.4	0.4

表1-17分别从性别、年龄和居住地3个方面呈现了参加医疗保险的差异状况。从表1-17中可以看出，在性别方面，男性老年人和女性老年人参加医疗保险的差异并不大。在年龄方面，65~74岁（含）、75~84岁（含）、85岁及以上的老年人参加医疗保险的占比分别为83.7%、88.3%、90.3%，呈现出年龄越大参加医疗保险程度越高的趋势。其中，尤以85岁及以上的老年人参加程度最高。在城乡属性制约的居住地方面，农村地区老年人参加医疗保险的占比为90.3%，而城镇老年人参加医疗保险的占比为82.8%，具有城镇老年人低于农村老年人的明显趋势。结合表1-16，新农合是老年人参加比例最高的医疗保险种类，其主要参加者是农村老年人。因此，农村地区老年人参保比例高于城镇地区老年人。

表 1-17　不同属性老年人参与医疗保险的差异对比　　单位：%

变量		是否参加医疗保险占比	
		未参加	参加
性别	女	14.5	85.5
	男	12.0	88.0
年龄	65~74 岁（含）	16.3	83.7
	75~84 岁（含）	11.7	88.3
	85 岁及以上	9.7	90.3
居住地	农村	9.7	90.3
	城镇	17.2	82.8

（3）就医距离。表 1-18 和表 1-19 示出了老年人的就医距离分布。就医距离在 2 千米以上为较远，占比为 19.5%；就医距离在 2 千米及以内的占比达到 80.5%。其中，就医距离最小值为 0 千米，最大值为 400 千米，平均值为 2.4858，但存在较大的标准差，说明在整体老年人就医距离偏近的态势下，存在着较大的差异性，有少数老年人的就医距离较远。

表 1-18　就医距离分布表

变量		频率（位）	百分比（%）	有效百分比（%）
就医距离	2 千米以上	1470	19.5	19.5
	2 千米及以内	6072	80.5	80.5

表 1-19　就医距离赋值汇总表

变量	N（个）	最小值	最大值	平均数	标准差
就医距离	7542	0	400	2.4858	8.44451

表 1-20 分别从性别、年龄和居住地 3 个方面呈现了老年人就医距离的差异状况。在性别方面，男性老年人与女性老年人的就医距离基本持平。在年龄方面，65~74 岁（含）、75~84 岁（含）、85 岁及以上的老年人就医距离较近的比例分别为 79.4%、80.7%、80.8%，呈现出年龄越大就医距离越近的趋势。其中，65~74 岁（含）的老年人就医距离相对较远，且这 3 个年龄段的就医距离差异较小。在不同属性居住地方面，农村地区老年人就医距离较近的占比为 79.7%，城镇地区老年人就医距离较近的占比为 81.2%。可见，城镇地区老年人就医距离较近的占比稍高于农村地区老年人。

表 1 –20　就医距离差异状况分布表　单位：%

变量		就医距离	
		较远	较近
性别	女	19.2	80.8
	男	19.9	80.1
年龄	65～74 岁（含）	20.6	79.4
	75～84 岁（含）	19.3	80.7
	85 岁及以上	19.2	80.8
居住地	农村	20.3	79.7
	城镇	18.8	81.2

（4）常规体检状况。表 1 –21 和表 1 –22 示出了老年人参加常规体检的分布状况。每年进行常规体检的老年人仅为 32.1%，而无常规体检的老年人占比达到了 67.9%，老年人常规体检的均值仅为 0.32，说明大部分老年人缺乏应有的年度常规体检。

表 1 –21　常规体检状况分布表

变量		频率（位）	百分比（%）	有效百分比（%）
常规体检	不体检	5120	67.9	67.9
	体检	2422	32.1	32.1

表 1 –22　常规体检赋值汇总表

变量	N（个）	最小值	最大值	平均数	标准差
就医距离	7542	0	1	0.32	0.467

表 1 –23 分别从性别、年龄和居住地 3 个方面呈现了老年人年度常规体检的差异状况。在性别方面，男性老年人与女性老年人每年常规体检的比例差异较小，男性老年人参加常规体检的比例略高于女性老年人。在年龄方面，65～74 岁（含）、75～84 岁（含）、85 岁及以上的老年人参加常规体检的比例分别为 28.6%、34.1%、36.5%，呈现出年龄越大参加常规体检比例越高的趋势。其中，85 岁及以上的老年人参加常规体检的比例最高。在居住地方面，农村地区老年人与城镇地区老年人参加常规体检的比例差异较小，城镇地区老年人参加常规体检的比例稍高于农村地区老年人。

表 1－23　　　　常规体检分布差异状况表　　　　单位：%

变量		是否参加每年常规体检占比	
		未体检	体检
性别	女	70.4	29.6
	男	65.0	35.0
年龄	65～74 岁（含）	71.4	28.6
	75～84 岁（含）	65.9	34.1
	85 岁及以上	63.5	36.5
居住地	农村	68.5	31.5
	城镇	67.9	32.1

3. 控制变量

本章选取老年人的个体特征、社会经济特征、日常生活方式以及患病情况等作为控制变量（如表 1－24 所示）。在受访对象个体特征方面，女性老年人占比为 53.4%，男性老年人占比为 46.6%。在年龄分布方面，65～74 岁（含）老年人占比为 24.4%，75～84 岁（含）老年人占比为 29%，85 岁及以上老年人占比为 46.6%，表明受访者多是高龄老人。从婚姻状况来看，59.1% 的老年人无配偶，有配偶的占比为 40.9%。在居住地分布方面，51.3% 的受访老年人居住在农村地区，居住在城镇地区的老年人占比为 48.7%。

表 1－24　　　　控制变量描述统计

变量		频率（位）	百分比（%）	有效百分比（%）
性别	女	4027	53.4	53.4
	男	3515	46.6	46.6
年龄	65～74 岁（含）	1843	24.4	24.4
	75～84 岁（含）	2188	29.0	29.0
	85 岁及以上	3511	46.6	46.6
婚姻状况	无配偶	4454	59.1	59.1
	有配偶	3088	40.9	40.9
居住地	农村	3867	51.3	51.3
	城镇	3675	48.7	48.7
受教育状况	文盲	4747	62.9	62.9
	受过教育	2795	37.1	37.1

续表

变量		频率（位）	百分比（%）	有效百分比（%）
经济状况	不够用	1530	20.3	20.3
	够用	6021	79.7	79.7
居住安排	独居	1271	16.9	16.9
	与家人同住或居于养老院	6271	83.1	83.1
是否吸烟	不吸烟	6119	81.1	81.1
	吸烟	1423	18.9	18.9
是否饮酒	不饮酒	6191	82.1	82.1
	饮酒	1351	17.9	17.9
是否日常锻炼	不锻炼	4830	64.0	64.0
	锻炼	2712	36.0	36.0
患慢性病状况	未患有	2829	37.5	37.5
	患有	4713	62.5	62.5
近两周患病经历	未患有	6015	79.8	79.8
	患有	1527	20.2	20.2

在社会经济特征方面，未曾受过教育的老年人占比达到62.9%，受过教育的老年人占比为37.1%。在经济状况方面，生活来源够用的老年人占比为79.7%，不够用的占比为20.3%，说明老年人整体经济状况较为乐观。从居住安排来看，83.1%的老年人与家人共同居住或在养老院居住，仅16.9%的老年人独居。

在日常生活方式方面，无吸烟习惯的老年人占比为81.1%，有吸烟习惯的老年人占比为18.9%。无饮酒习惯的老年人占比为82.1%，有饮酒习惯的老年人占比为17.9%。两者的分布状况相似，说明有吸烟或饮酒习惯的老年人只占少数。有日常锻炼习惯的老年人占比为36%，无锻炼习惯的老年人占比为64%。

在患病状况方面，患有慢性病的老年人占比为62.5%，未患有慢性病的老年人占比为37.5%。在近两周曾经患病的老年人占比为20.2%，近两周内未患病的老年人占比为79.8%，表明大部分老年人患有慢性病。

三、 老年人健康状况的相关描述统计分析

（一）老年人健康状况相关因素分析

1. 自变量与老年人健康状况

（1）自变量与健康自评状况。表1－25示出了自变量与老年人健康自评状况的交叉分析结果。对于“生病能够及时就医”的老年人回答自评健康状况较差的占比为46.5%，自评结果较好的占比为53.5%，且卡方检验显著，说明生病能否及时就医对健康自评状况有影响（$P<0.1$）。参加医疗保险的老年人认为自身健康状况较好的比例为55%，自评健康状况较差的比例为45%；未参加医疗保险的老年人作出积极评价的比例为54.1%，稍低于参加医疗保险的老年人，且卡方检验显著，表明是否参加医疗保险对健康自评状况存在影响（$P<0.1$）。于大川和丁建定（2016）认为，医疗保险实际效果与其预期目标存在差距，对老年人自评健康产生了一定的正面影响。影响程度如何将会在回归结果部分讨论。

表1－25 自变量与健康自评状况交叉分析表

变量		健康自评状况（%）					卡方检验
		很差	差	一般	好	很好	
生病及时就医	不能	4.9	16.0	41.0	33.7	4.4	Chi-square＝175.916 df＝4，Sig＝0.000
	能	10.5	36.0	37.5	14.9	1.1	
医疗保险	未参加	13.5	32.5	34.3	18.2	1.6	Chi-square＝23.026 df＝4，Sig＝0.000
	参加	9.7	35.3	38.3	15.5	1.2	
就医距离	2千米以上	11.4	33.8	38.1	16.0	0.7	Chi-square＝8.396 df＝4，Sig＝0.000
	0～2千米（含）	9.9	30.3	37.6	17.8	4.4	
常规体检	不体检	12.5	36.5	36.6	13.3	1.1	Chi-square＝37.971 df＝4，Sig＝0.000
	体检	9.1	34.2	38.3	17.1	1.4	

在就医距离方面，就医距离在2千米以上的老年人作出消极健康评价的占比为45.2%，就医距离在2千米及以内的老年人认为健康自评良好的占比为

59.8%。其中，37.6%的老年人认为健康状况一般，17.2%的老年人认为健康状况好或很好，且卡方检验显著，说明就医距离对健康自评状况存在影响（$P<0.1$）。在常规体检方面，有年度常规体检的老年人健康自评良好的占比为56.8%。其中，38.3%的老年人认为健康状况一般，18.5%的老年人认为健康状况好或很好，均好于未参加年度常规体检的老年人对健康的评价，且卡方检验显著，说明是否参加常规体检对老年人的健康自评状况存在影响（$P<0.1$）。

（2）自变量与生活自理状况。表1－26为自变量与老年人生活自理能力的交叉分析结果。生病能够及时就医的老年人生活能够自理无须帮助的占比为78.7%，无法及时就医的老年人生活能够自理的占比为71%，患病不能够及时医治的老年人无法生活自理的占比达到29%，且卡方检验显著，说明生病能否及时就医对老年人生活自理能力存在影响（$P<0.1$）。参加医疗保险的老年人生活能够自理的占比为79.7%，生活无法自理的占比为20.3%，对比未参加医疗保险的老年人生活能够自理的占比仅为69.1%，生活无法自理的占比达到30.9%，且其卡方检验显著，说明是否参加医疗保险对老年人生活自理能力存在影响（$P<0.1$）。杨慧康（2015）发现，新农合对老年人的健康自评影响不显著，但是其对日常活动能力有保护作用。影响程度如何将在本章中回归结果部分讨论。

表1－26　　　　自变量与生活自理能力交叉分析表

变量		生活自理能力（%）		卡方检验
		非自理，需帮助	自理，无须帮助	
生病及时就医	不能	29.0	71.0	Chi-square = 13.445 df = 1，Sig = 0.000
	能	21.3	78.7	
医疗保险	未参加	30.9	69.1	Chi-square = 57.615 df = 1，Sig = 0.000
	参加	20.3	79.7	
就医距离	2千米以上	22.0	78.0	Chi-square = 0.889 df = 1，Sig = 0.046
	0～2千米（含）	20.9	79.1	
常规体检	不体检	22.2	77.8	Chi-square = 2.183 df = 1，Sig = 0.040
	体检	20.7	79.3	

在就医距离方面，就医距离在2千米以上的老年人生活能够自理的占比为78%，就医距离在2千米及以内的受访者生活能够自理的比例为79.1%左右，生活无法自理的比例为20.9%，且卡方检验显著，说明就医距离对老年人生活

自理能力存在影响（$P<0.1$）。在常规体检方面，有年度常规体检的老年人生活能够自理的占比为79.3%，生活无法自理的占比为20.7%，好于无常规体检的老年人的生活自理能力，且卡方检验显著，说明是否参加常规体检对老年人生活自理能力存在影响（$P<0.1$）。

（3）自变量与精神健康状况。表1－27示出了自变量与老年人精神健康状况的交叉分析结果。生病能够及时就医的老年人认为精神健康状况较好的占比为71.8%，认为精神健康状况一般、差、很差的比例分别为22.2%、4.8%、1.3%。生病能够及时就医的老年人对精神健康状况的评价相比患病无法医治的老年人群体更乐观。表1－27中对生病及时就医变量的卡方检验显著，表明患病能否及时医治对老年人精神健康状况存在影响（$P<0.1$）。参加医疗保险的老年人作出积极精神健康评价占比为71%，未参加医疗保险的老年人认为精神健康状况较好的占比为68.9%，两者的差异较小，且卡方检验显著，说明是否参加医疗保险对老年人的精神健康状况存在影响（$P<0.1$）。

表1－27　　自变量与精神健康状况交叉分析表

变量		精神健康状况（%）					卡方检验
		很差	差	一般	好	很好	
生病及时就医	不能	5.9	15.7	27.5	32.7	18.2	Chi-square＝182.123 df＝4，Sig＝0.000
	能	1.3	4.8	22.2	35.6	36.2	
医疗保险	未参加	1.8	7.9	21.4	40.2	28.7	Chi-square＝37.562 df＝4，Sig＝0.000
	参加	1.5	4.9	22.6	34.7	36.3	
就医距离	2千米以上	1.7	5.0	24.5	35.2	33.6	Chi-square＝5.469 df＝4，Sig＝0.242
	0～2千米（含）	1.4	5.5	22.0	35.5	35.6	
常规体检	不体检	1.5	5.8	23.2	36.6	32.9	Chi-square＝43.189 df＝4，Sig＝0.000
	体检	1.5	4.3	20.9	32.9	40.3	

在就医距离方面，就医距离在2千米以上的老年人中有68.8%认为精神健康状况较好；就医距离在2千米及以内的老年人作出积极心理健康评价的占比为71.1%，仅6.9%的老年人认为自己精神健康状况较差，且卡方检验显著，说明就医距离对老年人精神健康状况存在影响（$P<0.1$）。在常规体检方面，有年度常规体检的老年人认为心理健康状况较好的占比为73.2%，认为心理健康状况差或很差的占比为5.8%，且卡方检验显著，说明是否进行年度常规体检对老年人精神健康状况存在影响（$P<0.1$）。

2. 控制变量与老年人健康状况

（1）控制变量与健康自评状况。表1－28是控制变量与老年人健康自评状况的交叉分析结果。相比而言，男性老年人的健康自评状况更为积极，认为自身健康较好的比例为56.7%，而女性老年人的作出积极评价（认为健康状况“一般”“好”“很好”）的比例为52.8%。65～74岁（含）、75～84岁（含）和85岁及以上年龄段老年人认为自身健康较好的比例依次为56.8%、54.3%、53.9%。在整体上呈现老年人年龄越大对健康状况的评价越差的趋势。其中，65～74岁（含）的老年人对健康评价最好，可能的原因是老年人在这一年龄段较其他年龄段更适应晚年生活，身体机能更好，健康状况相对稳定。城镇地区老年人认为健康状况较好的占比为53.4%，作出“很差”和“差”评价的比重共计46.6%；农村地区老年人的积极评价占56.3%，消极评价占比为43.7%，农村地区老年人的健康自评状况稍好于城镇地区老年人。有配偶的老年人认为健康状况较好的占比为55.1%，无配偶的老年人认为健康状况较好的占比为54.5%，可见有配偶的老年人的健康自评状况稍好于无配偶的老年人。受过教育的老年人认为自身健康状况较好的占比达到55.9%，未受过教育的老年人自评健康较好的占比为53.2%，两者的差异较小。有74.1%的经济状况较好的老年人自认为健康状况较好，经济状况较差的老年人对健康状况作出积极评价的占比为50.1%。

表1－28　　控制变量与老年人健康自评状况交叉分析表

变量		健康自评状况（%）					卡方检验
		很差	差	一般	好	很好	
性别	女	11.6	35.5	38.3	13.6	0.9	Chi-square＝42.469 df＝4，Sig＝0.000
	男	8.9	34.4	37.2	17.9	1.6	
年龄	65～74岁（含）	10.0	33.2	37.1	18.2	1.5	Chi-square＝25.588 df＝8，Sig＝0.001
	75～84岁（含）	11.6	34.1	37.4	16.0	0.9	
	85岁及以上	9.6	36.4	38.3	14.3	1.3	
婚姻状况	无配偶	10.6	34.9	37.0	16.4	1.1	Chi-square＝3.729 df＝4，Sig＝0.444
	有配偶	9.9	34.9	38.2	15.5	1.4	
居住地	农村	8.8	34.9	38.7	16.5	1.1	Chi-square＝20.260 df＝4，Sig＝0.000
	城镇	11.6	35.0	36.7	15.2	1.5	
受教育状况	文盲	11.4	35.3	36.8	15.1	1.3	Chi-square＝9.712 df＝4，Sig＝0.046
	受过教育	9.4	34.7	38.3	16.3	1.3	

续表

变量		健康自评状况（%）					卡方检验
		很差	差	一般	好	很好	
经济状况	不够用	11.3	38.7	37.3	12.0	0.8	Chi-square = 499.967 df = 4，Sig = 0.00
	够用	5.7	20.3	39.6	31.2	3.3	
居住安排	独居	9.7	33.4	39.4	16.5	1.0	Chi-square = 3.835 df = 4，Sig = 0.429
	与家人同住或居于养老院	10.3	35.2	37.4	15.7	1.3	
是否吸烟	不吸烟	12.8	37.0	36.5	13.1	0.6	Chi-square = 28.948 df = 4，Sig = 0.000
	吸烟	9.6	34.5	38.0	16.5	1.4	
是否饮酒	不饮酒	9.3	33.5	38.8	16.9	1.5	Chi-square = 94.638 df = 4，Sig = 0.000
	饮酒	14.4	41.6	32.6	11.0	0.4	
是否日常锻炼	不锻炼	14.3	39.2	34.0	11.9	0.6	Chi-square = 163.862 df = 4，Sig = 0.000
	锻炼	7.9	32.5	39.9	18.1	1.7	
患慢性病状况	未患有	8.4	30.8	40.0	19.0	1.8	Chi-square = 219.456 df = 4，Sig = 0.000
	患有	13.1	41.8	34.0	10.6	0.4	
近两周患病经历	未患有	4.2	16.8	35.8	38.8	4.4	Chi-square = 1024.563 df = 4，Sig = 0.000
	患有	11.7	39.5	38.2	10.1	0.5	

在居住方式方面，与家人同住或居住在养老院的老年人认为健康状况较好的占比为54.4%，消极评价占比为45.5%；而有56.9%的独居老年人认为健康状况较好，认为健康状况较差的占比仅为43.1%。可见，独居老年人身体健康状况稍好于非独居老年人。这可能是因为老年人根据自身的健康状况选择居住方式，健康状况较差的老年人更依赖家人或者机构的照护。

在生活方式方面，有吸烟习惯的老年人自认为健康状况较好的比例为55.9%，自评健康状况较好的未吸烟老年人仅占50.2%。有饮酒习惯的老年人自认为健康状况较好的比例为44%，自评健康状况较好的无饮酒习惯的老年人占比为57.2%。有日常锻炼习惯的老年人健康自评状况较好的占比为59.7%，没有日常锻炼习惯的老年人自认为健康状况较好的占比为46.5%。

在患病经历方面，患有慢性病的老年人认为自身健康状况较好的占比为45%，未患慢性病的老年人作出积极健康评价的比例为60.8%。近两周有患病经历的老年人自认为健康状况较好的比例为48.8%，近两周内未患病的老年人健康自评状况较好的比例为79%。由此可见，是否患有慢性病以及近期是否患病对老年人的健康存在较大的影响。

（2）控制变量与生活自理状况。表 1－29 是控制变量与老年人生活自理状况的交叉分析结果。女性老年人日常生活能够自理的占比为 74.5%，能够生活自理的男性老年人占比为 82.6%。可见，男性老年人生活自理能力稍好于女性老年人。65～74 岁（含）、75～84 岁（含）和 85 岁及以上的老年人日常生活能够自理的比例依次为 93.5%、87.7%、64.4%。生活自理能力呈现年龄越大生活自理能力越差的趋势。65～74 岁（含）的老年人生活自理能力最好，无法自理的老年人占比仅为 6.5%，可能是该年龄段老年人健康状况较好，对他人的照护依赖度较低，自身能够完成大部分日常活动。农村地区老年人能够生活自理的占比为 80.6%，能够自理的城镇地区老年人占比为 75.9%。可见，城镇地区老年人生活自理能力低于农村地区老年人。有配偶的老年人生活能够自理的占比为 86.9%，无配偶的老年人生活能够自理的占比为 72.3%。

表 1－29　控制变量与老年人生活自理状况交叉分析表

变量		生活自理能力（%）		卡方检验
		非自理，需帮助	自理，无须帮助	
性别	女	25.5	74.5	Chi-square = 71.427 df = 1，Sig = 0.000
	男	17.4	82.6	
年龄	65～74 岁（含）	6.5	93.5	Chi-square = 763.568 df = 2，Sig = 0.000
	75～84 岁（含）	12.3	87.7	
	85 岁及以上	35.6	64.4	
婚姻状况	无配偶	27.7	72.3	Chi-square = 227.032 df = 1，Sig = 0.000
	有配偶	13.1	86.9	
居住地	农村	19.4	80.6	Chi-square = 23.821 df = 1，Sig = 0.000
	城镇	24.1	75.9	
受教育状况	文盲	21.5	78.5	Chi-square = 0.358 df = 1，Sig = 0.550
	受过教育	22.1	77.9	
经济状况	不够用	24.1	75.9	Chi-square = 6.574 df = 1，Sig = 0.010
	够用	21.1	78.9	
居住安排	独居	12.2	87.8	Chi-square = 81.351 df = 1，Sig = 0.000
	与家人同住或居于养老院	23.6	76.4	

续表

变量		生活自理能力（%）		卡方检验
		非自理，需帮助	自理，无须帮助	
是否吸烟	不吸烟	23.5	76.5	Chi-square = 59.300 df = 1，Sig = 0.000
	吸烟	14.1	85.9	
是否饮酒	不饮酒	23.5	76.5	Chi-square = 64.480 df = 1，Sig = 0.000
	饮酒	13.5	86.5	
是否日常锻炼	不锻炼	27.6	72.4	Chi-square = 276.440 df = 1，Sig = 0.000
	锻炼	11.2	88.8	
患慢性病状况	未患有	18.5	81.5	Chi-square = 26.984 df = 1，Sig = 0.000
	患有	23.6	76.4	
近两周患病经历	未患有	19.3	80.7	Chi-square = 103.792 df = 1，Sig = 0.000
	患有	31.3	68.7	

生活能够自理的独居老年人占比为87.8%，与家人同居或在养老院居住的老年人生活能够自理的占比为76.4%。可见，独居老年人的生活自理更好。受过教育的老年人生活能够自理的占比为77.9%，而未受过教育的老年人生活能够自理的占比为78.5%。经济来源够用的老年人生活能够自理的占比为78.9%，相比经济来源不够用的老年人生活自理占比高出3个百分点。

在生活方式方面，有吸烟或饮酒习惯的老年人生活能够自理的比例均高于无吸烟或饮酒习惯的老年人。日常锻炼的老年人生活能够自理的占比为88.8%，无日常锻炼习惯的老年人生活能够自理的占比为72.4%。

未患有慢性病的老年人生活能够自理的占比为81.5%，患有慢性病的老年人生活自理的占比为76.4%。近两周有患病经历的老年人中有68.7%生活可自理，近两周未患病的老年人生活可自理占比达到80.7%。可见，患病与否对老年人生活自理能力存在较大的影响。

（3）控制变量与精神健康状况。表1-30是控制变量与老年人精神健康状况的交叉分析结果。老年人整体的精神健康状况较好，作出的积极评价（“从不”“很少”感到孤独）均高于消极评价（“总是”“经常”“有时”感到孤独）。其中，女性老年人精神健康积极评价的占比为73.9%，男性老年人精神健康积极评价的占比为67.8%。65~74岁（含）、75~84岁（含）、85岁及以上的老年人精神健康状况较好的比例依次为78%、71%、66.6%。在精神健康方面存在年龄越大精神健康状况越差的趋势。65~74岁（含）的老年人精神健康状况最好，可能是由于这一年龄段的老年人疾病较少，享受的社会活动较多，社会参与程度相对较高。居住在农村地区的老年人认为精神健康状况较好的占比为67.6%，城镇地区老年人认为精神健康状况较好的占比为73.9%。可见，城镇地区老年人精神健康状况好于农村地区老年人。有配偶老年人对心理健康给予积极评价的占比为81.8%，无配偶老年人给予心理健康积极评价的占比仅为63%。

表1-30　　控制变量与老年人精神健康状况交叉分析表

变量		精神健康状况（%）					卡方检验
		很差	差	一般	好	很好	
性别	女	1.4	4.2	20.5	34.7	39.2	Chi-square = 57.908
	男	1.6	6.4	24.1	36.0	31.8	df = 4，Sig = 0.000
年龄	65~74岁（含）	1.4	4.2	16.4	35.4	42.6	Chi-square = 118.481
	75~84岁（含）	1.7	4.9	22.4	33.6	37.4	df = 8，Sig = 0.000
	85岁及以上	1.5	6.2	25.7	36.6	30.0	
婚姻状况	无配偶	2.0	7.5	27.5	34.7	28.3	Chi-square = 382.857
	有配偶	0.8	2.3	15.2	36.5	45.3	df = 4，Sig = 0.000
居住地	农村	1.7	5.9	24.7	36.0	31.6	Chi-square = 56.301
	城镇	1.3	4.7	20.1	34.8	39.1	df = 4，Sig = 0.000
受教育状况	文盲	1.3	5.4	22.7	36.6	33.9	Chi-square = 14.993
	受过教育	1.8	5.2	22.0	33.4	37.6	df = 4，Sig = 0.005
经济状况	不够用	3.1	10.8	28.8	32.0	25.3	Chi-square = 233.412
	够用	1.1	4.0	20.8	36.3	37.8	df = 4，Sig = 0.000
居住安排	独居	3.7	11.4	29.3	29.0	26.6	Chi-square = 235.607
	与家人同住或居于养老院	1.1	4.1	21.0	36.7	37.0	df = 4，Sig = 0.000
是否吸烟	不吸烟	1.5	5.3	23.1	35.5	34.5	Chi-square = 12.515
	吸烟	1.5	5.3	19.5	35.1	38.6	df = 4，Sig = 0.014
是否饮酒	不饮酒	1.6	5.6	23.4	35.4	34.0	Chi-square = 34.609
	饮酒	1.3	4.2	18.1	35.4	41.1	df = 4，Sig = 0.000
是否日常锻炼	不锻炼	1.6	6.5	25.3	36.5	30.1	Chi-square = 184.553
	锻炼	1.3	3.4	17.4	33.5	44.4	df = 4，Sig = 0.000
患慢性病状况	未患有	1.3	4.5	21.7	37.8	34.7	Chi-square = 15.926
	患有	1.7	5.9	22.9	34.0	35.6	df = 4，Sig = 0.003
近两周患病经历	未患有	1.1	4.4	21.1	36.5	37.0	Chi-square = 142.761
	患有	3.1	9.2	27.8	31.4	28.6	df = 4，Sig = 0.000

与家人共同居住或在养老院居住的老年人认为精神健康状况较好的占比为73.7%，独居老年人认为精神健康状况较好的占比为55.6%。可见，非独居老年人的心理层面能获得相对更多支持。受过教育老年人的精神健康状况评价与未受过教育老年人基本持平，表明老年人教育背景与精神健康状况之间没有必然的联系。经济来源够用的老年人对心理健康积极评价的比例为74.1%，较经济来源不够用的老年人积极评价高出16.8个百分点。

在生活方式方面，有吸烟或饮酒习惯的老年人认为精神健康状况较好的比例均高于无吸烟或饮酒习惯的老年人，两者差异较小。日常锻炼的老年人认为精神健康状况较好的占比为77.9%，缺乏日常锻炼的老年人认为精神健康状况较好的占比为66.6%。

未患有慢性病的老年人对精神健康积极评价的占比为72.5%，患有慢性病的老年人认为精神健康状况较好的占比为69.6%。近两周有患病经历的老年人消极情绪评价达到40.1%，近两周未患病的老年人消极情绪评价仅为26.6%。

（二）样本回归结果分析

1. 医疗服务可及性与老年人健康自评状况

表1－31示出了医疗服务可及性对健康自评状况影响的模型回归结果。模型Ⅰ未加入任何控制变量。在就医及时性方面，患重病能否及时就医在1%的统计水平上显著，其系数为1.144。患重病能够就医的老年人比不能及时医治的老年人健康自评状况更好，说明就医及时性对健康自评状况具有显著正向的影响，并且回归系数较大。顾大男（2002）研究发现，患病能够得到及时医治对高龄老人健康自评有改善作用。老年人患病时若不能得到及时治疗，一方面使老年人的疾病发生恶变，耽误最佳治疗时间；另一方面，也对老年人心理层面产生较大的压力，容易使其失去信心①。因此，患病能够及时就医对老年人健康的改善起到非常重要的作用。

① 顾大男．中国高龄老人就医及时性状况研究［J］．人口学刊，2002（3）：54－60.

表 1-31 医疗服务可及性对老年人健康自评状况影响的回归结果

变量		模型Ⅰ		模型Ⅱ	
		系数	标准差	系数	标准差
自变量	患重病能否及时就医：能	1.144***	0.096	0.572***	0.101
	是否参加医疗保险：参加	0.096**	0.063	0.094*	0.065
	就医距离：2千米以内	0.048**	0.054	0.055*	0.055
	是否参加常规体检：有	0.227***	0.046	0.216***	0.047
控制变量	性别：男			0.083*	0.050
	年龄			-0.029	0.031
	婚姻状况：有配偶			0.079	0.055
	居住地：城镇			-0.095*	0.045
	受教育状况：受过教育			0.078*	0.045
	经济状况：够用			0.896***	0.057
	居住方式：与家人同住或居于养老院			-0.010	0.061
	吸烟：是			0.134**	0.061
	饮酒：是			0.419***	0.060
	锻炼：有			0.504***	0.047
	患慢性病状况：有			-0.527***	0.046
	近两周患病经历：有			-1.416***	0.058

注：***、**、*分别表示 $P<0.01$、$P<0.05$、$P<0.1$。

模型Ⅰ中，是否参加医疗保险在5%的统计水平上显著，其系数为0.096。参加医疗保险的老年人健康自评状况好于未参加医疗保险的老年人，且回归系数为正，说明参加医疗保险对老年人健康自评状况具有显著正向作用。朱昕婷和徐怀伏（2016）通过实证研究发现，医疗保险对老年人健康自评和生活满意度都有明显改善，尤其城镇地区居民保险和新农合对老年人的健康自评影响大于城镇职工医疗保险。胡静（2015）发现，医疗保险通过提高就医程度改善老年人的就医状况。医疗保险增加了老年人医疗费用支出，降低了老年人家庭医疗负担，提高了医疗服务利用的能力①。

就医距离在5%的统计水平上显著，其回归系数为0.048。就医距离在2千米以内的老年人健康自评状况好于就医距离大于等于2千米的老年人，说明就

① 王新军，郑超．医疗保险对老年人医疗支出与健康的影响［J］．财经研究，2014，40（12）：65-75.

医距离对老年人健康自评状况有着显著正向影响。就医距离越短，意味着老年人接触医疗服务的时间和精力等成本越低，及时治疗的可能性越高。常规体检在1%的统计水平上显著，其回归系数为0.227。每年参加常规体检的老年人健康自评状况好于未参加的老年人，说明参加年度常规体检对老年人健康自评状况有着显著的改善作用。储飞（2016）认为，中老年人是慢性病多发群体，通过实证研究得出中老年人定期健康体检对疾病进行排查、预防以及治疗具有重要意义。每年进行定期的健康体检是保证老年人健康的重要前提。

模型Ⅱ加入个体特征、社会经济特征、生活方式、患病情况等控制变量，但这两个模型的差异并不是很显著。在模型Ⅱ中，患重病能否及时就医与是否参加常规体检仍在1%的统计水平上显著，但系数相对减小，说明患重病能否及时就医与是否参加常规体检对老年人健康自评状况存在显著正向作用。是否参加医疗保险与就医距离在10%的统计水平上显著，回归系数与之前差异较小，说明是否参加医疗保险对就医距离存在显著改善作用，但影响程度减弱。

在控制变量方面，性别、居住地、受教育状况、经济状况、吸烟饮酒习惯、日常锻炼、患慢性病状况与近两周患病经历具有统计学显著意义。男性老年人健康自评状况优于女性老年人，这是因为女性的预期寿命高于男性，但存在着收入低、患病概率高等特点。年龄较大的老年人健康自评状况较差，居住地为城镇的老年人自评健康状况比居住地为农村的老年人好。老年人经济收入状况与健康自评结果呈现显著正向相关关系，经济收入越多的老年人能够采取更多的医疗保健行为保持自身健康，且经济越是独立的老年人自评健康状况将越好①。受过教育的老年人的健康自评状况好于未受过教育的老年人。老年人受教育程度反映为通过健康行为和健康投入提高自身的健康水平。吸烟、饮酒习惯均与健康自评状况成显著正相关关系。孟琴琴和张拓红（2010）研究发现，吸烟者的健康自评状况最好，戒烟者最差；每周至少饮酒3次的老年人健康自评大于不饮酒或少饮的老年人。患有慢性病、近期有患病经历与健康自评状况呈负相关关系。

由上述模型的分析结果可知，老年人患重病能否及时就医、是否参加医疗保险、就医距离、是否参加常规体检均对自评健康状况有显著影响。控制变量方面，性别、居住地、受教育状况、经济状况、吸烟饮酒习惯、日常锻炼、患

---

① 陈妍霖．养老方式对中国老年人自评健康、主观幸福感的影响［D］．扬州：扬州大学，2014.

慢性病状况以及近两周患病经历等对老年人健康自评状况存在显著影响。

2. 医疗服务可及性与老年人生活自理能力

表1－32示出了医疗服务可及性对生活自理能力影响的模型回归结果。模型Ⅰ未加入任何控制变量。在就医及时性方面，患重病能否及时就医在1%的统计水平上显著，回归系数为0.339。患重病能够及时就医的老年人生活自理能力强于患重病无法及时就医的老年人，说明患重病能够及时就医对老年人的生活自理能力存在显著的正向关系。陶立群（2001）认为，疾病是造成中国老年人日常生活自理能力下降的主要原因。若患重病无法及时就医极易对老年人肢体活动能力造成损伤。因此，就医及时性对老年人生活自理能力有着重要的影响。

表1－32　医疗服务可及性对老年人生活自理能力影响的回归结果

变量		模型Ⅰ		模型Ⅱ	
		系数	标准差	系数	标准差
自变量	患重病能否及时就医：能	0.339***	0.115	0.104**	0.132
	是否参加医疗保险：参加	0.550**	0.076	0.413*	0.085
	就医距离：2千米以内	0.078*	0.072	0.048	0.080
	是否参加常规体检：有	0.054***	0.062	0.132**	0.069
控制变量	性别：男			0.076	0.072
	年龄			－1.041***	0.054
	婚姻状况：有配偶			0.318***	0.081
	居住地：城镇			－0.329***	0.064
	受教育状况：受过教育			0.074	0.065
	经济状况：够用			0.174**	0.079
	居住方式：与家人同住或居于养老院			－1.013***	0.099
	吸烟：是			0.175*	0.096
	饮酒：是			0.397***	0.096
	锻炼：有			1.036***	0.075
	患慢性病状况：有			－0.423***	0.067
	近两周患病经历：有			－0.594***	0.074

注：***、**、*分别表示 $P<0.01$、$P<0.05$、$P<0.1$。

是否参加医疗保险在5%的统计水平上显著，回归系数为0.550。参加医疗保险的老年人生活自理能力强于未参加医疗保险的老年人，且回归系数为正，说明参加医疗保险对老年人生活自理能力起到显著改善作用。其中，城镇职工医疗保险与新农合对老年人生活自理能力改善作用最为显著①。就医距离在10%的统计水平上显著，回归系数为0.078。就医距离在2千米以内的老年人生活自理能力强于就医距离在2千米及以上的老年人，表明就医距离越近，老年人生活自理能力越强。

在回归结果中，是否参加常规体检在1%的统计水平上显著，回归系数为0.054。参加常规体检的老年人生活自理能力强于未参加常规体检的老年人，说明参加常规体检有利于提高老年人的生活自理能力。健康体检的主要对象是未病、初病或将病的健康或亚健康人群，其目的主要是了解体检者的身体健康状况②。老年人通过定期体检及早预防与治疗，有利于降低患病率，对其生活自理能力起到保护作用。

模型Ⅱ加入个体特征，年龄、婚姻状况、居住地、经济状况、居住方式、饮酒、锻炼、患慢性病状况以及近两周患病经历均具有统计学显著意义。患重病能否及时就医、是否参加常规体检在5%的统计水平上显著，回归系数均为正。与模型Ⅰ相比，虽然患重病能否及时就医、是否参加年度常规体检2个变量对老年人生活自理能力的影响程度均有所下降，但结果仍具有统计学显著意义。而在模型Ⅱ中，是否参加医疗保险在10%的统计水平上显著，回归系数为0.413。回归结果的显著程度减弱，说明是否参加医疗保险对老年人生活自理能力存在正向影响。在模型Ⅱ中，就医距离不具有统计学显著意义，但其系数为正，说明就医距离较近对老年人生活自理能力存在相对积极的影响。

在控制变量方面，年龄、婚姻状况、居住地、经济状况、居住方式、饮酒习惯、患慢性病情况以及近两周患病经历均具有统计学显著意义。男性老年人生活自理能力比女性老年人稍强，可能是因为女性老年人对照护依赖度较强③。老年人年龄越大，其生活自理能力越差，这些均与以往的研究结论相同。居住在农村地区的老年人比居住在城镇地区的老年人生活自理能力更强，农村辅助工具条件相较城市要差，农村地区老年人不能借助辅助工具而必须通过自己才能完成日常生活活动，加之农村自然环境好，也使农村地区老年人能保持

---

① 杨慧康．个体医疗资源及其可及性对老年人健康的影响［J］．人口与社会，2015，31（4）：79－88.
② 康青松．定期健康体检对中老年人的重要性及影响［J］．中外医学研究，2015，13（3）：154－155.
③ 王德文，叶文振，朱建平等．高龄老人日常生活自理能力及其影响因素［J］．中国人口科学，2004（S1）：93－97.

较好的生活自理能力。独居老年人的生活自理能力比与家人居住或在养老院居住的老年人更强。经济状况与生活自理能力呈显著正相关，老年人的经济状况越好，其生活自理能力越强。有吸烟或饮酒习惯的老年人生活自理能力相对较强，自理能力较差的老年人可能较早的戒烟或者戒酒，反而仍保持吸烟、饮酒习惯的老年人更有生存优势，其生活自理能力较强。患有慢性病或近期患病造成老年人日常生活自理能力减退。

由上述模型的分析结果可知，就医及时性、是否参加医疗保险、是否参加常规体检对生活自理能力存在显著影响，就医距离对老年人生活自理能力的正向影响不显著，但存在一定的积极作用。在控制变量方面，年龄、居住地、婚姻状况、居住安排、经济状况、饮酒习惯，患慢性病情况、近两周患病经历对生活自理能力存在显著影响。

3. 医疗服务可及性与老年人精神健康状况

表1－33为医疗服务可及性对老年人精神健康状况的模型回归结果。模型Ⅰ未加入任何控制变量。患重病能否及时就医在1%的统计水平上显著，回归系数为0.982。患重病能够及时就医的老年人精神健康状况好于患重病不能及时就医的老年人，说明患重病能够及时就医对老年人精神健康存在显著的改善作用。老年人更多地担忧无法获得及时就医和足够的诊疗资源。因此，当老年人患病时，满足其诊疗需求不仅能减轻其疾病的疼痛，而且能缓解疾病给其带来的负面情绪。是否参加医疗保险在1%的统计水平上显著，回归系数为0.196，表明参加医疗保险对老年人精神健康存在显著的正向影响。研究发现，公费医疗、城镇职工医疗保险及城镇居民医疗保险能够改善老年人精神健康状况。由于医疗保险具有分散患病风险、降低因病致贫可能性的作用，老年人的参保行为是为了寻求更多的基本保障，心理层面更能得到归属感和满足感。

表1－33　医疗服务可及性对老年人精神健康状况影响的回归结果

变量		模型Ⅰ		模型Ⅱ	
		系数	标准差	系数	标准差
自变量	患重病能否及时就医：能	0.982***	0.094	0.519***	0.097
	是否参加医疗保险：参加	0.196***	0.062	0.170***	0.064
	就医距离：2千米以内	0.080*	0.054	0.085	0.054
	是否参加常规体检：有	0.228***	0.046	0.113**	0.047

续表

变量		模型Ⅰ		模型Ⅱ	
		系数	标准差	系数	标准差
控制变量	性别：男			-0.046	0.050
	年龄			-0.035	0.031
	婚姻状况：有配偶			0.693***	0.055
	居住地：城镇			0.229***	0.045
	受教育状况：受过教育			0.066	0.045
	经济状况：够用			0.623***	0.055
	居住方式：与家人同住或居于养老院			0.445***	0.060
	吸烟：是			0.020	0.061
	饮酒：是			0.209***	0.060
	锻炼：有			0.459***	0.047
	患慢性病状况：有			-0.074***	0.046
	患病经历：有			-0.394	0.055

注：***、**、*分别表示 $P<0.01$、$P<0.05$、$P<0.1$。

就医距离在10%的统计水平上显著，回归系数为0.080。就医距离较近的老年人精神健康状况较好，说明就医距离较近能够改善老年人的精神健康状况。老年人是疾病高发群体，就医距离较近有利于提高老年人晚年生活的内心安全感，缓解因疾病等不确定因素造成的心理压力。是否参加常规体检在1%的统计水平上显著，回归系数为0.228。参加常规体检的老年人精神状况更好，表明参加常规体检对老年人精神健康存在显著正向关系。医疗保健行为意味着老年人对晚年生活持有相对积极的生活态度，其作用主要是增强老年人对自身健康的认知。

模型Ⅱ加入了个体特征、社会经济特征、生活方式、患病情况等控制变量，模型差异不显著。与模型Ⅰ相比，患重病能否及时就医和是否参加医疗保险仍在1%的统计水平上显著，其系数为正，表明这两个变量对老年人精神健康起到重要的影响。

就医距离回归结果不显著，但系数为正，说明就医距离较近对老年人心理健康有相对积极的作用。是否参加常规体检在5%的统计水平上显著，回归系数为0.113。虽然显著程度比较模型Ⅰ减弱，但是参加常规体检仍能改善老年人精神健康状况。

在控制变量方面，婚姻状况、居住地、经济状况、居住方式、饮酒习惯、日常锻炼、患慢性病状况具有统计学显著意义。女性老年人比男性老年人的心理精神状况更好。年龄越大，老年人的精神健康状况越差。居住在城镇地区的老年人比农村地区老年人精神状况更好。有无配偶对精神健康有显著影响，有配偶的老年人在有心事、想聊天、遇到困难时更能及时缓解负面情绪，因此有配偶的老年人心理健康状况更好。与家人同住或在养老院居住的老年人心理健康状况好于独居的老年人，这可能是因为非独居老年人与家人沟通交流的机会较多，更不容易产生孤独感。生活来源够用的老年人精神状况比不够用的老年人更好。有饮酒习惯的老年人心理健康状况更好。参加日常锻炼的老年人精神状况明显好于未参加日常锻炼的老年人。积极参与体育锻炼和社会活动有利于扩大老年人的生活圈子、保持乐观态度、减少孤独感①。患有慢性病对老年人精神健康有负面影响。

由上述模型的分析结果可知，患重病能够及时就医、参加医疗保险、参加常规体检对精神健康状况存在显著正向影响，就医距离对精神健康状况的改善作用不显著。在控制变量方面，婚姻状况、居住地、经济状况、居住方式、饮酒习惯、日常锻炼、患慢性病状况对精神健康状况存在显著影响。

四、 本章结论

（一）研究结论

本章以老年人医疗服务可及性与健康状况为研究主题，运用 2011 年 CLHLS 数据，选取就医及时性、是否参加医疗保险、就医距离、是否参加常规体检作为自变量，老年人自评健康、生活自理能力、精神健康作为因变量，控制变量为老年人个体特征、社会经济特征、日常生活方式、患病情况，建立描述性统

① 王德文，叶文振，朱建平等．高龄老人日常生活自理能力及其影响因素［J］．中国人口科学，2004（S1）：93 – 97.

计与线性逻辑回归模型，根据分析和回归结果得出以下结论：

1. 在就医及时性方面，老年人患重病无法及时就医的最主要原因是无法承担医疗开支，其次是行动不便，城镇地区老年人的就医意愿高于农村地区老年人，农村地区老年人就医难问题较为突出

随着年龄的增长，老年人就医及时性越来越差。本章样本回归结果表明，就医及时性较好对老年人自评健康状况、生活自理能力与精神健康状况均存在明显影响，回归系数均为正。说明老年人在患重病时能够及时就医有利于改善老年人自评健康与生活自理能力。由于老年人的突发疾病会损害健康，因此就医及时性对老年人健康来说非常重要，提高就医及时性有利于老年人提高晚年生活的安全感和改善精神状态。

2. 在参加医疗保险方面，大部分老年人均参加医疗保险

老年人商业医疗保险的参与度最低，城镇职工医疗保险与新农合的参与状况较好。随着年龄的增长，老年人对医疗保险的参与程度有所提高。现有研究发现，医疗保险虽存在一定的逆向选择风险与道德风险，但能够提高老年人的医疗服务利用。本章样本回归结果表明，参加医疗保险对老年人自评健康状况、生活自理能力与精神健康状况均存在显著影响，且回归系数为正。说明参加医疗保险可作为衡量医疗服务可及性的重要指标之一，对老年人的健康状况有改善作用。同时，根据马斯洛的需求层次理论，医疗保险作为老年人应对因病致贫风险的主要手段，印证了老年人参加医疗保险的行为满足了其生理需求与安全需求，能够进一步改善老年人晚年的精神状况。

3. 在就医距离方面，老年人群体内部选择就医距离的差异较大，且年龄越大的老年人越倾向选择更近的就医距离，城乡老年人的就医距离差异较小

本章样本回归结果表明，就医距离较近对老年人健康自评状况有显著的改善作用，但对老年人生活自理能力与精神健康状况影响不显著。这可能是由于老年人因自身生活自理能力较弱而选择距离医院较近的地区生活，且就医距离较近有利于提高老年人安全感，其回归系数均为正。说明就医距离对生活自理能力和精神健康方面存在一定的积极影响。

4. 在常规体检方面，仅近 1/3 的老年人参加常规体检

随着年龄的增长，老年人参加常规体检的比重相对提高，城镇地区老年人参加常规体检的比例高于农村地区老年人

通过样本回归分析可见，参加常规体检能够显著改善老年人的健康自评状

况、生活自理能力与精神健康状况。其中，对老年人健康自评状况的改善效果最为显著。常规体检作为预防性保健措施，直接关系到老年人是否进一步采取实质性的医疗服务利用，说明是否参加常规体检可作为衡量老年人医疗服务可及性的指标之一，并且对老年人的身心健康起到非常重要的作用。

5. 在控制变量方面，男性老年人健康自评状况与生活自理能力优于女性老年人，但女性老年人心理健康状况好于男性老年人。年龄越大，老年人整体健康状况越差。城镇地区老年人的健康自评状况与精神健康状况均优于农村地区老年人，但生活自理能力比农村地区老年人差。经济状况宽裕、有吸烟饮酒习惯、经常锻炼对老年人健康有显著的改善作用。患有慢性病及近期有患病经历的老年人健康状况较差

根据描述性统计和模型回归结果分析，可看出城乡老年人在就医及时性和参加常规体检方面差异显著，在就医距离方面差异较小。随着老年人年龄的增长，老年人的就医可及性下降，更倾向选择参加医疗保险，选择较近的就医距离并且参加常规体检，表明年龄越大的老年人越渴望更好的医疗服务可及性状况，本章假设 1 得证。

通过回归结果分析，就医及时性、参加医疗保险与常规体检均对老年人的健康自评状况、生活自理能力和精神健康状况存在显著改善作用，就医距离则对老年人自评健康起到显著改善作用，对生活自理能力和精神健康均起到一定的积极影响，本章假设 2 基本得证。

回归结果表明，老年人健康与性别、年龄、居住地、经济状况、生活方式、患病状况有关。经济状况宽裕、有吸烟饮酒习惯、经常日常锻炼有利于促进老年人的健康，患有慢性病或近两周有患病经历的老年人健康状况较差，木章假设 3 得证。

（二）讨论

1. 改善老年人的经济状况，提高老年人获得医疗服务的能力

老年人的经济状况直接影响了其获取医疗服务的能力。确保老年人有稳定的经济收入是提高老年人晚年生活质量的经济基础。根据本章分析，经济状况会影响老年人的就医及时性，并且经济条件宽裕有利于老年人健康状况的改善。因此，对我国大多数老年人来说，经济因素在生活中起着举足轻重的作用，切

实改善老年人的经济状况是提高老年人健康状况的前提条件。

目前，相关部门应尽快完善最低生活保障制度与老年人贫困救助制度，随经济发展水平不断提高补助标准。同时，采用政府财政划拨、相关福利机构与个人捐赠等形式筹集资金，对经济困难的老年人给予一定数额的生活津贴。在提高对老年人经济救助的同时，积极为高龄、贫困的老年人提供制度保障，应对照护成本过高的难题。例如，荷兰在20世纪60年代为失能老人建立了长期照护保险，德国在20世纪90年代建立长期照护保险，日本和韩国也已陆续建立长期照护保险制度，解决了老年人长期照护的筹资问题。

2. 丰富社区医疗服务内容，提高医疗服务供给能力

社区居家养老日益成为老年人选择养老的主流方式。作为其重要居住场所，社区可以为老年人提供基本的医疗服务。因此，社区医疗服务的完善有利于缩短就医距离，减轻医疗费用负担，起到改善老年人身心健康的作用。利用2011年中国老年人数据（如表1－34所示）可得，老年人主要拥有上门看病、送药和提供保健知识宣传两类医疗服务，拥有上门看病送药服务比例较低，对比需求说明老年人更需要康复及健康促进的医疗服务。而多数社区提供的医疗服务内容普遍较为单一。因此，有必要加大对社区医疗服务机构的资金投入力度，完善相应的发展政策，配备专业化的服务团队，转变老年人对社区医疗服务的认识。

表1－34　　社区医疗服务分布表　　单位：%

变量		百分比	有效百分比
上门看病、送药	无	71.8	71.8
	有	28.2	28.2
提供保健知识	无	68.8	68.8
	有	31.2	31.2
期望获得上门看病、送药服务	否	15.7	15.7
	是	84.3	84.3
期望提供保健知识服务	否	21.9	21.9
	是	78.1	78.1

注：数据根据2011年中国健康与养老追踪调查数据整理而成。

社区服务模式应从单一医疗向集医疗、预防、保健、康复、健康促进、健康教育为一体的模式转变。同时，可借助互联网等手段打造智能社区，为社区

老年人建立个人电子健康档案，定期提供卫生保健咨询、定期体检等服务，为患有慢性病的老年人开展家庭病床服务。社区还应重点关注生活自理能力较弱的老年人，设置困难帮扶机制，采取心理干预措施，使这部分老年人能积极有效的应对。例如，杭州市首家“生态安养老来福馆”社区服务站的创建，为老年人提供上门看护等实质性服务，同时配备了“智慧诊所”，提供以下服务：一是利用网络平台进行病史采集；二是分级诊疗，提供常见病和专长病的社区诊疗；三是利用多种医疗智能检测设备为老年人免费检测；四是配备专门的移动医护车，为老年人提供24小时的医疗急诊服务。

3. 提高老年人自身健康意识，鼓励老年人定期参加体检

目前，老年人疾病种类不断增多，发病率急剧攀升，许多患者在发现疾病时已无法根治。因此，定期参加体检是保证老年人健康的重要前提。定期体检可帮助老年人在疾病未发生时从体检报告的各项检验指标中提前得知自身的身体状况，并且通过医生对体检报告的解读，从心理、饮食、运动和生活习惯等方面得到一定的建议，有利于老年人养成健康的生活方式。建议增强老年人自身的健康意识，大力推进老年人健康教育和保健工作，普及老年人卫生保健知识，在老年人群体中大力宣传合理膳食、适度运动、心理平衡、定期体检等观念，使之成为老年人的自觉行动。

第二章　社区医疗资源与老年人自评健康：基于 CFPS 的实证分析

社区卫生服务是解决老年人医疗卫生问题的基点。社区卫生服务承担了绝大部分健康教育和疾病早期预防控制工作，不仅有利于从制度上弥补和预防医疗裂痕，而且有利于实现病人合理分流愿景和优化社会医疗卫生服务体系。因此，评估社区现有医疗卫生服务资源与老年人自评健康之间的关系极具现实意义，能够为相关制度设计提供科学的依据。

由政府主导的社区医疗卫生服务作为准公共物品，通过对社区层面医疗卫生资源的合理高效配置，构成所有老年人公平享有优质医疗卫生服务的主要途径。在相当长一段时间内，我国医疗卫生服务体系的优质资源主要集中于大中城市，形成了医疗资源分布不均的现状。由此导致已有的相关研究大多是从卫生体系宏观层面论证医疗卫生服务供需平衡问题，对基层社区医疗卫生服务的关注相对较少。

同时，大多数与老年人健康相关的研究主要聚焦于老年人疾病负担，鲜有从经济学视角评估社区医疗卫生资源对老年人健康效用的影响，对社区现有医疗卫生服务是否满足老年人的健康偏好、是否增加了社会福利等问题，并没有深入地探讨。因此，基于社区层面研究社区医疗卫生资源与老年人自评健康，对于社区居家养老的理论与实践均具重要意义。

一、老年人自评健康及影响健康的主要因素

老年人自评健康，是指受访的老年人根据已有的关于疾病或者健康的知识信息，与自己实际生活经历进行结合，最终自我进行判断的一个过程。自评健

康是带有强烈主观性的自我评估变量，主观感受对个体自评健康结果产生的影响要远大于客观健康状况①。根据以往心理学研究，主观感受受到多个维度的信息影响。例如，老年人在进行自评健康时，评估当时的时间、空间会干扰老年人的心理状态。特别是，老年人周遭横向的比较信息会极大地干扰自评健康结果②。

在自评健康的研究中，有大量的研究使用回归分析方法，通过建立模型的方式探讨自评健康与身体健康、心理健康之间的关系，相关研究认为老年人自评健康很大程度上取决于躯体以及心理健康状况，尤其是躯体的患病情况。在衡量老年人的健康状况时，可以使用简单的自评健康指标评估老年人健康状况，两者之间存在显著相关性。例如，当老年人在遭遇了疾病折磨之后，或者是本身存在身体机能障碍，或者是患有慢性病长期需要药物维持健康，通常对自己的健康状态评估也会走向负面（孟琴琴和张拓红，2010；杨钰和李建新，2017；Wilcox V. L.，1996；Benyamini，1997；Li D. & Zhang D. J. et al.，2013）。另外，老年人长期以来的生活习惯和生活方式也会对其自评健康产生影响。吸烟酗酒、懒于身体锻炼、高盐高糖的饮食习惯等都对自评健康产生严重的负面影响（胡月等，2013；张霞和杨一帆，2017；Shield，2001；Shadbolt，2001；Bailis，2003）。

值得注意的是，自评健康是受访者基于已知信息进行的自我判断。在信息不完全的情况下（例如，经济落后地区、偏远山区以及医疗卫生条件较差的地区），老年人往往缺乏一定的健康知识，对自己的健康状况也缺乏足够的认识，自评健康未必能准确反应身体健康状况（毕秋灵，2008；Suchman，1958；Tissue，1972）。

大量关于自评健康影响因素的研究将自评健康的结果处理为二分变量，即“好”与“不好”。实际上，个体的健康状态并不是简单的黑与白，好与不好之间存在很大空间，且两者背后存在一系列的干扰因素。另外，关于自评健康影响因素的研究通常将个体的人口学特征以及拥有的社会经济条件作为变量，但是鲜有考虑社区的医疗卫生服务条件。然而，便捷充足的社区医疗卫生服务显然对老年人的健康状况是有影响的。

---

① 汪向东，王希林，马弘．心理卫生评定量表手册［M］．北京：中国心理卫生杂志社，1999.

② Chen Y.，Hicks A.，While A. E. Depression and related factors in older people in China：a systematic review［J］．Reviews in Clinical Gerontology，2012，22（1）：52－67.

2002 年，联合国大会通过了《马德里政治宣言》和《马德里老龄问题国际行动计划》，并强调在“促进老龄健康与福祉”和“确保老年人从有利和支持性的环境中获益”等领域优先行动，要求建立老年人疾病防治系统，降低老年人疾病风险，保障整个生命过程中的健康状态；建立具有可负担性的、可及性的卫生和社会服务体系，强调社区和家庭的医疗卫生服务承担着重要功能。

中国现有的卫生体系主要通过两条路径实现老年人的医疗卫生服务：一是医院；二是基层医疗卫生机构。其中，属于基层医疗卫生机构的社区卫生服务的概念形成于 1997 年，其服务体系的建设主要以初级卫生保健为基础，致力于为社区提供综合性、连续性和协调性的全科医疗服务。社区卫生服务是基本医疗服务和准公共物品，其资源配置的公平性对于满足老年人基本医疗需求、疾病预防乃至提高整个社会福利水平等具有关键作用①。社区医疗卫生服务在卫生系统中居于基础地位，对于整个社区居民健康需求能够做到全覆盖，并实现个性化的满足②。早在 1987 年，陈春林和刘继恩就开始关注社区在医疗卫生服务体系中扮演的角色和能够承担的责任，并就社区卫生服务体系的构成要素进行了深入探讨。

以往对社区医疗卫生资源的研究大多集中在从社区医疗卫生服务机构的运行机制、绩效考核、资源配置和公平效率等方面进行分析，并根据研究结果提出相关结论和建议。这些研究大多是从管理学的角度出发，探讨的是管理效率问题（李伟峰，2009；赵德余和梁鸿，2011；褚亚萍，2014；方鹏骞，2010；孙玉凤，2014）。研究社区医疗卫生资源对老年人健康影响的文献也较多，但视角不一。杨慧康（2015）利用 CLHLS 的数据实证发现，拥有越多社区医疗服务的老年人自评健康和日常活动能力指标越好。但是相关调查也显示出基层医疗卫生服务机构（例如，社区医疗卫生服务点）的医生技能、医疗服务、医疗设备和门诊病人候诊时间需要进一步改善③。Feng Z. 等（2012）从政府的视角出发，认为中国医疗卫生资源配置存在倒置的情况，基层社区医疗卫生需求最旺盛，医疗卫生资源配置也最贫乏。姚兆余（2014）关注农村老年人，认为现阶段中国农村地区的医疗资源稀薄，无法满足农村老年人的高需求，由于中国农村地

---

① 黎民．公共管理学［M］．北京：高等教育出版社，2011.

② 世界卫生组织（WHO）．Health system financing：the path to universal coverage［R］．World Health Report. 2010.

③ T. H. Niu，Q. Y. Meng，X. Z. Meng，et al. A analysis on the satisfactory degree of community health service and its influencing factors among the rural elders［J］．Chinese Journal of Health Statistics，2010，27（5）：505－513.

区的医疗保险可及性低、就医不方便等原因，使中国农村老年人疾病就诊率低，但医疗费用支出高的现象普遍存在。Zeng Y. 等（2010）运用数据实证分析，发现提高社区社会经济条件，拥有良好的生活环境对老年人健康生活具有极大意义。其分析认为，老年人所在的社区享有的公共资源对老年人自评健康具有显著意义，在良好生活环境中生活的老年人拥有的健康状况更好。例如，高血压作为中国老年人失能和死亡的第二大危险因素，54% ~67% 的 60 岁及以上的老年人患有高血压。而在中国农村地区，受到医疗卫生服务可及性的限制，接近 50% 的老年高血压患者不了解自己的病情（Zhao，Smith & Strauss，2014）。

1. 医疗保险

早在 20 世纪 70 年代，美国著名的兰德健康保险实验就已经证明了医疗保险的显著激励作用。医疗保险不仅能够缓解患者对医疗服务价格的敏感度，而且显著增加医疗卫生服务的利用率（Manning et al. ，1987；Pauly，2005）。国际上对医疗保险的研究，主要集中在就医可及性、患者的医疗费用支出和提高医疗卫生服务的质量这三个视角研究医疗保险与医疗服务利用之间的关系（Curle et al. ，1996）。医疗保险通过报销制度降低了患者的财务负担，提高了医疗卫生服务的可得性。如果没有医疗保险的经济支持，患者可能会回避医生提供的治疗方案，从而影响健康当前存量（Baker et al. ，2001）。当然，也存在着相反的认识。Kurt W. （1976）的研究发现，医疗保险对死亡率的降低作用并不人。

中国的大量实证研究也证明，各类医疗保险具有一定的经济激励作用。医疗保险制度减少了患者看病的经济负担，提高了就医率，对促进老年人健康有着显著的影响。因此，现有的研究都鼓励加大医疗保险覆盖面和报销比例。但是，囿于中国城乡二元体制和经济发展不平衡的现状，医疗保险对个体健康效用的影响尚难一概而论（刘昌平和赵洁，2015；潘杰和雷晓燕，2013；刘国恩和蔡春光，2011；刘国恩和李星宇，2015；黄枫等，2010）。

2. 生活方式

对个体而言，生活环境和生活方式对健康状况的影响是毋庸置疑的。老年人长期以来形成的生活习惯和生活方式必然对其自评健康产生影响。例如，吸烟、酗酒、懒于锻炼身体、高盐高糖饮食习惯等对老年人自评健康都将产生重要的影响（胡宏伟，2011；刘宝霞，2017）。Contoyannis（2004）、Ballia 和

Jones（2008）通过评估生活方式和健康状态之间的关联，证明生活方式对健康状况的重要影响，指出良好的睡眠、经常运动和不吸烟对保持健康具有重要作用。

3. 收入

收入与健康状况的关系非常复杂。富足的生活可以保障个体在发生疾病时，有能力支付得到充足医疗服务的费用，从而拥有更多的健康天数。Prittchet 和 Summers（1996）的研究认为，极低的收入对健康状况有很大的负面影响。Hssanzadeh J. 等（2013）利用伊朗健康服务（HCU）调查数据指出，收入水平对医疗服务利用影响是非常巨大的，可以说是主要影响因素。Warr（2009）认为，经济收入代表个体拥有社会资源的总量，充沛的物质条件从营养饮食、良好生活环境以及享有更好的公共服务资源等方面影响个体身体健康与心理健康。同时，因生活窘迫产生的巨大生活压力也会诱发不良生活方式。例如，高糖高盐摄入、吸烟、酗酒等。这对一个人的健康是有极大损害的。

解垩（2009）对收入和健康及医疗服务利用的关系进行了实证分析发现，收入高的人群享有更多的医疗资源，即收入较高、经济状况较好的老年人较经济状况较差的老年人拥有更多的医疗卫生资源，从而可能享有更好的健康状况。薛新东等（2017）采用 Logistic 回归模型和路径分析方法发现，老年人所具有的社会经济地位，是其物质条件良好的反馈，也是周围人在精神上给予的积极认可。有着较好经济地位的老年人也会拥有较好的自评健康和心理健康状态。中国 80 岁及以上的高龄老年人中，社会经济地位高者拥有的期望寿命高于较低者 40% ~50%（Kaneda，Zimmer & Tag，2004）。

4. 城乡差别关联的生活环境

生活环境对一个人的健康无疑有着巨大的影响。中国城乡二元体制的存在，仿佛是城乡居民之间的巨人的天堑：城镇地区享受着大量公共资源和公共服务，其具有的医疗与公共卫生、教育、交通、基础设施等条件压倒式优越于农村地区①。因此，本章在探讨生活环境对老年人健康影响时，将更多着眼于当前的城乡差别。另外，老年人健康状况和期望寿命存在显著的地域性差异。在中国，与农村或者经济欠发达地区的老年人相比，经济发达地区老年人的无残疾期望

① Anand S.，Fan V. Y.，Zhang J.，et al. Human resources for health in China：quantity，quality，and distribution [J]. The Lancet，2008，372（9651）：1774 -1781.

寿命（disability - free life expectancy）更长①。随着社会经济的发展，中国城市化的进程和城市化水平都得到很大进步，但如何激活城市的医疗卫生服务体系，是中国这样的人口高密度国家需要进一步考虑的问题②。

5. 受教育程度

Michael Grossman（1972）认为，教育处于健康需求理论的中心，良好的教育能使人获得更多提高健康的资源，从而更加健康。Oreopoulus（2006）和 Auld（2005）研究结果表明，额外获得 1 年的学校教育将显著增加健康存量。教育提升人口文化素质的同时，也能使受教育者获得更多的健康知识和健康资源，成为更加有效率的自我健康生产者（Cutler，2006）。受教育程度对老年人心理健康和医学应对方式的影响显著，受教育程度低的老年人通常会回避自己的健康问题，拖延和不敏感极大地增加了老年人的健康风险（叶春辉和封进，2008；位秀平，2013；何刚，2016；Saisai Cui & Leping Lu，2017）。

6. 生理健康状况

Hashimoto K. I. 和 Tabata K.（2010）指出，身体的衰老是一种自然规律；普遍来说，随着年龄的增长，老年人的身体健康乃至心理状态都会发生巨大变化。只是由于个体的异质性，导致老年人衰老的速率不一。总人口中老年人比例的上升使整个社会对医疗服务的需求增加。主要威胁老年人晚年健康生活的是慢性病和失能。而在大多数情况下，慢性病患病率随着年龄的增长而增加。

二、研究假设、数据与变量

（一）研究假设

文献梳理表明，自然人的医疗服务行为以及健康受到诸多因素的影响。例

① 世界卫生组织. 中国老龄化与健康国家评估报告［R］. 2016：11 - 35.

② Beard J. R. , Petitot C. Aging and urbanization：can cities be designed to foster active aging?［J］. Public Health Reviews，2011，32（2）：427 - 450.

如，年龄、性别、受教育水平、经济收入、医疗卫生资源配置、生活方式等。由此，形成本章的基本问题：社区范畴内，医疗卫生资源配置（老年人人均社区医疗机构数量、社区最大规模医疗机构的面积）与老年人自评健康、就医行为以及医疗费用支出之间存在什么样的关系？基于相关理论的分析，本章提出如下研究假设：

在控制其他因素（变量）的前提下，老年人拥有的社区医疗机构数量、社区最大规模医疗机构面积与老年人自评健康存在一定的正向相关性；老年人拥有的社区医疗机构数量越多、社区最大规模医疗机构面积越大，其享有的公共医疗卫生资源越多，就医也就越便利，能够接受更多、更有效的医疗卫生服务。从而，促成老年人对自身健康状况有更加客观、真实的认识，也促成老年人对自身健康状态更有控制力。由此，获得更高的自评健康“良好”概率。

（二）研究数据来源

为验证上述假设的正确性，本章进行了实证研究。数据来源于北京大学中国社会科学调查中心（ISSS）实施的中国家庭追踪调查（CFPS）2014 年全国调查数据库。首先，将 CFPS 2014 数据库中村居数据库与成人数据库根据村（居）编码（Cid14）进行合并，生成一个新的数据库；其次，根据年龄大于等于 60 周岁这一标准，删去不符合年龄的样本及缺失值，筛选出以老年人为研究对象的样本库。根据上述数据筛选准则，本章最终获得有效样本 8063 个以及他们所居住的 621 个村居样本数据。数据处理和统计分析均采用统计软件 Stata 13.0。

（三）研究变量

本章实证分析的变量选取、处理以及测量如下。

1. 因变量

参照刘国恩、蔡春光和李林（2011）关于老年人医疗卫生服务需求的研究，使用自评健康作为研究对象的处理方法。结合本章的研究需要，以老年人的自评健康作为因变量，衡量社区医疗卫生资源与老年人自评健康的相关性，探讨社区医疗卫生资源能否有效改善老年人的健康效用。

选取 CFPS 2014 成人问卷中关于“您认为自己的健康状况如何?”相关调查数据，生成虚拟变量。将问卷中“非常健康”“很健康”“比较健康”以及“一般”的回答，视为自评健康良好，编码为 1；将问卷中“不健康”的回答视为自评健康不好，编码为 0。由此得到一个关于自评健康的二分变量。

2. 自变量

本章重点讨论社区医疗卫生资源能否有效改善患有老年病个体的自评健康，帮助他们更加关注健康，提高他们对自我健康的认知。因此，在已有文献的基础上，本章分别选取老年人拥有的社区医疗机构数量，社区内最大规模医疗机构的面积作为自变量，衡量社区层面的医疗卫生资源能否改善社区内老年人的自评健康状况。

本研究必须综合考虑中国东部、中部、西部地区社会经济发展的巨大差异。发达地区财政充裕，医疗卫生资源较丰富，医疗设施不仅更多而且也更为先进。同时，本研究还要考虑各个省份之间的医疗卫生政策差异。因此，本章根据省份编码进行聚类分析，解决序列相关的问题，保证自变量与因变量的影响机制能够准确反映出实际的逻辑关系。

（1）社区医疗机构数量（mean）：社区内所有医疗机构的总数。首先，将 CFPS 2014 调查数据中成人数据库与村居数据库进行合并，获得 8063 位老年人样本信息以及他们所居住 621 个村（居）社区内医疗卫生资源配置信息。在村居调查问卷中，“您村（居）内有没有医疗设施点？有几个?”“您村（居）内常住人口中 60 岁及以上有多少人?”的问题涉及社区医疗卫生服务信息和社区老年人数量信息。其次，选取该部分数据，删除缺失值，获得老年人拥有的社区医疗机构数量值。最后，获得 8060 位老年人样本信息以及他们居住的 621 个村（居）社区内医疗机构数量。

（2）社区医疗机构规模（acreage）：社区内最大规模医疗机构的面积。以往研究大多数使用医疗机构面积和床位数作为衡量其服务能力的重要指标，但在 CFPS 问卷中没有关于医疗卫生服务机构床位数的详细信息。通常情况下，级别越高、医疗服务能力越强的医院，享受的财政支出越多，拥有更大的建筑面积，以实现医疗卫生服务的大规模投放。同时，更大的服务规模意味着更高的医疗卫生服务质量。高质量的医疗卫生服务在一定程度上能够改善老年人的健康状况，提高他们的自评健康。基于上述逻辑关系，从社区层面出发，以社区内最大医疗机构面积作为衡量该社区最大医疗机构规模的指标。

3. 控制变量

个体对自身健康的认知受到很多因素的影响，而对自身健康的认知也会影响他们对医疗卫生服务的利用。这些因素主要包括个体的年龄、健康状况、受教育程度、婚姻状态、收入水平、有无医疗保险以及是否吸烟饮酒等。根据 Anderson 医疗服务需求理论和研究需要，本章选取表 2－1 所示变量作为控制变量。

表 2－1　　变量定义

变量		变量名	变量定义	变量属性
自变量	社区医疗机构数量	mean	社区内所有医疗机构数量	连续变量
	社区最大规模医疗机构面积	acreage	社区内最大规模医疗机构的面积	连续变量
因变量	自评健康	health	好＝1；不好＝0	虚拟变量
控制变量	性别	gender	男＝1；女＝0	虚拟变量
	年龄	age	60～69 岁（含）	虚拟变量
			70～79 岁（含）	
			80 岁及以上	
	婚姻状况	marriage	Y＝1；N＝0	虚拟变量
	受教育程度	education	小学及以下	虚拟变量
			中学	
			大学及以上	
	医疗保险	insurance	Y＝1；N＝0	虚拟变量
	个人收入	income	个人过去 12 个月的总收入	连续变量
	居住状况	residence	农村＝1；城镇＝0	虚拟变量
	吸烟	smoke	每日吸烟量	连续变量
	饮酒	drink	每周喝酒 3 次以上：Y＝1；N＝0	虚拟变量
	锻炼	exercise	Y＝1；N＝0	虚拟变量
	失能	disability	Y＝1；N＝0	虚拟变量

（1）年龄。年龄与老年人的身体机能、健康状况和心理状态有着密不可分的关系。不同年龄阶段的个体对自我健康状况的认知可能是不同的。因此，年龄是必须要考虑的一个重要变量。本章选取 CFPS 2014 样本数据中的年龄信息生成连续变量。年龄变量是以岁为单位的连续变量。为了能够更加详细地研究年龄对老年人自评健康的影响，本章对年龄变量进行了详细的分组，分为 60～69

岁（含）、70～79岁（含）、80岁及以上3组年龄变量组。

（2）性别。将性别作为控制变量，以分析性别差异是否会影响老年人自评健康。选取成年人样本数据库中的性别信息，编码生成虚拟变量，男性编码为1，女性编码为0。

（3）婚姻状况。在CFPS 2014的成人问卷部分①，关于婚姻状态的表述有以下5种：未婚、有配偶、同居、离婚、丧偶。本章处理数据时，将未婚、丧偶、离婚等同于不在婚姻状态，编码为0；将同居和有配偶视为在婚姻状态，编码为1。

（4）居住状况。考虑中国城乡的二元体制，城乡之间在生活环境、公共设施、医疗卫生资源配置等方面存在巨大差异。因此，居民个体能够享有的各项公共资源极大一部分与户籍挂钩。拥有城镇户籍并居住在城镇地区，教育、医疗以及公共服务都享有极大优势，而且城镇户籍居民的整体经济水平也优于农村户籍的居民。因此，本章对居住状况这一信息选择城乡变量进行测算。选取CFPS 2014城乡分类的变量（urban14）进行编码处理为虚拟变量。其中，1代表农村地区，0代表城镇地区。

（5）受教育程度。Grossman（1972）认为，教育与健康之间存在着显著的相关性，受教育程度与健康存在着正相关的关系。因此，本章选取CFPS 2014成人问卷中关于受教育程度的数据，将受访老年人的受教育程度信息处理生成分类变量。根据研究对比需要，分为小学及以下组、中学组以及大学组3组受教育程度变量。

（6）医疗保险。在CFPS 2014成人问卷数据库中，关于医疗保险设有1项多选题："您是否享有以下医疗保险"？选择项主要包括公费医疗、城镇职工医疗保险、城镇居民医疗保险、补充医疗保险、新型农村合作医疗以及以上都没有。在数据处理中，以上保险任有1项即编码为1，以上都没有则认为无医疗保险，编码为0，从而产生虚拟变量。

（7）经济收入。个人的经济能力直接决定了其能否有效将医疗需要转换为医疗需求，个人的经济能力对医疗服务的可获得性具有决定性影响。因此，根据研究需要，我们使用CFPS 2014成人问卷中"个人过去12个月的总收入"作为衡量经济收入指标，删除缺失值，经过取对数处理后，生成收入的连续变量。

（8）个人生活方式。个人的健康状况受个人的生活习惯影响较大，个人当

① 资料来源于北京大学中国社会科学调查中的网站。网址：http：//www. isss. pku. cn/cfps/wdzx/tcwj/index. htm.

期健康状况取决于以往健康投资。根据研究需要，本章选取受访老年人平均每天吸烟量信息，生成连续变量；选取过去1个月每周喝酒3次以上作为标准，达标编码为1，未达标编码为0；选取个人每周锻炼次数的数据，生成连续变量。

（9）失能。老年人伴随着年龄的增长、慢性疾病的沉疴积累，失能的概率会大幅提高，失能又会严重影响老年人及时接受医疗服务，形成恶性循环。社区内的医疗卫生服务在地理位置上最大限度地靠近老年人，能够方便老年人就医，尤其是对于失能和行动不变的老年人。因此，本章选取 CFPS 2014 问卷中"无法独立完成哪些活动"这一关于是否失去生活各项能力的多选题。受访老年人选择任意一项即认为存在日常生活障碍，编码为1；没有任何生活活动能力障碍，则编码为0。

（10）慢性病。伴随着人口老龄化、疾病谱的改变，老年人患有一种或多种的慢性病已是常态。慢性病严重影响老年人的健康，损害老年人的生活质量，还会引起医疗费用支出的增加。因此，本章选取 CFPS 2014 成人数据库关于"过去6个月是否被确诊为慢性病?"的数据，患有慢性病编码为1，未患有慢性病则编码为0。

三、模型构建与实证分析

（一）自评健康模型与就医行为模型设定

如前所述，被解释变量为老年人自评健康，经过处理成为二分虚拟变量，自评健康良好取值为1，反之则取值为0。由此，本章的实证分析构建了关于老年人自评健康的二元 Logistic 模型①，通过加入年龄、性别、婚姻、受教育程度等人口学特征变量和经济收入、个人健康状况等控制变量，评估老年人拥有的社区医疗机构数量、社区内最大规模医疗机构面积对老年人自评健康的影响。

构建的具体模型如下：

① 对于被解释变量为二分虚拟变量的情况，通常会采用的计量模型为概率模型，常见的有 Probit 模型和 Logit 模型。

假设影响 Y 的 m 个自变量分别记为 x_1，x_2，x_3，…，x_m，老年人自评健康良好的概率为 $P(Y=1 \div x)=p_i$，自评健康不好的概率为 $1-p_i$，两者的概率之比 $[p_i \div (1-p_i)]$ 又被称为事件发生比（Odds Ratio）。通过对 Odds 进行对数变换，得到 Logistic 回归模型的线性表达公式：

$$Ln\left(\frac{p_i}{1-p_i}\right)=\alpha+\sum_{i=1}^{m}\beta_i x_i+\varepsilon_i \qquad \text{式 } 2-1$$

式 2－1 中，α 为常数项；x_i 为自变量，包括老年人拥有的社区医疗机构数量和社区内最大规模医疗机构的面积；m 为自变量的个数；β_i 为自变量的系数，反映自变量对于老年人自评健康的影响方向与影响程度；ε_i 为随机误差项。

（二）描述性分析

本部分选取社区医疗卫生资源配置信息（老年人拥有的社区医疗机构数量、社区内最大规模医疗机构的面积）、受访老年人个体信息（性别、年龄、婚姻状况、受教育程度、生活方式、经济收入、医疗保险状况等）以及他们自评健康的详细信息，以了解以上不同因素的分布情况和变化趋势，为下一步的实证分析打下基础。

1. 因变量：老年人自评健康的描述性分析

采用自评健康作为因变量，衡量老年人对自我健康的主观评价。本部分研究参照其他研究的处理方式，将自变量老年人的自评健康中“非常健康”“很健康”“比较健康”以及“一般”的样本数据视为自评健康好，编码为 1；自评健康回答“不健康”视为自评健康不好，编码为 0。经过处理之后，得到了如表 2－2 所示的结果。

表 2－2　自评健康的描述性分析

变量		频数（位）	百分比（%）	累计百分比（%）
自评健康	非常健康	483	5.99	5.99
	很健康	854	10.6	16.59
	比较健康	2599	32.25	48.83
	一般	1524	18.91	67.74
	不健康	2600	32.26	100
合计		8060	100	100

删去缺失值之后，在8060位60周岁及以上的老年人中，自评健康选择“非常健康”的占比为5.99%，选择“很健康”的占比为10.6%，选择“比较健康”的占比为32.25%，这3项共计3936人，占比为48.83%。此外，选择“一般”的占比为18.91%，选择“不健康”的占比为32.26%，两项共计4124人。可见，虽然老年人自评健康差异较大，但总体而言自评健康良好的占比更大，符合实际生活的状态。

根据研究需要，对自评健康进行二分处理后，自评健康良好（编码为1）的有5460人，约占总样本的67.74%；自评健康不好（编码为0）的样本有2600人，约占总样本的32.26%（如图2－1所示）。

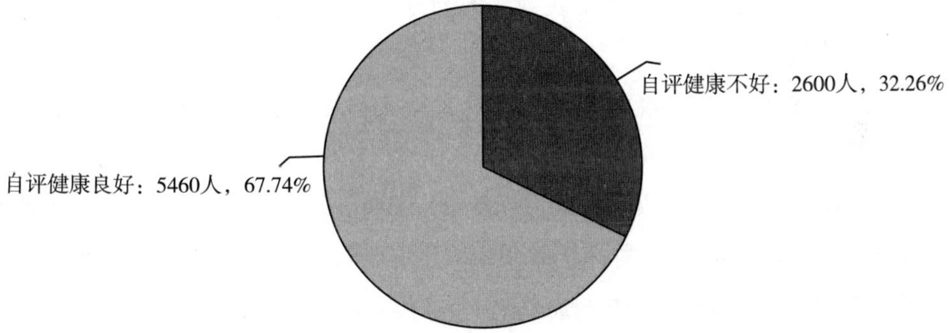

图2－1　自评健康二分模型的描述性统计图

总的来看，研究样本中老年人自评健康良好的占绝大多数，但自评健康不好的老年人也不少，接近1/3的老年人认为自我健康状况不佳。认知自评健康状态不好是老年人在晚年生活中存在身体状况、心理状态以及生活环境整体失衡的表现。考虑到中国老年人口的庞大数量，研究样本中1/3的老年人自评健康认知不佳，意味着中国健康状况存在问题的老年人的实际数量可能相当惊人。

研究还表明，不同性别老年人对自我健康状况存在不同的认知。研究样本中，4118位受访女性自评健康良好的占比为63%，认为健康状态不佳的女性占比为36.69%，略高于总样本自评健康不好的占比。而3945位受访男性老年人自评健康不好的占比仅为27.68%，揭示出男性老年人自评健康的良好率更高。参考以往研究，上述不同性别老年人对自我健康状况认知存在差异的原因可能是女性更加细腻敏感，对健康的自我判断更加保守所致。

婚姻状态同样对老年人的自评健康有影响。处在婚姻状态的老年人，自评健康不好的约占29.95%，而未婚或丧偶的老年人自评健康不好的约占

34.7%，两者之间差距明显，可见婚姻状态会对老年人自评健康产生影响。在晚年生活中，有配偶可以相互照护，排遣心理压力，维持更好的生活状态和身体机能。

受教育程度对老年人的自评健康同样会产生一定的影响。小学及以下受教育程度的老年人中，自评健康不好的占比为34.81%；中学受教育程度组老年人自评健康不好的占比为20.9%，远低于小学及以下受教育程度组；而大学及以上受教育程度组老年人自评健康不好的占比就更低，仅为16.37%。不同受教育程度组别之间的自评健康结果差异较大，说明受教育程度对老年人的自评健康影响较大，这与以往研究结论较为一致。良好的受教育程度，意味其可能掌握更多的健康知识，拥有更好的工资收入和社会地位。这些都会对老年人的自评健康产生积极影响。

中国存在的城乡二元经济社会体制对老年人自评健康也有不可忽视的影响，究其原因，是户籍的严格限制制约了老年人的公共服务享有水平。研究显示，非农业人口老年人自评健康不好的占比为24.98%，而农业人口老年人自评健康不好的占比高达35.38%，两者相差10个百分点以上。由此可见，城乡二元经济社会体制的巨大差异，造成了城乡老年人对自我健康认知的鸿沟。

身体健康状况会影响老年人的自评健康结果，这是以往研究已获得的共同认识，本章的描述性分析也揭示出同样的情况。存在生活自理能力障碍的老年人自评健康不好的概率更高。在失能老人中，自评健康不好的比例最高，占比高达65.93%，这说明身体健康状态是直接影响自评健康的重要因素。事实上，老年人的自评健康在很大程度上反映了个体的身体健康状态。

生活方式同样可能会影响老年人的自评健康结果。例如，长期抽烟的老年人自评健康状况不佳的占比为33.03%，而不抽烟的老年人自评健康状况不佳的占比为30.94%。对于两者之间具体差异和影响的显著性，我们将在实证分析中进一步展开讨论。

2. 自变量描述性分析

从社区医疗卫生资源配置是否合理的考察角度，选取了社区内相关医疗资源配置的信息数据作为自变量，包括：

（1）选取老年人所居住社区内医疗机构的数量作为衡量社区医疗卫生资源数量的指标。

（2）选取社区内最大规模医疗机构的面积作为社区医疗机构规模的衡量指标。

如前所述，本书认为医疗机构规模在一定程度上代表着医疗机构的服务质量。本章通过对这两项自变量的考察，来衡量社区层面医疗卫生资源的配置情况。

①社区医疗点数量的描述性分析。模型中删去缺失值后，本章获得了村（居）数据库中 8051 位老年人居住的 621 个受访社区地界内所有医疗机构数量的相关统计信息，作为衡量社区医疗卫生资源配置的指标。其中，居住社区内拥有医疗机构的平均数为 1.76（如表 2-3 所示），但事实上有 1479 位老年人居住的社区内没有医疗机构，其占比为 18.37%；居住社区内仅有 1 个医疗机构的老年人有 3379 位，占比为 41.97%；居住社区内有 10 家及以上医疗机构的老年人有 96 位，占比仅为 1%（如表 2-4 所示）。由此可见，不同社区的老年人拥有的社区医疗卫生资源存在巨大差异，反映出中国医疗卫生资源配置极度不平衡。

表 2-3　老年人居住社区内医疗机构数量统计特征

统计特征值	样本量（位）	平均值	标准差	最小值	最大值
社区内医疗机构数量	8051	1.76	2.08	0	20

表 2-4　老年人居住社区内医疗机构数量分布统计

社区内医疗机构数量（个）	频数（位）	百分比（%）	累计百分比（%）
0	1479	18.37	18.37
1	3379	41.97	60.34
2	1493	18.54	78.88
3	755	9.38	88.26
4	400	4.97	93.23
5	235	2.92	96.15
6	145	1.8	97.95
7	34	0.42	98.37
8	35	0.43	98.81
10	18	0.22	99.03
11	28	0.35	99.38
12	8	0.1	99.48
15	4	0.05	99.53
20	38	0.47	100
合计	8051	100	

②社区最大规模医疗机构面积的描述性分析。研究模型中，使用社区内最大规模医疗机构面积来衡量社区内医疗卫生服务的输出能力。由表 2－5 的统计参数可知，受访的 8051 位老年人所居住的社区拥有的最大规模医疗机构的面积平均为 152. 31 平方米。但需要指出，绝大多数（83. 37%）老年人拥有的社区最大医疗机构的面积是小于这一平均值的。老年人享有面积最大的社区医疗机构的面积为 6500 平方米，占比在 0. 32% 左右。上述统计数据反映出，老年人群体内部拥有社区医疗卫生服务资源存在极大差异，医疗卫生资源公平配置还需加强。

表 2－5　老年人居住社区内最大规模医疗机构面积统计特征

统计特征值	样本数（个）	平均值	标准差	最小值	最大值
社区内最大规模医疗机构面积	8051	152. 31	562. 39	0	6500

③其他控制变量的描述性分析。在自评健康模型的年龄变量方面，研究样本的平均值为 68. 97 岁，分为 60～69 岁（含）、70～79 岁（含）和 80 岁及以上 3 个年龄组。其中，60～69 岁（含）年龄组人数最多，其平均值为 63. 89，占比达到 60. 1%；年龄在 80 岁及以上的高龄老人较少，其平均值为 83. 89，占比为 9. 02%。其中，年龄最大的老年人为 104 岁，符合当前社会的实际情况（如表 2－6 所示）。样本中，男性占比为 48. 93%，略低于女性，总体来看性别比较平衡。

表 2－6　控制变量描述性分析表

变量		频数（位）	百分比（%）	均值	标准差	最小值	最大值
年龄	60 岁≤age≤69 岁	4846	60. 1	63. 89	2. 84	60	69
	70 岁≤age≤79 岁	2353	30. 88	73. 94	2. 87	70	79
	age≥80 岁	864	9. 02	83. 89	3. 69	80	104
性别	男＝1	3945	48. 93	0. 489	0. 499	0	1
	女＝0	4118	51. 07				
婚姻	在婚＝1	5757	81. 05	0. 811	0. 391	0	1
	未婚＝0	1346	18. 95				

续表

变量		频数（位）	百分比（%）	均值	标准差	最小值	最大值
受教育程度	小学及以下	5895	79.09	0.781	0.406	0	1
	中学	1388	18.62	0.186	0.389		
	大学及以上	171	2.29	0.229	0.249		
收入	个人年收入（元）	7704	—	1929	6910.45	0	225362
	个人年收入（对数处理；元）	7704	—	48040	28310	0	123250
保险	有 = 1	7525	93.2	0.932	0.251	0	1
	无 = 0	548	6.8				
城乡	城镇 = 1	5662	70.95	0.702	0.457	0	1
	乡村 = 0	2318	29.05				
平均每日吸烟量	日吸烟量 = 0 支	5029	72	4.43	8.96	0	140
	日吸烟量 > 0 支	1956	28				
饮酒	饮酒 = 1	1113	15.87	0.158	0.365	0	1
	不饮 = 0	5901	84.13				
锻炼	锻炼 = 1	3839	47.69	0.476	0.499	0	1
	不锻炼 = 0	4211	52.31				
失能	是 = 1	634	9.04	0.903	0.286	0	1
	否 = 0	6381	90.96				
慢性病	有 = 1	2142	30.56	0.304	0.461	0	1
	无 = 0	4868	69.44				

从婚姻状况来看，目前处于同居、有配偶状态的老年人人数最多，占比为81.05%；处于未婚、丧偶和离婚状态的老年人较少，只有18.95%。由此表明，绝大多数老年人有着较为稳定的家庭婚姻关系。

从受教育程度来看，受访老年人受教育程度差距较大且受教育程度普遍偏低。在研究样本中，老年人学历从文盲到研究生均有。其中，人数最多的为小学及以下受教育程度，占比为79.09%，但标准差（0.406）也相对较大，表现为文盲、半文盲约占该群体的40%；高学历老年人相对偏少，大学及以上学历仅占2.29%。现阶段，中国老年人受教育程度较低，有着特殊的国情和历史背景。较低的教育程度对老年人的健康有着负面影响。

经济状况能够为老年人的健康打下坚实的物质基础。从被调查样本过去12

个月的总收入来看，老年人的经济收入水平差距非常大，且总体来说收入较低，经济水平状况欠佳。受访老年人中，平均年收入为1929元，最高的为每年22.5万元。经过取对数处理后，均值为4.84万元。

从医疗保险的拥有情况来看，拥有城镇职工医疗保险、城镇居民医疗保险、新农合、补充医疗保险等任意一种医疗保险的人最多，占比93.2%，样本人群医疗保险覆盖率较高，这得益于2014年中国基本医疗保险的广覆盖政策，比较符合2014年中国居民医疗保险覆盖率实际情况。

CFPS 2014的受访老年人中，5662位来自农村地区，占比为70.95%；2318位来自城镇地区，占比为29.05%。

从受访老年人的日常生活习惯来看，72%的老年人平均每日吸烟量为0，表明无吸烟习惯；而28%的老年人有吸烟习惯。研究样本中的老年人平均每日吸烟量为4.43支，但最大值可达一天吸烟140支。

每周饮酒3次及以上的老年人约有1113位，占比为15.87%，84.13%的老年人并没有如此频繁的饮酒习惯。

在研究样本中，有锻炼习惯的老年人有3839位，占比为47.69%；无锻炼习惯的老年人有4211位，占比为52.31%，略微高于有锻炼习惯的老年人数量。以上统计数字说明，中国老年人的健康生活意识需要进一步加强。

在研究样本调研的7010位老年人中，患有慢性病的老年人有2142位，占比为30.56%，身体健康没有慢性病的老年人占比为69.44%。在样本中，受访老年人在生活中存在CFPS 2014成人问卷P部分关于生活自理能力缺失任意一种情况的有634位，占比为9.04%。表明绝大部分老年人的生活自理能力较强，且能够独立生活。

（三）模型估计结果

1. 社区医疗卫生资源与老年人自评健康

表2-7报告了社区医疗卫生资源与老年人自评健康的回归分析结果。为了消除潜在的异方差和样本误差项的相关性，在回归时加入了稳健回归（robust）与聚类回归（cluster）[1]。

---

① 聚类（cluster）回归以省份编码id作为聚类单元。

在控制其他变量后，自评健康模型的回归结果显示：社区医疗机构的数量对老年人自评健康的影响是显著的（-0.0520，$P<0.05$），医疗机构越多，老年人自评健康好的概率就越低；社区最大医疗机构的面积对老年自评健康有显著正向影响（0.000191，$P<0.05$），社区最大医疗机构面积越大，老年人自评健康良好的概率越高。总之，社区内存在的医疗服务资源对老年人自评健康有一定的影响。社区医疗资源越多，老年人能够更加客观的了解自己的身体情况。

2. 其他控制变量与老年人自评健康

关于其他控制变量对老年人自评健康的影响，本章主要从以下几个部分进行阐述：

（1）年龄。在自评健康模型中，年龄对 60~69 岁（含）以及 80 岁及以上年龄段老年人的自评健康相较于 70~79 岁（含）年龄段而言，并没有显著影响，这可能说明年龄的增长与老年人自评健康没有显著的相关性（如表 2-7 所示）。

表 2-7　　社区医疗卫生资源与老年人自评健康回归结果

变量	自评健康模型
社区医疗机构数量	-0.0520** (0.0264)
社区最大医疗机构面积	0.000191*** (6.27e-05)
年龄为 60~69 岁（含）	-0.0791 (0.105)
年龄为 80 岁及以上	0.106 (0.205)
性别	-0.0850 (0.105)
婚姻状况	-0.0476 (0.124)
个人收入	0.078614*** (1.07e-14)
居住地	0.0823 (0.0685)
大学及以上	0.337 (0.325)
小学及以下	-0.408*** (0.129)
患慢性病状况	0.710*** (0.0970)
失能	-1.444*** (0.192)
医疗保险	-0.165 (0.194)
吸烟	0.00375 (0.00605)

续表

变量	自评健康模型
饮酒	0.269*** （0.148）
体育锻炼	0.0596*** （0.0142）
常数项	-0.657
Pseudo R2，Wald 值	（0.772）0.1085，772.37
样本量（个）	6245

注：* 表示 $P<0.1$；** 表示 $P<0.05$；*** 表示 $P<0.01$。结果包含回归系数与稳健标准误差。

（2）性别。从表 2－7 可以看出，自评健康模型中控制其他变量后，回归结果显示性别对老年人自评健康具有显著影响。相对女性而言，男性对自我健康状态更加认可和乐观，这可能是因为女性对身体状况更加敏感，对自己身体健康状况的估计更加保守。

（3）婚姻状态。在自评健康模型中，是否有配偶对老年人自评健康有负向影响，但并不显著。导致这一情况的原因，仍需今后进一步的研究。

（4）受教育程度。在自评健康模型中，教育对老年人自评健康有显著的影响。其中，小学及以下受教育程度的老年人相较于初中至高中段受教育程度的老年人，自评健康受学历负面影响且显著。小学及以下受教育程度的老年人自评健康比中学段受教育程度的老年人自评健康良好的概率低。大学及以上受教育程度老年人的学历对老年人自评健康的影响不显著。这说明受教育程度影响老年人对自身健康状态的认知。

（5）个人收入。如表 2－7 回归结果所示，在自评健康模型中，个人的总收入对老年人自评健康有着显著正向影响。个人总收入越高，自评健康良好的概率就越高。总收入越高的老年人拥有越好的物质条件，生活质量越高，能够拥有更多更高质量的医疗卫生服务，因而自评健康良好的概率就更高。

（6）医疗保险。在自评健康模型中，拥有医疗保险对自评健康的影响是负向的，且不显著。参照其他实证研究结果分析，这可能是因为医疗保险产生经济杠杆作用，甚至存在一定的道德风险，使老年人产生更多的医疗消费需求，更多的医疗服务并不必然带来健康改善；也可能是因为受访老年人大多是农村居民，享有的是新农合，该保险保障水平低，并不能给老年人医疗卫生服务需求提供足够的保障，而来自农村的老年人经济和生活环境都较差，自评健康不一定较好。

（7）居住地。在自评健康模型中，户籍对老年人自评健康没有显著的影响，城乡老年人对自我健康状态的认知较一致。

（8）生活方式。在自评健康模型中，我们使用吸烟、饮酒以及身体锻炼与否来衡量生活方式对老年人自评健康的影响。其中，吸烟对老年人自评健康无显著影响，与老年人自评健康良好的概率没有显著的相关关系。值得注意的是，拥有每周饮酒 3 次及以上习惯对老年人自评健康具有显著的正向影响。这可能因为饮酒表明拥有更多社交活动，积极的社交活动对老年人晚年生活具有积极的影响。体育锻炼与否与老年人自评健康具有显著的正向关系。在自评健康模型中，有体育锻炼习惯的老年人比不锻炼的老年人自评健康良好的概率高。体育锻炼属于健康投资，且多数体育锻炼活动带有很强的社交属性，可以全面改善老年人的自评健康。

（9）患慢性病状况。在自评健康模型中，患有慢性病对老年人的自评健康有显著的负向影响。患有慢性病的老年人自评健康通常也不好，患有慢性病的老年人因为身体健康状况不佳严重影响自我健康状态的评估。这与以往研究结论一致。

在就医行为模型与医疗费用模型中，慢性病变量对老年人的就医行为和医疗费用支出均有显著的影响。也就是说，患有慢性病的老年人就医行为的概率要高于未患有慢性病的老年人。这是因为被确诊患有慢性病的老年人了解自己的健康状况，且慢性病患者需要定期及时接受医疗服务以控制病情，保持身体机能维持在一个较好的状态，一旦身体不适未及时就医，就可能导致病情恶化。患有慢性病的老年人需要长期且稳定的医疗卫生服务，他们的医疗卫生需求要远高于未患慢性病的老年人，他们负担的医疗费用高于未患病老年人。身体不适、经济负担重等都会对老年人的自评健康产生极大负面影响。

（10）失能。在自评健康模型中，存在生活自理能力障碍对老年人自评健康具有显著的负面影响，生活存在功能障碍严重影响老年人生活质量和心理健康，使得他们对自我健康状态产生负面评价。

四、本章结论

（一）研究结论

利用 CFPS 2014 的数据，以老年人居住社区内的医疗机构数量以及社区内最大规模医疗机构面积作为自变量，通过加入相关控制变量，建立自评健康的 Logistic 模型，以确定社区医疗卫生资源与老年人自评健康的相关关系。根据描述性分析和实证分析，得出以下结论：

1. 在老年人自评健康模型中，社区医疗机构数量对老年人自评健康有显著的负向影响，而社区内最大规模医疗机构面积对老年人的自评健康有显著的正向影响

总的来说，社区医疗卫生资源与老年人的自评健康存在一定的相关性。产生上述结果可能有以下几个原因：①社区医疗机构越多，老年人就医方便、及时，使得老年人对自己健康状况了解越多，因而不会乐观估计身体状况；②社区医疗机构越多，在老年人日常生活中出现越频繁，起到的提醒作用越大，柔性助推老年人更加关注自身健康状态，对健康状态保持较为敏感的态度。这两个方面的影响机制都会使老年人对自评健康更加审慎和保守，因而自评健康与社区医疗点数量呈现反向关系。

社区最大规模医疗机构面积越大，说明该社区享有越多财政支出，拥有越好的公共服务，这样的社区通常可以说是更“高档的社区”。住在此类社区内的老年人通常拥有更好的社会经济地位、更好物质基础和及时的医疗卫生服务，从而他们的自评健康良好的概率随之增加。

2. 其他控制变量对老年人的自评健康、就医行为以及医疗费用具有一定的影响

（1）患有慢性病及失能。慢性病、失能变量对老年人的自评健康有显著的负向影响，患有慢性病、失能的老年人比身体健康的老年人自评健康良好的概率要低。这是因为慢性病以及失能本身就代表着老年身体机能的丧失，长期病

变影响了老年人对自己身体的判断，消耗了他们对身体和生活的正面认知，因而自评健康更差。

（2）经济收入。老年人的经济收入对老年人的自评健康结果有显著的正向影响。经济收入越高的老年人，自评健康良好的概率越高。拥有更多经济收入的老年人在身体不适时能够更有效地将医疗需求转化为需要，进而能够拥有更好的健康状态和社会认可，享有更好的生活质量，因而自评健康也更好。

（3）医疗保险。医疗保险对老年人的自评健康并没有显著的影响。这可能是因为 2014 年中国医疗保险是低保障水平的广覆盖，对减少老年人疾病负担的作用甚微。随着年龄的增长，老年人身体机能逐渐衰退，疾病负担增加，生活负担较大，医疗保险如果不能有效发挥兜底作用，对老年人自评健康的产出意义不大。

（4）城乡老年人自评健康较一致。虽然城乡生活方式、公共服务资源存在巨大差异，但自评健康更多的是主观判断。无论城乡居民，随着年龄的增长，老年人的健康状态都不能与年轻时候相比，因而城乡老年人对自我健康的认知较一致。

（5）受教育程度。教育对老年人自评健康有显著的影响。其中，小学及以下受教育程度的老年人相较于初中至高中受教育程度的老年人，自评健康受学历的负面影响显著。与中学段受教育程度相比，大学及以上受教育程度变量对老年人的自评健康影响不显著。较高的受教育程度能够使老年人掌握更多的健康知识，整个生命周期拥有更好的社会经济地位，故而自评健康更好。

（6）年龄、性别及婚姻状态。年龄对老年人的自评健康有不显著的负向影响。以往研究认为，老年人随着年龄的增长必然伴随着身体机能的损失，但是与 70～79 岁（含）年龄段相比，60～69 岁（含）的老年人自评健康良好的概率较低。可能的解释是长寿的高龄老人身体更健康，年龄的增长并不必然导致健康状况的下降。

性别对老年人的自评健康影响不显著，两性自评健康认知差别不大。婚姻状态对老年人自评健康有不显著的负向影响。田晓宇等（2017）的研究表明，当患病需住院时，由于住院费用昂贵、无人照护等原因，独居老年人可能会选择到医疗费用较低的医疗机构救治。充足、及时的医疗卫生服务使得老年人对自身健康认知更加客观和保守。

（7）生活方式。吸烟对老年人自评健康无显著影响，吸烟与否与自评健康良好的概率没有显著的相关关系。饮酒变量对老年人自评健康具有显著的正向影响，可能因为饮酒体现了更多的社交活动，积极的社交活动对老年人晚年生活具有积极的影响。体育锻炼通常对老年人健康具有积极的正面影响，进行体育锻炼的老年人比不锻炼的老年人自评健康良好。由此可见，良好的生活习惯、积极的社交活动能够保证老年人的晚年生活保持在一定水平上，也使得他们的自评健康结果更好。

（二）讨论

通过理论分析和实证分析探讨社区医疗卫生资源与老年人自评健康之间的相关关系发现，社区医疗资源对老年人的自评健康有着显著影响。大量的社区医疗机构会形成一种提醒，促使老年人更加敏感和保守地对待自身健康状况；社区最大医疗机构面积越大，意味着社区医疗机构的服务质量和级别均越高，从侧面说明该社区享有更多的公共服务资源，居住在此的老年人无疑也拥有更好的社会经济地位，自评健康良好的概率也更高。为了优化社区层面医疗卫生资源的配置，提升老年人自评健康，本章基于理论和实证分析，提出以下几点建议：

1. 强基层，完善社区医疗卫生体系建设

通过实证分析，证明了社区医疗卫生服务与老年人的自评健康、就医行为以及医疗费用存在一定的相关关系。丰富的社区医疗卫生服务资源能够方便老年人就医，使老年人及时对病情进行控制，增加老年人对医疗卫生服务的可及性，改善老年人的自评健康。

自 2015 年以来，政府通过发布一系列指导意见（例如，分级诊疗），鼓励居民更多使用基层医疗卫生服务，减轻大医院负担，根据病情合理选用医疗卫生服务。但是居民就医接受医疗卫生服务属于市场行为，行政手段的引导可能产生的作用有限。特别是长期以来，中国医疗卫生存在严重的供需不平衡，医疗资源分布不均匀，基层社区优秀的医护人员和先进的医疗设施紧缺。随着人口快速老龄化和慢性病的流行，中国老年人对社区医疗卫生服务的需求激增。

社区医疗卫生服务作为准公共物品，政府有责任为社区居民提供质优价廉的卫生服务。本章实证结果表明，基层社区医疗机构数量需要增加。同时，要注意到，老年人对社区医疗机构质量的需求也较高。社区医疗机构通常只提供简单的公共卫生服务，缺乏优秀的医护人员以及必要的医疗设备。

鉴于此，政府要切实维护老年人健康的权利，充分履行宏观调控的职责，在财政投入上给予一定的倾斜，尤其是在社区卫生服务的启动资金、公共卫生服务经费、健康教育经费等方面。今后，政府部门需要进一步增加社区医疗机构数量，并且从医护人员的配置上增强基层社区医疗机构的服务质量和服务规模，推行分级诊疗政策的同时，加大财政对基层医疗卫生资源配置的力度，为基层社区医护人员提供具有竞争力和吸引力的人力资源管理制度，改变以往计划经济式管理模式，对基层社区的医护人员实行严格的绩效考评和长期的培养计划，提升社区医疗卫生人力资源存量，丰富并优化基层社区医疗卫生资源配置，稳定高效地服务社区老年人。

2. 强化公共卫生服务职能

通过实证分析，我们发现受教育程度、经济收入、有无医疗保险等控制变量对老年人自评健康、就医行为以及医疗费用存在显著的相关性。受教育程度通过掌握健康知识的多少影响老年人的健康以及就医行为。社区医疗机构在地理上最大限度地接近老年人，进行公共服务宣传，具有先天低成本优势。因此，社区医疗卫生服务要强化自身在公共卫生服务上的优势，改变以往健康知识宣传单一的现状。通过长期稳定的社区健康知识科普活动、社区义诊活动等，提高社区老年人健康知识，方便他们及时了解自己的身体状况，减轻他们的医疗卫生费用负担。

3. 充分发挥医疗保险的经济激励作用

一直以来，中国医疗保险制度停留在低水平的广覆盖，保险额度向住院服务倾斜，向重症急症倾斜。实际上，伴随着人口老龄化、疾病谱的改变，患有慢性病、失能与医疗费用的增长存在显著的相关性。医疗保险报销制度通过报销政策和报销比例引导患者更多地使用基层社区医疗卫生服务的门诊服务，能够有效缓解老年人的医疗费用负担。随着国家经济水平的进步，要适度加大医疗保险对老年人常见病、慢性病的保障力度，切实减少老年人医疗费用支出的负担，保障老年人对医疗卫生服务的可获得性。

第三章　老年人生活自理能力对照护方式选择的影响

一、相关文献梳理

国外不少学者认为，相对于正式照护而言，非正式照护不仅更加富有效率而且成本更低。Seo 和 Choand Youn（2005）的一项研究发现，韩国老年人获取正式照护服务的数量很少，他们的养老照护服务主要来自配偶或子女，以家庭照护的方式获得。因此，韩国老年人与子女共同居住的比例较高。Agree（2008）通过对长期照护模式的比较认为，正式照护的效果要优于非正式照护，因而主张不断完善和推广长期照护体系，以提升失能老人的晚年生活质量。

邓颖等（2004）通过研究发现，在相同的养老成本约束下，家庭养老模式比机构养老模式能够给老年人带来更大效用；而且要达到相同的效用水平，机构养老所需的成本是家庭养老的 1.153 倍。吴明（2008）则认为，机构照护往往是家庭内部的成本优化选择，家庭护理成本远远高于机构护理成本。石人炳等（2013）、张翼（2013）从照护机会成本的角度发现，成年子女对失能老人的照护往往通过减少个人工作时间来实现，当家庭中子女数量较少时，子女照护老年人的机会成本将大幅增加。吴小英和李培林（2009）根据交换理论的研究认为，子女与父母在家庭内部存在着一种交换关系，这种交换有可能是建立在代际双方的经济利益上，也可能是出于传统孝道伦理以及家庭成员之间情感得以维系，从而导致家庭内部代际资源的流动和分配往往以经济支持、时间照护、情感慰藉等形式表现出来。韦宏耀和钟涨宝（2016）认为，子代对父母的赡养行为，可以看作是对父母早年养育之恩的一种回馈与报答，这种行为基于互惠互利的原则在家庭内部进行。这一认识印证了韦宏耀等 2015 年的研究结论。他们认为，计划生育政策执行三十多年来，虽然催生了大量的独生子女家庭，但这部分子女的质量获取可以在经济支持方面弥补子女数量带来的不足，而就生活照护和情感支持这两个方面的照护而言，则具有不可替代性。

对于正式照护和非正式照护之间关系的研究，不同学者也存在不同的认识。Sundstorm（2006）认为，正式照护和非正式照护之间是一种互补关系；正式照护的产生和介入，往往发生在非正式照护者提供照护服务的能力不能满足被照护者需求之时。Langa（2001）利用美国 AHEAD 数据的研究发现，家政服务和非正式照护之间存在一种互补的效应。也有学者认为，正式照护和非正式照护之间不存在所谓的补充关系，而是一种替代关系。非正式照护服务数量的增长往往会对正式照护服务资源产生挤出效应，反之亦然（Pezzin，1999；Norton，2004；Stabile，2006；Bolin，2008；Bonsang，2009）。此外，还有其他观点，认为非正式照护和正式照护之间关系并不能简单地通过“互补关系”或者“替代关系”来概括，其更像是一种并行关系，即非正式照护和正式照护共同对被照护者产生影响，二者之间并不存在较强的相互影响。Li（2005）认为，当被照护者接触正式照护以后，对非正式照护的选择虽然会出现下降，但仍会维持在一个固定水平上，并未完全放弃非正式照护。Howard（2009）通过研究发现，当被照护者的照护需求较多时，正式照护和非正式照护相互协作能够发挥很好的作用，即两种体制共同产生作用。熊波（2012）通过对武汉市和广州市长期失能老人的研究认为，非正式照护与正式照护之间所呈现的是一种“补充模式”，这种模式是介于“互补模式”和“替代模式”之间的一种实际存在模式。熊波认为，一方面，中国目前的正式照护服务体系尚未完全建立，远远不能满足当前众多失能老人的需求。因此，即使正式照护服务系统已经存在，但其对于非正式照护的替代作用也非常有限；另一方面，即使在有些家庭中非正式照护服务和正式照护服务能够同时发生，但这两种照护服务的提供时间并不是同时或同步，而且，这两种照护之间互补关系存在的前提条件是正式照护和非正式照护同时提供可以达到照护的充分性。但研究结果发现，当前失能老人的照护提供实际上并不充分。因此，这种正式照护和非正式照护之间的补充关系，严格来讲是不存在的。

从影响失能老人照护方式选择的因素来看，Andersen R. 和 Newman J. F.（1973）在研究老年人使用医疗照护服务的情况时，构建了一个行为模型（behavioral model）。根据这个行为模型，并综合考虑已梳理的长期护理服务特征，可以从以下3个方面归纳失能老人选择长期护理服务方式的影响因素：①倾向因素。主要包括失能老人的个体特征和社会特征。例如，年龄、性别、受教育程度、职业状况、收入水平、是否具有养老保险和医疗保险等；②使能因素。主要包括老年人的婚姻状况、共同居住子女数量、家庭网络和其他社会网络等；③需求因素。主要包括老年人群体的慢性疾病患病率、所患慢性病种类、失能程度、住院情况等。

苏群等（2015）认为，中国目前90%以上的失能老人倾向选择家庭照护，而选择正式照护形式的较少。其中，家庭收入水平以及社区照护服务的供给，对于正式照护的选择具有显著的积极影响。在农村地区，失能老人受教育程度以及社区照护服务供给状况对照护模式的选择具有正向的影响，但在城镇地区并不显著。同时，子女数量对于失能老人照护方式的选择也具有显著的影响差异。刘妮娜（2014）发现，自理能力层级对老年人照护模式选择具有显著的影响。自理能力越低、失能程度越高的老年人，选择养老机构为照护模式的可能性就越大。

根据中国当前长期护理的发展情况来看，尽管老年人与子女同住的比例高达95%以上，但通过考察有长期护理服务需求并选择了养老机构作为照护方式的老年人群体，可以发现，整体来讲他们的失能程度更高一些。也许，这为养老机构照护提出了一个新的发展方向，即养老机构可以在家庭照护无法满足那些重度失能老人的需求时，为其提供专业化的照护服务，以此作为居家照护的补充。姜向群（2014）研究发现，自理能力较低的重度失能老人选择机构照护的比率是轻度失能老人的1.5倍左右，完全不能自理的老年人选择机构照护的比率是轻度失能老人的3倍以上。但王静和吴明（2008）的研究结果却与上述发现有所不同。他们认为，失能程度较低、健康状况较好的老年人，选择机构照护的可能性更高。究其原因，是失能程度较低的老年人对家庭照护的需求也较低，从而导致他们对家人的依赖性也不太高，甚至无论子女的经济支持还是子女数量的增加，都不能阻止老年人选择养老机构作为长期护理模式。

从中国失能老人长期的发展趋势和当前存在的问题来看，中国失能老人的长期照护需求巨大，但是供给相对不足。国内学者对于建立长期护理保险制度以及对非正式照护人员进行补贴和支持的做法呼声较高。黄黎若莲、张时飞和唐钧等学者（2006）对养老机构的调查结果显示出一个奇怪的现象：中国的养老院供求极不均衡。按照中国目前老年人的长期护理需求和养老机构对长期护理服务的供给来看，明显是供不应求的，但是养老机构的实际发展状况却恰恰相反，养老机构的床位空置率并不低。对此，姜向群（2014）提到，中国大部分养老机构不接收失能程度高的老年人的现象是造成重度失能老人正式照护缺失矛盾的一个重要原因。这种现象与医疗机构的拒诊和撇脂行为（崔佳等，2011）产生的结果类似，不同养老机构的护理质量和收费水平差异较大，一些养老机构还存在选择性接收老年人的情况。例如，一些机构明确表示不接收完全不能自理的老年人，这在一定程度上增加了这部分失能老人及其家属对长期护理方式选择的难度，也影响了他们进入养老机构的积极性，降低了他们对养老机构和正式照护的期望。

要解决这部分老年人因为经济、照顾质量或养老机构选择性接纳而放弃机构式护理的问题，就需要政府干预，充分发挥宏观调控的主导作用。制定合理完善的老年人长期护理服务体系，真正为重度或完全不能自理老年人考虑。他们是有长期照护需求的老年人中的弱势群体。建议尽快在中国建立长期护理保险制度，为广大的失能老人提供制度上的保障。自理能力较高的轻度失能老人可选择居家照护，并可同时依据自身及家庭情况享受社区的长期护理服务。中重度失能以及完全不能自理的老年人，可根据个人和家属意愿选择机构提供的长期护理服务。荆涛（2015）认为，当前中国的人口结构处于一种“未富先老”的状态，人口老龄化的增长速度超前于经济发展速度，这两者的发展不统一。他指出，为老年人提供长期护理服务并建立完善的长期护理保险，既具有现实的社会发展意义又具有学科的理论拓展意义。戴卫东（2011）指出，为了应对人口老龄化，世界上各个国家都先后推行了长期护理保险制度。与德国、日本、韩国等国家20世纪实行的长期护理社会保险制度不同，美国和法国实行的是商业保险制度。这些国家的长期护理保险制度分析了各种制度的特征、改革措施以及实施带来的效果，给出了一个综合评价。

Sherman Folland 和 Allen C. Goodman 在 Health Economics 中指出，老年人长期护理市场有可能存在着严重的“契约失灵”现象，因为当老年人处于失能或者失智状态之后，部分老年人将无法对自己接受的护理服务的质量作出鉴别。Pestoeau P. 和 Sato M.（2008）也阐述了长期护理服务的质量和数量可能会由于护理人员的道德风险问题而受到影响，服务的质量将会下降，数量也将减少。Jeffery R. Brown 和 Amy Finklstein（2006）也认为，信息不对称和不完全竞争是限制长期护理市场规模的重要原因，这将导致长期护理市场存在严重的市场缺陷。倪荣（2013）调查研究发现，当前城市失能老人的长期护理主要存在以下问题：养老服务供给不足、照护质量有待提升、医疗服务需求大等。张勘（2014）等发现，中国的长期护理存在护理服务不足、护理人员整体素质有待提高、养老机构床位供不应求等问题。黄方超和王玉环（2011）建议在对失能老人提供长期照护时，对老年人的心理健康方面予以关注，为其提供更多人性化的服务，从而提高失能老人的身体健康。Dawson（2007）认为，伴随着人口老龄化的不断加深，各种社会问题也随之出现，到2030年，美国老年人对长期照护的需求将会快速增加，这种增长将会加重目前照护体系中已经存在的一些问题。例如，低水平劳动力难就业、护理质量下降、护理费用上升、在费用负担上过度依赖个人负担以及医疗救助资金等。Michael和Shane（2007）认为，随着老龄化趋势不断恶化，越来越多的美国人急需长期护理。他们的研究回答了到底应该由谁支付长期护理服务的费用，通过什么机制、如何设计和交付这些服务以及如何招聘、培养和保留员工以提供长期护理服务等问题，并提出影响失能老人长期护理服务和服务程度的因素有很多，包括人口结构的变化、居民的健康情况、家庭成员服务的可获得性、来自亲人的其他无偿服务、非正式的服务提供以及如何对未来长期照护服务的计划等。陈莹和马丽霞（2016）表示，重度失能老人生活照护项目和专业性健康照护项目的需求多，更适合提供集中养老的服务机构和医养结合机构；对于轻度和中度失能老人，应对老年人开展或加强针对性较强的健康教育和自我管理技能培训，节约照护资源。

综合以上文献梳理可以得知，国内外关于失能老人的研究较多，不仅有对长期照护模式的探索和分析，还有对每种模式之间相关关系的研究和论证。同时，对于失能老人研究的注意力还逐渐扩展到了失能老人护理人员和照护者的身上，使得对于失能老人的研究得到了更广泛、更全面的认识。此外，学者们通过对中国失能老人群体发展趋势和发展困境的深入考察与剖析，对于中国建立长期护理保险制度以及对于长期护理人员、非正式照护人员进行经济补贴和支持的呼声变得更为强烈。当前，有关失能老人的研究，内容已比较广泛和深入，研究方法也比较多样。但是，深入研究自理能力对长期护理方式选择影响的针对性文献还比较少，聚焦于城乡差异以及性别差异等方面分析失能老人长期照护服务方面的文献更少。本章期望通过对中国65岁及以上失能老人的研究，从自理能力视角探讨失能老人长期照护服务方面的现状和面临的问题，探讨能使不同程度失能老人获取更具有针对性长期照护服务的途径以及更好地配置长期护理资源的方法，真正使这一群体老有所依，安享晚年。

本章以年龄在65周岁及以上的老年人为研究对象，基于中国老年人健康长寿影响因素调查（CLHLS）的2014年调研数据，应用定性分析与定量分析相结合的方法，通过研究这一群体自理能力对长期护理方式选择的影响，试图探索下列基本问题：①哪些个人、家庭、社会与遗传因素影响老年人长期护理方式的选择；②上述因素的影响机制是什么；③如何通过深刻理解个体自理能力对长期护理方式的影响，有效降低老年人照护的经济成本并合理配置资源；④如何通过家庭照护与社区服务的有机结合，缓解当前老年人健康照护日益高企的经济负担；⑤如何通过正式照护的发展，减轻非正式照护的压力并推动长期护理产业的发展，为经济社会可持续发展注入新的活力。对老年人自理能力与长期护理方式选择之间关系的深入剖析，不仅有利于获得解决上述基本问题的正确途径，而且有助于我们更好地认识影响人类健康长寿的社会、行为、环境与生物学因素，为科学研究、老龄工作与卫生健康政策信息依据填补空白，为顶层设计和政府决策提供科学的依据。

针对自理能力对中国失能老人长期照护方式选择的影响，基于CLHLS的2014年调查数据，应用Logit回归模型开展定量研究。在这一研究模型中，将被解释变量设置为护理方式，并定义其为二分变量，分别将正式照护和非正式照护赋值为0和1；将关键自变量设置为受访者的自理能力（ADL），其为一分类变量，分别为轻度失能、中度失能、重度失能，自理能力依次降低，失能程度依次升高；将控制变量设置为涵盖老年人个体的人口学和社会学特征变量，主要包括性别、年龄、婚姻状况、受教育程度、是否患有慢性病、自评收入情况、是否参加医疗保险、是否参加养老保险、子女经济支持、存活子女数量、儿子数量等。

二、研究变量、研究假设及研究模型

（一）研究变量

本章使用CLHLS 2014的调查数据，就自理能力对失能老人长期照护方式选择的影响进行研究。CLHLS基线调查和跟踪调查涵盖了中国23个省（市），问卷内容包含了丰富的个人基本信息。例如，个体健康状况、医疗服务利用以及家庭结构和经济支持等方面的信息。本章所需要的老年人自理程度、照护方式信息以及个体的其他人口学特征和社会学特征变量均能在调查问卷中找到。

本章实证分析所需要的因素主要有两类：①因变量，二分为正式照护和非正式照护的护理方式；②自变量，包括自理能力以及其他控制变量。

1. 因变量

本章回归模型中的因变量是分别将正式照护和非正式照护赋值为0和1的虚拟变量。本章的护理方式主要由受访者的居住形式以及主要照护者统计得来。正式照护（formal care）是由居住形式为养老院以及主要照护者为社会照护的样本得来；非正式照护（informal care）指的是主要照护者为配偶、子女及孙子女、其他亲戚朋友以及无人照护的样本。

2. 自理能力

本章回归模型中的关键自变量为自理能力，由 Katz 指数测量并和传统的测量方法进行匹配得出。本章将 CLHLS 数据中的 6 项指标（洗澡、穿着、如厕、移动、大小便控制、进食）整理得出的问题得分作如下处理：选择“完全独立”的得分为0，选择“不能完全独立，需要人帮助”的得分为1，“完全不能独立”的得分为2，根据国际通用 PADL 评定方法中的 Katz 指数，将受访者的失能程度分为 7 个层级。同时，本章将根据 Katz 指数得出的失能程度与上述提到的失能等级的划分（1~2 项做不了的定义为轻度失能；3~4 项做不了的定义为中度失能；5~6 项做不了的定义为重度失能）对应，将根据 Katz 指数得出的 B 级、C 级定义为轻度失能，将 D 级、E 级定义为中度失能，将 F 级、G 级定义为高度失能或重度失能。

CLHLS 问卷中关于洗澡、穿着、如厕、移动、大小便控制、进食这 6 项指标的 6 个问题及选项列示在问卷的 E 部分（如表 3－1 所示）。

表 3－1　　ADL 测量的 6 项指标

E1 您洗澡时是否需要他人帮助？（包括擦洗上身或下身） 1. 不需要任何帮助；2. 某一部位需要帮助；3. 两个部位以上需要帮助
E2 您穿衣时是否需要他人帮助？（包括找衣服和穿衣服） 1. 自己能找到并穿上衣服，无须任何帮助；2. 能找到并穿上衣服，但自己不能穿鞋；3. 需要他人帮助找衣服或穿衣服

续表

E3 您上厕所大小便时是否需要他人帮助？（包括便后洗手、解衣穿衣，包括在房间中用马桶大小便） 1. 完全能独立，无须帮助；2. 能自己料理，但需要他人帮助；3. 卧床不起，只能在床上由他人帮助使用便盆等
E4 在室内活动时您是否需要他人帮助？（室内活动指上下床、坐在椅子或凳子上或从椅子或凳子上站起来） 1. 无须帮助，可用辅助设施；2. 需要帮助；3. 卧床不起
E5 您是否能控制大小便？ 1. 能控制大小便；2. 偶尔失禁；3. 使用导管等协助控制或不能控制
E6 您吃饭时是否需要他人帮助？（吃饭无须帮助是指吃饭时不需要他人帮助，自己能独立进餐） 1. 吃饭无须帮助；2. 能自己吃饭，但需要一些帮助；3. 完全由他人喂食

3. 其他控制变量

本章涉及主要控制变量的操作化过程如表 3－2 所示。

表 3－2　　　　主要控制变量的操作化过程

类型	变量名	描述
二分变量	性别	男性赋值为 1；女性赋值为 0
有序分类变量	年龄	根据年龄分布情况，为防止各组样本数量差距过大，将调查对象的真实年龄（true age）按照以下标准分成 4 组，生成一个新的变量 age。第一组为：65 岁≤true age≤75 岁；第二组为：76 岁≤true age≤85 岁；第三组为：86 岁≤true age≤95 岁；第四组为：true age＞95 岁。将以上 4 个组分别赋值为 1、2、3、4
二分变量	婚姻状况	根据调查问卷，将婚姻状况分为已婚和未婚两种，将问卷中的“1. 已婚，并与配偶住在一起”与“2. 已婚，但不与配偶住在一起”这两个选项归为已婚有偶，将问卷中的“3. 离婚”“4. 丧偶”和“5. 从未结过婚”归为未婚无偶。将已婚有偶赋值为 1，将未婚无偶赋值为 0
有序分类变量	受教育程度	f1 代表的是受访者的受教育年限。本章将此变量分为 4 个组，第一组为：f1＝0 年，即未受过教育的样本；第二组为：0 年＜f1≤5 年，即受过小学教育的样本；第三组为：6 年≤f1≤12 年，为受过中学教育的样本；第四组为：f1＞12 年，即接受过高等教育的样本。将这 4 个组分别赋值为 1、2、3、4
二分变量	是否患慢性病	将调查问卷中问题 G15 是关于是否患有慢性病（共计 24 种，分别为高血压、糖尿病、心脏病、中风及脑血管疾病、支气管炎，肺气肿，哮喘或肺炎、肺结核、白内障、青光眼、癌症、前列腺疾病等）的问题，将回答“1. 有”的样本计入患有慢性病的人群，并赋值为 1；将回答“2. 没有”的样本计入未患慢性病的人群，并赋值为 0

续表

类型	变量名	描述
有序分类	自评收入情况	F3.4对应的问题及选项为“您的生活在当地比较起来，属于：1. 很富裕；2. 比较富裕；3. 一般；4. 比较困难；5. 很困难”，与自评健康状况类似，本章将受访者的自评收入情况也分为三类：富裕、一般、贫困；并将三类分别赋值为1、2、3。将调查问卷中的“1. 很富裕；2. 比较富裕”两个选项归入第一组“富裕（1）”；将“3. 一般”归入第二组“一般（2）”；将“4. 比较困难；5. 很困难”两个选项归入第三组“贫困（3）”
二分变量	是否参加医保	将调查问卷中关于是否参加各类医疗保险的问题及选项进行分类，将在F6.4中选项4至选项8中“有”的样本计入已参加医疗保险的人群，赋值为1；剩下的人群即为未参加医疗保险的样本，赋值为0。
二分变量	是否参加养老保险	将调查问卷中关于是否参加养老保险的问题F2.4及选项进行分类，选择“1. 是”的样本计入已参加养老保险的人群，赋值为1；剩下的选择为“2. 否”的人群即为未参加养老保险的样本，赋值为0
有序分类变量	子女经济支持	该变量是将儿子、女儿以及孙子女给予的经济支持加总之后取对数得到。儿子、女儿、孙子女给予的经济支持在调查问卷中对应的编号为F12，本章对该变量作了取对数处理
二分变量	居住地	此变量被设置为一个虚拟二分变量：“城镇（1）、农村（0）”。在调查问卷中对应的问题编号为Ⅲ。“被访老人现居住地？1. 城市；2. 镇；3. 乡”，本章将“1. 城市”“2. 镇 ”计入“城市”，并赋值为1，将“3. 乡”计入农村，并赋值为0
离散型变量	同住人数	在调查问卷中对应问题编号为A5.2：“与您同住的有多少人（不包括您本人）？”
离散型变量	存活子女数量	此变量为离散型变量
离散型变量	儿子数量	此变量为离散型变量，F10a提出的问题是基于F10的回答，问题为在受访者的所有孩子中男性的数量
无序分类变量	主要照护者	此变量经过分组，被设置为一个无序分类变量。在调查问卷中对应的问题为E6.1：“您目前在E1、E2、E3、E4、E5、E6的日常活动（详见本章关于ADL的解释）中需要他人帮助时，谁是主要帮助者？1. 配偶；2. 儿子；3. 儿媳；4. 女儿；5. 女婿；6. 儿子和女儿；7. 孙子女；8. 其他亲属朋友；9. 朋友邻里；10. 社会服务；11. 保姆；12. 无人帮助”。根据选项将样本分为五类，第一类为配偶，即“1. 配偶”，赋值为1；第二类为子女及孙子女，即“2. 儿子”“3. 儿媳”“4. 女儿”“5. 女婿”“6. 儿子和女儿”“7. 孙子女”，赋值为2；第三类为其他亲戚朋友，即“8. 其他亲属朋友”“9. 朋友邻里”，赋值为3；第四类为社会照护，即“10. 社会服务”“11. 保姆”，赋值为4；第五类为无人照护的样本，即“12. 无人帮助”，赋值为5

2014年的CLHLS调查中，共有7192位受访者。经过各变量条件筛选、剔除缺失值后，本章最终获得的有代表性的有效样本数量有932个。

（二）研究假设

基于已有相关研究成果并根据贝克尔等（1981）的家庭生产理论，本章认为失能老人的自理能力等级必然会影响其对长期护理方式的选择，但这些影响随着自理能力等级的不同而变化，由此提出以下研究假设：

假设1：在自理能力较高，失能程度较低的情况下，自理能力对失能老人长期护理方式的影响较小。

假设2：在自理能力处于中等水平的时候，该层级的自理能力对失能老人长期护理方式选择的影响较大。自理能力越低，失能老人越倾向于选择正式照护。

假设3：在自理能力处于较低水平，失能程度较高的情况下，自理能力对失能老人长期护理方式选择的影响较大。自理能力越低，失能老人越倾向于选择正式照护，且该影响比中等自理能力的情况更为显著。

（三）模型构建

本章主要研究内容为自理能力对中国失能老人长期照护方式选择的影响。因此，在研究模型的构建中，被解释变量为将正式照护和非正式照护分别赋值为0和1的虚拟二分变量。据此，本章使用的回归模型为无序Logit模型，关键自变量为经过ADL量表与Katz指数处理过的自理能力。该变量被定义为一个分类变量，将自理能力分为高、中、低3个层级，分别对应低、中、高等级的失能程度。由此来分析自理能力（或失能程度，本章中关键自变量均统一称为自理能力）对中国失能老人长期护理方式的影响。本章在模型构建时采用二元Logistic模型，将选择非正式照护的样本编码为1，将选择正式照护的样本编码为0，对自理能力（ADL）与护理方式和其他控制变量之间的关系进行回归分析，研究模型的数学表达式为：

$$\mathrm{Logit}\left(\frac{p_i}{1-p_i}\right) = \alpha + \beta ADL_i + \gamma X_i + \mu_i \qquad \text{式} 3-1$$

其中，p_i表示第i个失能老人选择非正式照护的概率；$1-p_i$表示第i个失能老人选择正式照护的概率；ADL_i表示第 i 个个体的生活自理能力（或失能程度）。本章根据 Katz 量表的测量，将失能老人划分为轻度失能、中度失能和重度失能 3 个类别的群体；X_i表示第 i 个个体的控制变量，包括个体的性别、年龄、婚姻状况等；μ_i 为随机扰动项；β 为本章特别关注的待估计参数，反映失能老人自理能力对于其长期护理模式选择的影响。

三、描述性统计分析

（一）各变量描述性统计分析

1. 因变量（护理方式）描述性统计分析

在本章的回归模型中，因变量（护理方式）二分为正式照护（编码为 0）与非正式照护（编码为 1）的虚拟变量。在具体研究中，将主要照护者为老年人配偶、子女及孙子女、其他亲戚朋友以及无人照护的样本均归入非正式照护；将居住在养老院以及由社区照护、专业志愿者照护的样本归为正式照护。在所有的非正式照护类型中，由子女以及孙子女照护的老年人最多，占总样本的 60% 以上；主要由配偶照护的老年人，大约占总样本的 17.6%；完全无人照护的孤寡老人占总样本的 15.9%；只有很少一部分老年人是由其他亲戚朋友照护，这部分样本仅占总样本的 0.5%。

从表 3 – 3 可以看出，两种照护方式的平均值为 0.0976，标准差为 0.297。选择正式照护的老年人样本数量为 91 个，占总样本的 9.76%；选择非正式照护的老年人样本有 841 个，占总样本的 90.24%。这些统计学参数反映出，在当前中国失能老人的照护方式选择中，非正式照护还是占据了绝大多数，选择正式照护的失能老人少之又少。

表 3 – 3　　因变量（护理方式）描述性统计分析

因变量		频率（位）	百分比（%）	极小值	极大值	均值	标准差
护理方式	非正式照护	841	90.24	0	1	0.0976	0.297
	正式照护	91	9.76				

2. 关键自变量（自理能力）描述性统计分析

本章中将 CLHLS 数据 6 项指标（洗澡、穿着、如厕、移动、大小便控制、进食）数据整理得出的问题得分根据国际通用 PADL 评定方法中的 Katz 指数将受访老年人的失能程度分为 A、B、C、D、E、F、G 共计 7 个层级，并剔除完全能自理的 A 级所有样本，再根据国际通用日常生活的活动能力量表（ADLs），将剩下的 B、C、D、E、F、G 六级分为轻度失能、中度失能和高度失能 3 组。失能程度越高，表示自理能力越差。为了更直观地了解每个层级失能程度对护理方式的影响，本章将这 3 组分别作为 3 个单独的自变量。表 3 – 4 示出了由 Katz 指数分类得到的 6 个 ADL 层级的描述性统计。表 3 – 5 示出了轻度失能、中度失能、高度失能三级自理能力的描述性统计。

表 3 – 4　Katz 指数六级自理能力 ADL 描述性统计

自变量	频率（位）	百分比（%）
B（=1）	249	26.72
C（=1）	93	9.98
D（=1）	57	6.12
E（=1）	133	14.27
F（=1）	178	19.1
G（=1）	222	23.82

表 3 – 5　三级自理能力 ADL 描述性统计

自变量	频率（位）	百分比（%）	极小值	极大值	均值	标准差
高（=1）	342	36.7				
中（=2）	190	20.39	1	3	2.0622	0.8906
低（=3）	400	42.92				

3. 控制变量的描述性统计分析

本章通过对数据和变量的分析与处理，最终得到 932 个有效样本。其中，男性老年人样本 328 个，占总样本的 35.19%；女性老年人样本 604 个，占总样本的 64.81%。女性样本数量多于男性。由表 3 – 6 可以看出：

（1）受访老年人的年龄分组 4.94% 处于 65 ~ 75 岁（含），约 20.28% 处于 76 ~ 85 岁（含），处于 86 ~ 95 岁（含）、96 岁及以上的失能老人的比例分别为

30.58%和44.21%。这表明在所有失能老人中，85岁以上的高龄老人所占比重偏大，接近75%。这也应证了潘金洪等（2012）提出的研究结果，老年人年龄越大，失能的概率就越大，高龄老人是失能老人的主要来源。

（2）未受过教育的失能老人占了一半以上，占比为68.99%。其中，女性为文盲的占比达87.09%，远高于男性文盲比例（35.67%）；包括未受过教育在内的小学以下文化程度的老年人占比为86.26%（68.99%+17.27%），初高中学历的失能老人占比为11.27%，受过高等教育的老年人所占比例为2.47%。这表明，受访失能老人整体受教育程度偏低，男性老年人整体文化程度明显高于女性老年人。

（3）城镇老年人所占比例为54.61%，说明样本中城乡比例较为均衡，城镇居民比例略高于农村居民。

（4）已婚有偶的失能老人仅占24.03%，未婚无偶的占比为75.97%（100%-24.03%），这可能是由于样本自身原因以及本章中对婚姻状况的定义造成的。本章研究对象中高龄老人所占比例很高，丧偶的比例也较高，达到75.11%，男性已婚比例（46.04%）高于女性（12.09%）。

（5）失能老人医疗保险参保占比为77.68%，且男女差异不大，男性与女性参保比例分别为81.03%和75.9%。失能老人养老保险的参保占比为29.52%，显示出较低的比例。其中，男性参加养老保险的比例（34.54%）稍高于女性（27.24%）。

（6）约有65.02%的失能老人认为自己的收入状况一般，有15.56%的失能老人自评收入状况为“贫穷”，15.13%的失能老人自评收入状况为“富裕”。这表明，大部分受访者收入水平处于中等水平，自评收入状况分布较均衡，且男女差异不大。

（7）73.5%的受访老年人同住人数在4人及以下，11.7%的受访老年人同住人数达到10人以上，14.81%的受访老年人同住人数为5～9人，且男女差异较小。

（8）患有慢性病的失能老人比例为65.24%，男性比例略高于女性，分别为68.29%和63.58%。

（9）受访者的平均存活子女数量和儿子数量分别为3.5个和2.3个，无子女的家庭占比为2.71%，独生子女家庭占比为5.64%。

表 3－6　　　　　　　　控制变量描述性统计

控制变量		总样本		男性（1）		女性（0）	
		均值	标准差	均值	标准差	均值	标准差
性别		0.3519	0.4778	—	—	—	—
年龄	65～75 岁（含）	0.0494	0.2167	0.0640	0.2452	0.0414	0.1994
	76～85 岁（含）	0.2028	0.4023	0.2988	0.4584	0.1507	0.3580
	86～95 岁（含）	0.3058	0.4610	0.3720	0.4841	0.2699	0.4443
	96 岁及以上	0.4421	0.4969	0.2652	0.4421	0.5381	0.4990
受教育程度	文盲	0.6899	0.4628	0.3567	0.4798	0.8709	0.3356
	小学	0.1727	0.3782	0.3445	0.4759	0.0795	0.2707
	中学	0.1127	0.3163	0.2591	0.4388	0.0331	0.1791
	高等教育	0.0247	0.1552	0.0396	0.1954	0.0166	0.1277
居住地	城镇＝1 农村	0.5461	0.4981	0.5671	0.4962	0.5348	0.4992
同住人数	4 人及以下	0.7350	0.4416	0.7043	0.4571	0.7517	0.4324
	5～9 人（含）	0.1481	0.3554	0.1524	0.3600	0.1457	0.3531
	10 人及以上	0.1170	0.3215	0.1433	0.3509	0.1026	0.3038
婚姻状况	已婚＝1 未婚	0.2403	0.4275	0.4604	0.4992	0.1209	0.3262
是否参加医疗保险	是＝1 否	0.7768	0.4166	0.8103	0.3927	0.7590	0.4281
是否参加养老保险	是＝1 否	0.2952	0.4564	0.3454	0.4765	0.2724	0.4456
患慢性病状况	是＝1 否	0.6524	0.4765	0.6829	0.4765	0.6358	0.4816
自评收入状况	贫穷	0.1556	0.3627	0.1932	0.3742	0.1490	0.3564
	一般	0.6502	0.4772	0.6006	0.4905	0.9322	0.4680
	富裕	0.1513	0.3585	0.1890	0.3921	0.1308	0.3375
存活子女数量		3.4571	1.9787	3.6037	1.8952	3.3775	2.0198
儿子数量		2.3177	1.4960	2.2508	1.3464	2.3538	1.5709
子女经济支持		5.1272	3.7329	5.0552	3.7914	5.1663	3.7033

（二）个体特征与失能老人照护方式的交互分析

表 3－7 示出了个体特征与失能老人照护方式的交互分析结果。通过表 3－7

可以粗略了解不同个体特征下失能老人选择护理方式的差异，并对其显著性进行卡方检验。

表 3－7　　　个体特征与老年人护理方式的交互分析

个体特征变量	变量设置	护理方式数量及占比	
		正式照护样本	非正式照护样本
性别	女性	52（8.6%）	552（91.4%）
	男性	39（11.89%）	289（88.11%）
年龄	65～75 岁（含）	9（19.6%）	37（80.4%）
	76～85 岁（含）	28（14.8%）	161（85.2%）
	86～95 岁（含）	19（6.7%）	266（93.3%）
	96 岁及以上	35（8.5%）	377（91.5%）
居住地	农村	22（5.2%）	401（94.8%）
	城市	69（13.6%）	440（86.4%）
婚姻状况	未婚	80（11.3%）	628（88.7%）
	已婚	11（4.9%）	213（95.1%）
受教育程度	文盲	41（6.4%）	602（93.6%）
	小学	21（13%）	140（87%）
	中学	21（20%）	84（80%）
	高等教育	8（34.8%）	15（65.2%）

我们不难发现，与男性失能老人相比，女性失能老人选择非正式照护的比例较大，为 91.4%，男性失能老人选择非正式照护的比例为 88.11%，两性选择正式照护的比例都很小，分别占 8.6% 和 11.89%，且男性失能老人选择正式照护的比例高于女性。这表明性别与护理方式的选择有一定的相关性，卡方检验结果（Pearson chi2 = 2.597；Pr = 0.069）也表明性别对失能老人护理方式的选择有显著影响。

年龄在 65～75 岁（含）、76～85 岁（含）、86～95 岁（含）、96 岁及以上的失能老人，选择正式照护的比例依次为 19.6%、14.8%、6.7% 和 8.5%。这一选择比例总体呈现随年龄增大逐步下降的趋势，但与 86～95 岁（含）年龄段相比，96 岁及以上失能老人选择正式照护的比例稍有上升，升高约 1.8 个百分点。

与上述情况相反，在非正式照护的选择中，年龄在 65～75 岁（含）、76～85 岁（含）、86～95 岁（含）、96 岁及以上的失能老人选择非正式照护的比例总体呈现上升的趋势，所占比例依次为80.4%、85.2%、93.3%和91.5%。但与86~95岁（含）年龄段相比，96岁及以上的失能老人选择正式照护的比例稍有降低，约减少1.8个百分点。总体而言，65~95岁（含）的失能老人，年龄越大，其选择正式照护的比例越低，选择非正式照护的比例越高。卡方检验结果（Pearson chi2 =14.344；Pr =0.002）进一步证明，年龄对失能老人护理方式的选择有显著影响。

对于非正式照护，86.4%的城镇失能老人选择这一种护理方式，但在农村失能老人群体中，这一比例明显高于城镇失能老人，占比为94.8%；而城镇失能老人选择正式照护的比例较高，为13.6%，农村失能老人为5.2%。卡方检验结果（Pearson chi2 =18.304；Pr =0.000）也证实居住地的城乡差异对失能老人照护方式的选择存在显著影响。

在已婚失能老人群体中，有95.1%的人选择非正式照护，在未婚或无配偶的失能老人群体中，该比例低于已婚失能老人，为88.7%。相反，已婚失能老人群体选择正式照护的比例低于未婚无偶的失能老人，占比分别为4.9%、11.3%。卡方检验结果（Pearson chi2 =7.883；Pr =0.002）也证明，婚姻状况对失能老人护理方式选择的影响显著。

有93.6%的未受过教育的失能老人选择非正式照护，受教育程度为小学、中学以及高等教育以上选择非正式照护的比例依次为87%、80%、65.2%，这个比例呈下降趋势，这可以粗略表明，随着受教育年限的增长，选择非正式照护的比例越来越小；相反，在正式照护的选择中这个比例呈上升趋势，文盲、小学、中学以及高等教育以上老年人选择正式照护的占比依次为6.4%、13%、20%、34.8%。这可能揭示出一个基本事实，随着受教育程度的上升，选择正式照护的比例越来越高。卡方检验结果（Pearson chi2 =39.167；Pr =0.000）也可以证明，受教育程度对失能老人护理方式的选择有显著影响。

通过以上交互统计分析，我们得出如下结论：

（1）男性失能老人选择非正式照护的比例低于女性失能老人，选择正式照护的比例高于女性失能老人。

（2）除96岁及以上的失能老人之外，失能老人选择非正式照护的比例随年龄的增长而增大，选择正式照护的比例随年龄的增长而降低。

（3）农村失能老人选择非正式照护的比例高于城镇老年人，但选择正式照护的比例低于城镇失能老人。

（4）失能老人选择非正式照护的比例随受教育程度的增大而减少，选择正式照护的比例随受教育程度的增大而增大。

（5）已婚失能老人选择非正式照护的比例高于未婚无偶失能老人，选择正式照护的比例低于未婚无偶失能老人。

以上结论仅为交互分析得出的初步结果，更为准确的结论需要进一步通过计量模型才能获得。

（三）自理能力与长期护理方式的交互分析

表3－8示出了不同程度自理能力与失能老人照护方式的交互结果。读者通过表3－8可以粗略了解在不同程度自理能力下失能老人对长期护理方式的选择情况。

表3－8　　　　自理能力与老年人护理方式的交互分析

自理能力	护理方式数量及占比	
	正式照护样本	非正式照护样本
高（轻度失能）	17（5%）	325（95%）
中（中度失能）	22（11.6%）	168（88.4%）
低（重度失能）	52（13%）	348（87%）

从表3－8的交互分析结果中可以看出，有88.4%的中度失能老人选择非正式照护。这一比例略高于重度失能老人选择非正式照护的比例（87%），但显著低于轻度失能老人选择非正式照护的比例（95%）。由此表明，随着失能程度的上升，选择非正式照护的比例呈现缓慢下降的趋势。有11.6%的自理能力中等的失能老人选择正式照护，该比例高于自理能力较高的轻度失能老人选择正式照护的比例（5%），稍低于重度失能老人选择正式照护的比例（13%）。这说明，随着失能程度的上升，选择正式照护的比例呈缓慢增长的趋势。

卡方检验的结果（Pearson chi2＝14.383；Pr＝0.001）也证明，老年人自理能力对长期护理方式选择的影响十分显著。与前述相同，本结果仅为交互分析得出的初步认识，更准确的结论需要基于计量模型的实证分析才能获得。

四、 基于计量模型的实证分析

为了进一步深入探讨老年人自理能力（或失能程度）对护理模式选择的影响，我们依据前述二元 Logistic 模型（式 3－1）和 CLHLS 2014 调查数据，对自理能力（ADL）与护理方式和其他控制变量之间的关系进行了多元回归分析。研究过程中逐步引入关键自变量和其他控制变量，以考察不同自理能力水平对于照护方式选择的影响差异。

具体实施过程为：第一步，在模型中，只重点考虑自理能力这一关键自变量，观察其对于非正式照护的直接影响关系；第二步，引入年龄、性别、婚姻状况等控制变量，以考察关键自变量的参数是否发生变化以及其他控制变量对于照护方式的影响。

（一） 自理能力对长期护理方式的影响

表 3－9 给出了老年人自理能力（ADL）以及其他控制变量对于老年人长期护理方式的参数估计结果。其中，模型（1）为在未加入任何控制变量时，自理能力对于照护方式的影响。模型（2）给出加入个体的性别、年龄、婚姻、教育、收入状况、居住地、是否参加养老保险和医疗保险特征变量后的估计结果。模型（3）是在模型（2）的基础上，再加入家庭特征变量（子女经济支持、存活子女数量、儿子数量）各个参数的估计结果。本章将选择模型（3）作为主要的解释模型。

表 3－9　　　失能老人自理能力对长期护理方式的影响

变量	护理方式（非正式照护 =1）		
	模型（1）/OR	模型（2）/OR	模型（3）/OR
轻度失能	参照项	参照项	参照项
中度失能	0.399 (0.135)***	0.308 (0.146)**	0.225 (0.118)***

续表

变量		护理方式（非正式照护 =1）		
		模型（1）/OR	模型（2）/OR	模型（3）/OR
重度失能		0.350 (0.102)***	0.513 (0.241)	0.459 (0.253)
性别（男性 =1）			1.190 (0.587)	1.032 (0.512)
城乡（城市 =1）			0.465 (0.180)**	0.384 (0.162)**
婚姻（已婚 =1）			5.703 (3.614)***	6.102 (4.663)**
年龄	65~75岁（含）		参照项	参照项
	76~85岁（含）		1.237 (0.936)	1.016 (0.822)
	86~95岁（含）		5.320 (4.094)**	3.947 (3.243)*
	96岁及以上		3.521 (2.622)*	2.468 (1.945)
受教育程度	未受过教育		参照项	参照项
	小学		0.765 (0.429)	0.663 (0.379)
	中学		0.600 (0.367)	0.475 (0.293)
	高等教育		0.0719 (0.069)***	0.0634 (0.063)***
收入状况	经济困难		参照项	参照项
	经济一般		0.702 (0.404)	0.614 (0.385)
	经济富裕		0.476 (0.319)	0.330 (0.235)
是否参加养老保险（参加 =1）			0.891 (0.342)	0.828 (0.372)
是否参加医疗保险（参加 =1）			2.612 (0.954)***	2.704 (1.063)**
子女经济支持				1.000 (0.057)

续表

变量	护理方式（非正式照护 =1）		
	模型（1）/OR	模型（2）/OR	模型（3）/OR
儿子数量			1.554 (0.271)**
存活子女数量			0.977 (0.103)
常数项	19.12 (4.759)***	11.52 (10.38)***	12.15 (14.79)**
观测样本值（个）	932	932	932

注：（1）系数值为似然比（Odds Ratio），括号内为稳健标准误差；（2）Standard errors in parentheses：*** 表示 $P<0.01$；** 表示 $P<0.05$；* 表示 $P<0.1$。

从模型（1）来看，老年人自理能力（或失能程度）对于长期护理模式的选择具有显著的影响。中度失能老人选择非正式照护的概率是轻度失能老人的39.9%；重度失能老人选择非正式照护的概率是轻度失能老人的35%。两项估计结果均在1%的水平上显著。由此表明，失能程度与非正式照护之间存在显著的负相关，即老年人的失能程度越高，其选择非正式照护的可能性就越低。可能的解释是，老年人的失能程度越高，照护需求的内容和项目也会越多，对专业化照护方式的需求程度相应增高。在这种情况下，传统的家庭照护已不能满足失能老人对于照护的需求。因此，需要正式照护的介入。

模型（2）报告了加入个体特征变量后，自理能力对于长期护理模式选择的影响。其结果显示，中度失能群体的系数变小，中度失能老人选择非正式照护的概率由轻度失能老人的39.9%减小为30.8%，但其影响仍在1%的水平上保持显著（$P<0.01$）；而重度失能老人的系数则不再显著。

模型（3）报告的结果与模型（2）较为一致，且中度失能群体的显著系数进一步降低，重度失能群体的参数估计结果仍不显著。可能的解释是，相比轻度失能和中度失能的老年人，重度失能老人已有5~6项日常活动指标需要依赖他人。尽管此项估计结果的检验系数不显著，但并不意味着重度失能老人放弃选择非正式照护。因为在上述交互分析中，我们已经发现与中度失能老人选择非正式照护的比例相比，重度失能老人选择非正式照护的比例略有所降低，但其比例仍然高达87%。并不显著的估计结果表明，有其他因素影响了重度失能老人对长期护理方式的选择。

在高度失能情况下，对专业正式照护有较高需求和依赖性的老年人依然没有放弃非正式照护选择。本书认为，产生这种结果的原因有以下4点：①正如姚远（2008）所述，老年人在人际交往（特别是在寻求外部帮助）时，也遵循了以“己”为核心逐层展开的关系网络规则，首先寻求家人的帮助，其次才是邻居和朋友，最后是工作单位。如果外部资源能够取得老年人的信任，也可以成为其首选的资源；②老年人的经济条件有限，且对社会机构提供的护理缺乏足够的安全感，因此也会表现出对正式照护的需求不足；③重度失能老人已经产生了对正式照护的需求，且有一定的支付意愿，但部分商业养老机构存在“撇油脂”（cream skimming）行为，即为防止护理重度失能老人形成的高额成本威胁其利润最大化，拒收重度失能老人或故意抬高价格使其或其家属自动退出；④很大部分重度失能老人已无法作出自主选择，在长期护理方式选择的过程中，作出决策的很有可能并非失能老人自身，而是其子女或者其他照护者。这些人会结合传统孝道观念或经济等其他众多因素而作出决策。

从其他控制变量的估计系数来看，地域差异对于长期护理模式的选择有显著的影响。对比表3-9中模型（2）和模型（3）的估计结果不难发现，相对于居住在农村地区的失能老人而言，居住于城市的失能老人选择非正式照护的可能性相对较低。不难理解，相对于农村地区而言，城市中的社区服务、家政服务、志愿者服务以及专业化的老年照护机构和医疗机构等资源比较充足。因此，居住在城市地区的失能老人可以通过选择专业化、市场化照护服务来弥补或替代非正式照护。另外，随着中国经济社会的不断转型升级，企业之间的竞争态势加剧以及国有企业的改革深化，城市中家庭照护人员面临的家庭照护和工作之间的矛盾不断升级且愈加尖锐，照护人员机会成本不断增加，使得城市中非正式照护的比例相对较低（Liu，et al.，2010）。

婚姻状态对于老人照护方式的选择也具有十分显著的影响。相对于未婚状态的老年人而言，已婚失能老人选择非正式照护的概率更高，是未婚失能老人的6.102倍。这主要是由于配偶在对失能个体的家庭照护中往往扮演着十分重要的角色，配偶和子女往往是失能老人家庭照护的主要甚至唯一照护人员。从年龄角度来看，86~95岁（含）年龄段失能老人选择非正式照护的概率是65~75岁（含）年龄段失能老人的3.95倍，且该差异存在显著影响；而76~85岁（含）、96岁及以上失能老人群体相对于65~75岁（含）年龄段老年人而言则不存在显著影响。

另外，老年人受教育程度对于长期护理方式的选择也具有比较复杂的影响。从模型（2）和模型（3）的结果来看，受过小学教育和中学教育的失能老人与未接受过教育的失能老人之间，并不存在显著的影响差异；而高等教育程度的失能老人选择非正式照护的可能性是未接受过教育人群的6.34%，且该差异十分显著（$P<0.01$）。可能的原因是，受过高等教育的老年人具有较为广泛的健康知识和较强的健康意识，对于护理方式的选择倾向于选择专业化程度较高、照护较为全面、服务质量较高的正式照护。

研究表明，失能老人是否加入了医疗保险对于其长期护理方式的选择也具有十分显著的影响。在其他条件不变的情况下，参加了医疗保险的失能老人选择非正式照护服务的可能性是未参加医疗保险老年人的2.704倍。对此，可能的解释是，当老年人参加了医疗保险之后，因照护需求而产生的医疗成本压力可以由于医疗保险的存在而得到一定程度缓解。当个体选择非正式照护时，其来自医疗成本方面的支出压力会有所降低。因此，对比正式照护中家庭还要负担老人医疗费用的状况，参加医疗保险增加了个体选择非正式照护的可能性。

研究结果还显示，老年人的儿子数量与非正式照护方式选择之间存在显著的正相关。这说明“养儿防老”的传统养老观念并非全无道理。而子女经济支持、性别、是否参加养老保险以及家中存活子女的数量等，则对长期护理方式的选择不存在显著影响。对此，可能的解释是子女数量增加虽然在一定程度上能够增加老年人获得家庭照护的可能性，但同时也可能存在照护上的相互推诿现象。

是否参加养老保险对失能老人长期护理方式选择的影响不显著。这与张娜等（2014）的研究结论相一致，其认为是否领取养老金对老年人群体获得家庭照护并没有显著的影响。另外，根据Tennstedt和Mckinlay（1989）的研究结论，很多老年人的照护任务主要是由一个人来提供，而且这个人往往是主要甚至是唯一的照护者。因此，家庭规模庞大并不一定导致老年人受非正式照护的可能性显著增加。

（二）长期护理模式选择的城乡差异

表3－10示出了分别对中国城市和农村失能老人样本进行的二元logistic模型回归分析结果。在表3－10中，模型（1）是城市失能老人样本的回归分析参数值，模型（2）为农村失能老人样本的回归分析参数值。

表 3－10　　长期护理模式选择的城乡差异

变量		城市	农村
		模型（1）/OR	模型（2）/OR
轻度失能		参照项	参照项
中度失能		0.212*** （0.124）	0.127*** （0.116）
重度失能		0.408（0.250）	0.947（1.668）
性别（男性＝1）		0.719（0.358）	3.601*** （0.428）
婚姻（已婚＝1）		7.585** （6.370）	8.265（7.490）
年龄	65～75 岁（含）	参照项	参照项
	76～85 岁（含）	1.315（1.133）	1.576（1.293）
	86～95 岁（含）	5.719** （4.981）	0.622（1.168）
	96 岁及以上	4.548* （3.735）	4.012（3.072）
受教育程度	未受过教育	参照项	参照项
	小学	0.879（0.577）	0.468（0.157）
	中学	0.648（0.422）	0.528（0.476）
	高等教育	0.0787*** （0.0747）	0.122（0.192）
收入状况	经济困难	参照项	参照项
	经济一般	0.152* （0.162）	0.00361（0.0136）
	经济富裕	0.102* （0.120）	0.259（0.518）
养老保险		0.900（0.468）	26.53（59.47）
医疗保险（参加＝1）		2.830** （1.248）	19.43*** （17.12）
子女经济支持		0.892* （0.0617）	1.232*** （0.063）
儿子数量		1.386* （0.254）	7.522** （7.511）
存活子女数量		0.829（0.0999）	0.587（0.414）
常数项		44.66*** （54.60）	50.79*** （47.80）
观察样本值（个）		450	482

注：（1）系数值为似然比（Odds Ratio），括号内为稳健标准误差；（2）Standard errors in parentheses：*** 表示 $P<0.01$；** 表示 $P<0.05$；* 表示 $P<0.1$。

研究表明，从失能老人的自理程度来看，无论是农村地区还是城市地区，在控制其他因素以后，中度失能老人选择非正式照护的可能性都显著低于轻度失能老人。在城市地区，中度失能老人选择非正式照护的可能性是轻度失能老人的 21.2%；在农村地区，中度失能老人选择非正式照护的可能性是轻度失能老人的 12.7%。而重度失能老人选择非正式照护的可能性相对于轻度失能老人而言，无论是农村还是城市地区，均不存在显著的影响差异。

从性别差异来看，在城市地区样本中性别因素对于个体选择非正式照护方式并不存在显著的影响；但在农村地区样本中，男性失能老人选择非正式照护的可能性是女性失能老人的3.601倍，且该差异的统计学特征十分显著（$P<0.01$）。

从婚姻状态来看，农村地区有配偶失能老人选择非正式照护的概率似乎大于城市地区有配偶失能老人。从统计结果来看，居住城市地区的有配偶失能老人选择非正式照护的概率是无配偶老年人的7.585倍，且在统计学上显著。但农村地区的情况大相径庭，虽然有配偶老年人选择非正式照护的概率是无配偶老年人的8.265倍，但是统计学差异并不显著。

从受教育程度来看，无论在城市地区还是在农村地区，相对于未接受过教育的失能老人而言，教育程度为小学和中学的失能老人选择非正式照护的可能性都较小，但是其统计学差异并不显著。在城市地区接受过高等教育的失能老人选择非正式照护的可能性是未接受过教育的失能老人的7.87%，该影响虽然十分显著，但二者之间的差异并不是太大。就农村地区而言，虽然结果也显示受过高等教育的老年人选择非正式照护的可能性比未接受过教育的老年人低，但该结果统计上并不显著。

考察老年人自评经济收入对其长期照护方式的影响，可以看出：①城市地区经济状况一般和经济状况富裕的失能老人相对于经济状况困难的失能老人而言，其选择非正式照护方式的概率均较低，分别是经济困难老年人群体的15.2%和10.2%，表明老年人的自评经济状况与非正式照护之间存在着显著的负相关，即老年人的经济收入越高，其选择非正式照护的可能性越低。对该现象可能的一种解释是，老年人的经济状况越好，其对于正式照护的偿付能力越高，越容易获得更多的正式照护，以弥补或者代替非正式照护的不足；②对农村地区而言，无论是经济水平一般还是经济水平富裕的老年人，其选择非正式照护服务的概率与经济状况困难的群体之间都不存在显著的差异。

从子女对父母经济支持的角度来看，城市地区的老年人得到子女经济支持的数量越大，其选择非正式照护的可能性越低；农村地区则刚好相反，子女的经济支持越大，农村地区失能老人选择非正式照护的可能性越高。对此可能的解释为，由于子女对于失能老人的家庭照护往往是通过经济支持和时间支持方式实现的，城市地区子女有可能会出于家庭照护机会成本的考虑，而减少对父母的时间支持方面投入，转而增加经济支持方面的投入，这将会促使失能老人家庭照护的需求得不到有效满足，进而转向社会化的专业照护机构寻求帮助。这一态势可能揭示出在城市地区正式照护可能会对非正式照护产生“挤出效应”。与城市地区不同，农村地区正式照护的服务资源较为匮乏。例如，社区服务不健全以及专业化养老机构较少，造成农村地区失能老人选择正式照护的可得性较低。另外，农村传统养老观念的束缚和农村剩余劳动力向城市地区的转移，生活在农村地区的失能老人原本就固守着家庭照护的观念，外出务工子女大多数离家较远，只能通过经济支持的方式进行照护。经济支持的力度越大，无疑越会巩固家庭照护的地位。

研究显示，无论是在城市地区还是在农村地区，家庭中儿子的数量对于老年人照护方式的选择都具有显著的影响，而且农村地区家庭中儿子的数量对于失能老人选择非正式照护的影响效应远大于其在城市地区的表现。

五、 本章结论

（一）研究结论

1. 轻度失能、中度失能、重度失能这三种不同程度的自理能力，对老年人长期护理方式选择存在不同的影响

对于不同层级的自理能力，以自理能力较高的轻度失能老人为参照项，中度失能对非正式照护的选择存在显著负相关（$P<0.01$），重度失能对非正式照护和正式照护的影响均不具有显著性。从城乡差异的角度来看，无论是农村地区还是城市地区，重度失能老人选择非正式照护的概率相对于轻度失能老人而言均较小，但是该影响并不显著。中度失能老人与轻度失能老人比较，选择非正式照护的概率显著降低；而重度失能老人选择非正式照护的概率虽然也倾向于降低，但是该结果并不显著。

2. 对于个体特征变量和家庭特征变量的考察显示，失能老人对于长期护理方式的选择与个体性别差异无关；长期护理方式选择的城乡差异显著

在其他条件不变的情况下，城市地区失能老人选择非正式照护的可能性显

著低于农村地区失能老人；相对于65~75岁（含）的低龄失能老人，86~95岁（含）年龄段的高龄失能老人选择非正式照护的可能性显著增加，而76~85岁（含）和96岁及以上老年人群体并不存在这种显著的差异。

3. 受教育程度和婚姻状况对长期护理方式选择存在不同的影响

具有高等教育程度的失能老人比未受过教育失能老人选择非正式照护的可能性较低，且该影响在统计学上显著（$P<0.01$）。小学至初中教育程度失能老人群体相对于未接受教育失能老人群体，虽然选择非正式照护的可能性也较低，但是该影响并不显著。婚姻状况对长期护理方式选择有明显的影响；有配偶失能老人选择非正式照护的可能性远大于无配偶失能老人，是其6.102倍，并且该差异在5%水平上显著。

4. 老年人是否参加医疗保险以及老年人儿子的数量，对于失能老人照护方式的选择具有十分显著的影响

参加医疗保险的失能老人选择非正式照护服务可能性是未参加医疗保险老年人的2.704倍；儿子数量和失能老人非正式照护方式的选择之间也具有十分显著的正相关关系，儿子数量越多，失能老人选择非正式照护的可能性越高。

5. 子女经济支持以及失能老人是否参加养老保险，对于失能老人照护方式的选择没有显著影响

6. 性别、年龄和居住地因素叠加对老年人长期护理方式选择的影响

性别因素对于城市地区失能老人照护方式的选择不存在显著影响，但在农村地区，失能老人中男性选择非正式照护可能性是女性的3.601倍。年龄因素与教育程度对于农村老年人长期护理方式的选择不存在显著影响。

7. 无论是城市地区还是农村地区，失能老人的子女数量、是否加入医疗保险与选择非正式照护服务均存在着显著的正向关系

在城市地区，子女的经济支持与失能老人选择非正式照护服务呈现显著的负相关；在农村地区，子女的经济支持会显著提高失能老人选择非正式照护服务的可能性。

（二）讨论

1. 建立完善的失能等级划分标准和自理能力鉴定体系

要使护理资源得到最合理的配置，最根本的还是要根据失能等级将护理服

务分级，为不同失能程度的老年人提供有针对性的护理服务。尽管国际上已有失能登记和自理能力评估体系，但应用于我国实践中时还应结合我国的养老服务现状与国情。目前，中国老年人的失能等级和生活自理能力鉴定体系建设严重滞后，专业化评定机构、评估工具和评定标准缺乏。无论是民政系统的养老院与卫生系统的老年医院、社区卫生中心的社区养老服务与家庭日常照护、私立养老机构与公立养老院，还是各地正在展开的形式各异的长期护理保险试点方案，在养老服务分级、服务收费和失能依赖程度评估方面，均没有统一的、互相衔接的、标准化的分级与评估体系，也没有建立失能依赖、护理分级与保险金给付之间的关联机制。在未来普遍建立商业保险或社会保险补偿护理费用机制之后，将给保险金待遇计发带来许多困难，更会导致老年人照护保险制度的严重“碎片化”局面。

护理服务分级是建立在失能老人对护理服务的依赖程度基础上的。失能程度越高，对护理服务的需求越大、依赖性越强。所以，当前最根本的还是建立成熟的失能程度和自理能力划分鉴定体系，将护理服务分级，这是护理服务定价收费的基础，也是保证护理服务质量的关键，更是护理人员资质与考核的重要参考。

2. 提升对公办养老机构和重度失能群体的关注

根据老年人不同失能程度的合理安排照护方式，鼓励轻度失能老人选择社区日间照护和居家养老，对重度失能老人的正式照护要求予以充分重视。针对上述提到的中国民办养老机构存在的拒收重度失能老人，造成养老机构利用率低，空余床位多的“撇油脂”（cream skimming）行为，可以通过政府在城镇和农村都建立更多具有一定约束性的公办养老机构来弥补公办养老机构护理床位供给不足的情况，优先安排有经济困难、不能承受民办商业养老机构入住及护理费用的中度、重度失能老人优先入住。杨玉芝和姜永强（2017）的研究也提到通过进行供给和需求预测，保障按功能划分的收养重度护理老年人床位数的比例，并对新建和改扩建养老机构加强宏观指导和调控。同时，鼓励经济能力好的老年人或家庭选择民办养老机构，并根据养老机构的规模和定价予以一定补贴，缓解民办养老机构床位空置率高的情况。通过制度安排，缩小城乡正式照护使用率的差异，真正维护失能老人护理服务的公平性。

3. 加大对社区照护的支持

除了专业护理人员和养老机构提供的正式照护以及家庭等非专业人员提供

的非正式照护，我们还应关注的一个重点就是社区照护。这一照护方式不仅可以弥补正式照护的不足，而且在一定程度上减轻了家庭等非正式照护提供者的负担，能够提高照护服务的可及性。

政府应积极动员社区组织、非政府组织、志愿者等社会组织和个人，不仅可以动员其为失能老人非正式照护服务提供有力支持（例如，社会工作者、志愿者以及社区居民甚至“老人互助”模式等）为失能老人居家照护提供帮助，形成多主体的共同参与的社区居家照护服务的非正式支持系统，还可以通过整合社区内各种社会资源，培养高素质的基层专业护理人员，建立成熟的社区养老服务中心，以帮助失能老人及其家人解决入住养老机构困难的问题，助力失能老人社区居家照护服务体系的构建与完善。但城乡失能老人对家庭和社区的依赖程度不同，且农村和城市的社区发展程度和速度也不同，为其提供的家庭和社区照护服务的侧重点也应不同。努力推进农村社区的照护工作，是缩小城乡失能老人照护方式差距的重点。

4. 加大对非正式照护提供者的激励

与正式照护相比，家庭和亲属朋友为失能老人提供的非正式照护仍然在长期护理方式选择中占主导地位。尽管有研究发现“养儿防老”的现象正在弱化，但通过本章实证研究以及大量学者研究仍然可以发现，儿子数量以及婚姻状况仍可以显著正向影响失能老人选择非正式照护的可能性。这是因为，家人更容易获得老年人的信任感，在养老服务提供方面更有效率。

因此，在兴办养老机构、建设社区养老服务中心的同时，政府应继续推进落实“鼓励家庭养老与护理”的政策，加大对非正式照护的政策补贴与激励，并将“落实城镇独生子女父母年老奖励政策，建立奖励扶助金动态调整机制”进一步细化。例如，设立弹性工作时间，使家里有失能老人的女性工作者可以兼顾工作和养老服务供给；给乡城、城城迁移劳动力更多的探亲假期以照顾家中年迈老人；对赡养父母的子女，特别是赡养不与配偶同住老年人的子女提供一定的经济补助等。自 20 世纪 80 年代中国计划生育政策的推行至今“二胎”政策的开放，独生子女家庭的养老问题越来越引发我们的重视。独生子女家庭（特别是失独老人）应得到着重关注。政府应适时完善失独老人入住养老院的特殊政策标准，购买相关服务为其提供必要的生活照护服务，担负起养老安置的责任，使老年人真正实现老有所养。

第四章　子女支持对失能老人照护方式选择的影响

一、子女支持相关研究

国内外学者对于失能老人的研究较多。其中，有对不同照护模式的探索和分析，也有对各种模式间的相关关系的论证。更重要的是，对失能老人照护模式的研究已经逐步扩展到对照护者和护理人员的关注。在对失能老人照护方式选择的影响因素方面，已有相当丰富的文献，对失能老人照护模式研究也更加全面和立体。同时，很多学者对当前失能老人照护发展的困境提出了新的看法。这些研究成果，为从子女支持角度研究失能老人照护选择问题提供了良好的基础。文献梳理表明，影响老年人照护方式选择的因素可归纳为以下 3 个方面：①个体特征。包括年龄、性别、受教育程度、职业状况、是否具有养老保险和医疗保险等；②家庭特征。包括家庭成员、家庭收入状况、家庭生活水平、居住安排、社区服务等；③健康状况。包括老年人的失能等级、所患慢性病的种类等。

但我们注意到，相关研究在分析失能老人照护方式选择的影响因素时，大多从子女角度或老年人角度单个方面展开研究，很少有文献从子女支持着手，在具有说服力的理论框架下进行严谨的测量，研究整体子女供给状况对照护模式选择的影响。具体表现为：①在对老年人照护方式选择的影响因素方面，很多学者关注社会人口特征、社会经济特征和代际支持对照护方式选择的影响，并未对子女支持如何影响失能老人照护方式选择展开较为深入的研究；②子女支持的相关研究更多是从男女差异、城乡差异等进行分析。然而，配偶也在老年人养老中扮演重要角色，而且不同失能程度下也存在差异。中国存在庞大的具有迫切照护需求的失能老人，鲜有从子女支持角度去详尽分析这个群体的照护选择问题。因此，在实证研究基础上，从理论层面探究养老供给的主体与失能老人照护方式选择之间的关系，具有重要的研究价值。

随着中国人口的老龄化、高龄化、失能化加剧，将会有越来越多失能老人产生越来越迫切且多样的照护需求。这一问题应引起政府部门和全社会的广泛关注。黄匡时和陆杰华（2014）基于 CLHLS 数据，运用多状态生命表法编制中国老年人日常生活照护生命表，发现 65 岁及以上男性老年人平均预期照护时间为 4 ~ 5 年，65 岁及以上女性老年人平均预期照护时间为 7 ~ 8 年。李元（2018）的测算显示，中国失能老人的护理筹资将在 2020 年达到 4612 亿元，2050 年达到 58302 亿元。当前，中国的养老压力越来越大，养老服务需求（特别是对失能老人的照护）存在巨大缺口。失能老人在自身生活自理能力较弱的情况下给家庭和社会带来更多的护理负担。

虽然社会养老模式能够在一定程度上替代传统的家庭养老模式，但是受制于传统“养儿防老”（左冬梅，2011）观念的影响，社会养老模式并不能很好地发挥其效果，大部分老年人还是会选择与子女同住的居家养老，而不会选择社会养老[①]。目前，中国社会养老服务体系建设正处于不断地发展完善当中，家庭养老是当下中国最主要的养老方式。然而，家庭照护功能正在遭受挑战：中国的家庭结构发生了巨大改变，由多代同堂转向核心家庭，显现出小型化、扁平化、特殊化的特征[②]。在中国养老服务体系尚不健全的情况下，长期照护需求增加，专业照护资源呈现匮乏且不均衡的态势。在代际支持理论和交换理论下，从养老角度看，老年人养老需求（包括经济支持、生活护理、精神慰藉和护理服务等）是固定的，且由不同养老供给主体供给。

综上所述，中国社会当下仍然以家庭养老为主流，子女支持仍然是老年人获取养老资源的最主要来源，涉及老年人对经济支持、日常护理、精神慰藉、医疗服务的获取，从而关系到老年人的健康和福利水平。满足失能老人的养老需求存在正式照护和非正式照护两种选择。从代际资源分配和机会成本角度出发，为了实现个人和家庭利益的最大化，失能老人会在正式照护和非正式照护之间作出选择。同时，由于子女支持的各个方面都会存在或多或少的差异，家庭成员对于照护方式的选择会有所不同。在这种现实情况下，政府在制定失能

① 张川川，陈斌开．“社会养老”能否替代“家庭养老”？——来自中国新型农村社会养老保险的证据［J］．经济研究，2014，49（11）：102－115.

② 周长洪．中国家庭结构变化的几个特征及其思考——基于“五普”和“六普”数据的比较［J］．南京人口管理干部学院学报，2013，29（4）：3－8.

老人照护政策时需要厘清一个关键问题：哪一类家庭会选择政府和社会为提供主体的正式照护？哪一类家庭会选择以家庭成员为照护主体的非正式照护？深入研究这些问题极具现实意义，有利于优化资源配置，有针对性地制定失能老人的照护政策。

失能老人生活照护是老年学关注的核心问题之一。剖析失能老人照护方式选择的主要影响因素，同时探讨基于家庭内部子女支持对不同失能程度老年人照护方式选择的影响，进一步强化子代对亲代的赡养责任。

本章的主要研究内容为：

（1）通过对相关文献的梳理和研究，建立研究的理论基础，提出研究假设，分析子女经济支持、情感支持、照护支持如何影响失能老人照护方式选择，即哪类家庭的失能老人偏好正式照护方式，哪类家庭的失能老人偏好非正式照护方式，进而通过稳健性检验，确认研究假设的有效性。

（2）主要通过实证分析深入探讨子女支持对失能老人照护方式选择的影响，利用 CLHLS 2014 数据，分析当下中国失能老人照护现状及其主要影响因素。第一步，利用二元 Logistic 模型分析子女支持对失能老人选择正式照护方式和非正式照护方式的影响；第二步，剔除总样本中选择正式照护方式的失能老人，运用多元 Logistic 模型分析子女经济支持和子女情感支持对非正式照护方式选择的影响。

（3）进行一致性分析，研究有配偶与无配偶情况下以及不同失能程度情况下，子女支持对失能老人照护方式选择的影响差异，进而分析产生这种差异的原因。

二、变量选取、模型构建与研究假设

（一）研究样本

研究数据来源于 CLHLS 2014 调研数据，涵盖个人特征、社区特征、家庭基本情况、心理和生理健康状况等若干模块。结合本章的研究目的以及数据的可得性，对数据进行了如下处理：

. 1. 对失能老年人相关数据进行筛选

首先，将65岁以下人群删除。其次，根据问卷E1（洗澡）、E2（穿衣）、E3（上厕所）、E4（吃饭）、E5（平地行走）、E6（控制大小便）6个问题的回答赋值。回答“自己能够完成”的赋值为0，回答“部分能够完成”和“完全不能完成”的赋值为1。再次，将6项赋值相加形成新的变量代表失能水平。依据失能水平将失能老人划分为轻度失能、中度失能和重度失能。最后，删除失能水平为0的完全自理样本，得到65岁及以上失能老人样本。

2. 找出与代际支持相关的所有变量

通过因子分析法和相关文献研究选取失能老人样本中的关键自变量，再将失能老人的人口学特征变量和社会经济特征变量所涉及的缺失值删除，保证样本的完整性。

通过以上步骤的数据处理，共计获得903个研究样本。

（二）变量选取

1. 因变量

本章的因变量设计为二分类变量，将正式照护方式和非正式照护方式分别赋值为0和1。根据调查问卷的问题A5. 1“您现在与谁住在一起?”和E6. 1“谁是主要帮助者?”划分为二分类变量。其中，A5. 1中回答“1. 家人”和“2. 独居”归为非正式照护，回答“3. 养老机构”归为正式照护；E6. 1中回答“保姆”和“社会服务”的归为正式照护，其他回答归为非正式照护。针对问题A5. 1和E6. 1可能出现的照护情景交叉情况进行了合理的数据整理，回答“养老院”“保姆”“社会服务”即表示失能老人采用的是正式照护，其他回答则归为非正式照护。

2. 自变量

本章设计的自变量为子女支持。因为在2014年CLHLS问卷中，能衡量子女支持情况的问题有多项，主要问题有：“F3. 1 您现在主要的生活来源是什么?”“F6. 5. 2 您的医疗费用主要由谁支付?”“F12 近一年来，您的子女给您多少现金?”“F5 当您生病时主要是谁来照顾您?”“E6. 7 近一个星期以来，您的子女日常照护帮助的总小时数有多少?”“F11. 1 平时您和谁聊天沟通得比较多?”

“F11.2 您经常向谁倾诉自己的心事?”“F11.3 当您遇到困难或问题时，经常向谁寻求帮助?”。为了能够提炼出衡量子女支持的主要维度，本章采用多元统计的因子分析对上述 8 个问题进行处理。

在进行因子分析前，首先需进行 KMO 因子分析检验（如表 4－1 所示）。因子分析只有在符合既定标准的情况下才能运用。判断的标准是 KMO 值越大越好，当 KMO 值大于 0.5 时适合运用该方法。由表 4－1 可以看出，整体 KMO 值为 0.75，大于 0.5，说明数据可以进行因子分析。

表 4－1　　KMO 检验结果

因子	F3.1	F6.5.2	F12	F5	E6.7	F11.1	F11.2	F11.3	整体
KMO 值	0.61	0.67	0.71	0.78	0.72	0.76	0.85	0.77	0.75

由表 4－2 可以看出，因子分析中因子 1～因子 3 的特征值均大于 1，且这 3 个因子对样本的累计方差贡献率为 55.5%，能解释研究样本的大部分信息。同时，其余 5 个因子的特征值都在 0.55 以上，方差贡献率也都在 7% 以上，表明这 5 个因子也可能包含了样本的有效信息。

表 4－2　　因子分析的特征值与累计方差

因子	特征值	方差贡献率（%）	累计方差贡献率（%）
因子 1	2.26	28.25	28.25
因子 2	1.12	14	42.25
因子 3	1.06	13.25	55.5
因子 4	0.92	11.5	67
因子 5	0.86	10.74	77.74
因子 6	0.61	7.63	85.37
因子 7	0.6	7.5	92.87
因子 8	0.57	7.13	100

通过表 4－3 可以看出，F11.1、F11.2、F11.3 这 3 个问题在因子 1 上的载荷都大于 0.5，可以将 F11.1、F11.2、F11.3 这 3 个问题归纳为因子 1；F6.5.2、F3.1、F12 这 3 个问题在因子 2 上的载荷都大于 0.5，可以将 F6.5.2、F3.1、F12 这 3 个问题归纳为因子 2；E6.7 和 F5 在因子 3 上的载荷都大于 0.5，可以将 E6.7 和 F5 这 2 个问题归纳为因子 3。综合 3 个因子所包括的问题内容，因

子 1 可归纳为情感维度，因子 2 可归纳为子女为父母提供的经济供给维度，因子 3 可归纳为日常生活照护维度。根据已有文献的研究成果结合本章研究目的以及数据的可获得性，通过因子分析法的结果，参考孙金明的操作方法①，本章将子女支持明确为经济支持、情感支持、照护支持。因子分析结果如表 4－4 所示。

表 4－3　因子载荷矩阵

问题	因子 1	因子 2	因子 3
F11. 2	0. 92	0. 14	0. 03
F11. 1	0. 87	－0. 01	0. 15
F11. 3	0. 85	－0. 11	0. 13
F6. 5. 2	－0. 13	0. 78	0. 23
F3. 1	0. 21	0. 74	0. 03
F12	0. 13	0. 62	－0. 31
E6. 7	0. 27	0. 13	0. 78
F5	0. 25	－0. 09	0. 61

表 4－4　因子分析结果

经济支持	F3. 1：您现在主要的生活来源是什么 F6. 5. 2：您的医疗费用主要由谁支付 F12：近一年来，您的子女给您多少现金
情感支持	F11. 1：平时您和谁聊天沟通得比较多 F11. 2：您经常向谁倾诉自己的心事 F11. 3：当您遇到困难或问题时，经常向谁寻求帮助
照护支持	E6. 7：近一个星期以来，您的子女日常照护帮助的总小时数有多少 F5：当您生病时主要是谁来照顾您

在采用因子分析衡量上述 3 个维度时，利用了旋转后的因子载荷矩阵计算出来的分数。通过因子分析法计算出的因子分数是经过了标准化处理之后的结

① 孙金明．子女代际支持行为对老年人自我老化态度的影响——基于 2014 年中国老年社会追踪调查数据的分析［J］．人口与发展，2017，23（4）：86－95.

果。3 个维度均为连续变量。在经济支持维度，因子分数值越大，子女[①]对老年人的经济支持就越多；在情感支持维度，因子分数值越大，子女对老年人的情感支持就越大；在照护支持维度，因子分数值越大，子女对老年人照护支持就越大。

3. 控制变量

陈华帅和曾毅（2014）的研究认为，老年人的社会保障越完善、健康状况越好，子女对老年人的支持力度就会越小。因此，本章也考虑了老年人个人与家庭特征、养老保险情况、健康状况等信息，并将这些信息作为控制变量，主要包括性别、年龄、受教育程度、城乡状况、失能水平、家庭生活水平、儿子居住距离、女儿居住距离、是否参加养老保险以及社区是否提供起居照护、上门看病送药、精神慰藉聊天解闷等服务（如表 4 - 5 所示）。

（1）性别。性别信息在最新调查问卷中被编码为 A1，将男性赋值为 0，女性赋值为 1。由此，生成新的变量为二分变量。

（2）年龄。根据年龄分布情况，为防止各组样本数量差距过大，将调查对象的真实年龄（true age）按照以下标准分成 4 组并生成一个新的变量年龄分组。第一组年龄段为 65 岁 < true age ≤ 75 岁；第二组年龄段为 76 岁 ≤ true age ≤ 85 岁；第三组年龄段为 86 岁 ≤ true age ≤ 95 岁；第四组年龄段为 true age > 95 岁。将以上 4 组分别赋值为 0、1、2、3。

（3）受教育程度。关于受教育程度信息涉及问卷中的问题 F1。本章将受教育程度分为 4 组，第一组为 f1 = 0 年，即未受过教育的样本；第二组为 0 年 < f1 ≤ 5 年，即受过小学教育的样本；第三组为 6 年 ≤ f1 ≤ 11 年，即受过中学教育的样本；第四组为 f1 > 12 年，即接受过高等教育的样本。将这 4 组分别赋值为 0、1、2、3。

（4）居住地。受访者的城乡信息包括城市、镇、乡村 3 个选择，根据通常的做法将其设置为一个二分虚拟变量，将回答“乡村”的样本赋值为 0，将回答“城市”“镇”的样本赋值为 1。

（5）失能等级。根据新形成的变量 ADL 值衡量老年人失能水平。其中，1 ~ 2 项失能的划分为轻度失能，3 ~ 4 项失能的划分为中度失能，5 ~ 6 项失能的划分为重度失能。由此，该控制变量为一个三分类变量。

① 本研究中子女不仅包括血缘上的子女，也包括法律上的子女。因此，儿媳、女婿、养子和养女也包括在内。

（6）家庭生活水平。家庭生活水平信息涉及调查问卷中的问题 F3.4。与自评健康状况类似，本章将受访者的自评收入情况也分为以下 3 类：困难、一般、富裕，并将这 3 类分别赋值为 0、1、2。将调查问卷中选择“1. 很富裕”“2. 比较富裕”2 个选项的归入“富裕”；将选择“3. 一般”选项的归入第二组；将选择“4. 比较困难”“5. 很困难”2 个选项的归入“困难”。

（7）是否参加养老保险。将调查问卷中关于是否参加养老保险的问题 F2.4 及选项进行分类，选择为“1. 是”的样本计入已参加养老保险的人群，赋值为 1；选择为“2. 否”的人群即为未参加养老保险的样本，赋值为 0。

（8）子女居住距离。根据调查问卷中的问题 F10 ~ F10.2 子女情况，通过数据整理分别得出儿子和女儿与父母的居住距离。以往研究家庭结构和家庭代际关系时，通常使用亲子居住距离作为代理变量①，“同住”“同城”和“异地”分别衡量父母与子女关系的强弱。

（9）社区是否提供起居照护服务。社区是否提供起居照护服务的信息涉及问卷中的问题 F14 选项 1。社区中有该服务的赋值为 1，没有该服务的赋值为 0，得到一个二分的虚拟变量。

（10）社区是否提供上门看病送药服务。关于社区是否提供上门看病送药服务的信息涉及问卷中的问题 F14 选项 2。社区中有该服务的赋值为 1，没有该服务的赋值为 0，得到一个二分的虚拟变量。

（11）社区是否提供精神慰藉、聊天解闷。关于社区是否提供精神慰藉、聊天解闷服务的信息涉及问卷中的问题 F14 选项 3。社区中有该服务的赋值为 1，没有该服务的赋值为 0，得到一个二分的虚拟变量。

表 4－5　　变量的含义及其赋值

变量		类型	变量描述
因变量	照护方式	类别变量	正式照护 =0；非正式照护 =1
自变量	经济支持	连续变量	取值越高，经济支持越强
	情感支持	连续变量	取值越高，情感支持越强
	照护支持	连续变量	取值越高，照护支持越强

① 郝静，王炜．子代支持对养老担心问题的影响——基于 2015 年第一代独生子女家庭调查［J］．调研世界，2017（7）：13－16，21.

续表

变量		类型	变量描述
控制变量	性别	类别变量	女性 =0；男性 =1
	年龄	类别变量	66 ~ 75 岁（含）=0；76 ~ 85 岁（含）=1；86 ~95（含）=2；96 岁以上 =3
	居住地	类别变量	农村 =0；城市 =1
	受教育程度	类别变量	未受教育 =0；小学 =1；中学 =2；大学及以上 =3
	失能等级	类别变量	轻度失能 =0；中度失能 =1；重度失能 =2
	家庭生活水平	类别变量	困难 =0；一般 =1；富裕 =2
	是否参加养老保险	类别变量	否 =0；是 =1
	儿子居住距离	离散变量	取值越高，家庭关系越强
	女儿居住距离	离散变量	取值越高，家庭关系越强
	是否有起居照护	类别变量	否 =0；是 =1
	是否送医药上门	类别变量	否 =0；是 =1
	是否有精神慰藉	类别变量	否 =0；是 =1

（三）模型构建

本章研究的主要内容是子女支持对失能老人照护方式选择的影响。因此，在研究模型的构建中，被解释变量是一个二分虚拟变量，该虚拟变量分别将正式照护和非正式照护赋值为 0 和 1。由于被解释变量与解释变量之间呈非线性关系，本章采用了成熟的二元 Logit 模型进行回归分析。二元 Logistic 为概率型非线性回归模型，是一种多变量分析方法，主要用来探究分类结果（Y）与多个因素（X）之间的关系。建立函数关系如下：

$$\text{Logit}(Y) = \beta_0 + \sum_{i=1}^{k} \beta_i x_i + \varepsilon \text{Logit}(Y) = \beta_0 + \sum_{i=1}^{k} \beta_i x_i + \varepsilon$$

由于本章主要研究子女支持对老年人社区养老需求的影响效应，故构建如下回归模型：

$$YL_i = \beta_0 + \delta_1 YX_i + \varepsilon \qquad \text{式 } 4-1$$

$$YL_i = \beta_0 + \delta_1 YX_i + \delta_2 GT_i + \varepsilon \qquad \text{式 } 4-2$$

其中，YL_i表示第 i 个失能老人的照护方式选择状况，分为正式照护和非正式照护；YX_i表示子女支持，包括经济支持、情感支持和照护支持 3 个维度；δ_1、

δ_2表示回归系数；GT_i表示控制变量的个体特征变量矩阵；ε表示随机扰动项。

式4－1主要考察子女支持对失能老人照护方式选择的影响效应。式4－2在式4－1的基础上加入了失能老人的人口学特征和社会经济学特征（包括个体的性别、年龄、受教育程度、居住地、失能等级、是否参加养老保险、家庭生活水平、儿子居住距离、女儿居住距离、是否提供社区居家照护服务、是否提供上门看病送药、是否提供精神慰藉聊天解闷），主要考察子女支持失能老人照护方式选择影响效应的变化以及控制变量对失能老人照护方式选择的影响，并在此基础上分析是否有配偶以及不同失能程度老年人照护方式选择的差异。

（四）研究假设

结合家庭生产理论和理性选择理论得出，子女的支持会对失能老人照护方式产生影响。在相关文献研究中，尹尚菁（2011）、苏群（2015）和金卉（2017）等人提出，失能老人的经济水平对其购买正式照护具有积极显著的影响，而老年人的经济收入相当一部分来自于子女的经济支持，子女的经济支持可能会转化为对正式照护服务的购买。同时，中国失能老人人口规模巨大，覆盖众多社会阶层，不同社会阶层的失能老人的照护需求不同（山娜、姜向群和王硕，2016），家庭禀赋不同的失能老人对照护方式的选择也不尽相同。刘妮娜（2014）提出，不同失能等级对老年人选择照护方式的影响是显著的，失能程度越高，其选择养老机构为照护模式的可能性越大。本研究结合已有的相关文献，并结合本章的研究目的、数据来源、研究方法、指标测量等，提出如下研究假设：

假设1：子女支持对失能老人照护方式的选择具有显著影响，本章以经济支持、情感支持、照护支持来衡量子女支持。

假设2：子女经济支持对失能老人选择非正式照护具有显著的负向影响，即子女提供的经济支持越大，失能老人选择非正式照护的概率就会越小。

假设3：子女照护支持对失能老人选择非正式照护具有显著的正向影响，即子女的照护支持越多，失能老人选择非正式照护的概率就越大。

假设4：子女情感支持对失能老人选择非正式照护具有显著正向影响，即子女的情感支持越丰富，失能老人选择非正式照护的概率就越高。

假设5：子女支持对有无配偶两类失能老人选择照护方式的影响存在差异。

假设6：子女支持对不同失能程度老人选择照护方式的影响存在差异。

三、数据描述性统计分析

主要针对各个变量基本特征和各个变量与失能老人照护方式之间的关系进行描述性统计分析，分析对象包括正式照护与非正式照护的变量特征、自变量和各个控制变量。同时，对各个自变量与照护方式的相关性进行分析，为进一步的实证分析奠定基础。

（一）样本总体描述

1. 失能老人照护方式描述分析

将失能老人照护方式分为正式照护（赋值为0）和非正式照护（赋值为1）的虚拟变量，将失能老人主要照护者为配偶、子女、孙子女和其他亲戚朋友的定义为非正式照护，将居住在养老院或主要照护者为保姆等购买社会服务的定义为正式照护。由表4－6可以看出，在903个样本中，选择正式照护的老年人有76位，占比为8.4%。选择非正式照护的老年人有827位，占比为91.6%。选择正式照护的失能老人中，有配偶的有19位，占比为25%；无配偶的失能老人有57位，占比为75%。选择非正式照护的失能老人中，有配偶的有230位，占比为27.8%；无配偶的有597位，占比为72.2%。

选择正式照护的失能老人中，轻度失能老人有42位，占比为55%；中度失能老人有19位，占比为25%；重度失能老人有15位，占比为20%。选择非正式照护的失能老人中，轻度失能老人有477位，占比为58%；中度失能老人有183位，占比为22%；重度失能老人有167位，占比为20%。

当前，中国失能老人选择非正式照护方式仍然占绝大多数，选择正式照护方式的老年人明显偏少。无论是否有配偶，还是不同失能程度，老年人居家养老模式的主体地位并没有发生重大改变，家庭养老仍然是当前中国老年人养老的主流选择（张川川、陈斌开和丁志宏，2014）。

表 4－6 失能老人照护方式描述分析

照护方式	总样本		有配偶		无配偶	
	频率（位）	占比（%）	频率（位）	占比（%）	频率（位）	占比（%）
正式照护	76	8.4	19	25	57	75
非正式照护	827	91.6	230	27.8	597	72.2
照护方式	轻度失能		中度失能		重度失能	
	频率（位）	占比（%）	频率（位）	占比（%）	频率（位）	占比（%）
正式照护	42	55	19	25	15	20
非正式照护	477	58	183	22	167	20

2. 失能老人非正式照护方式描述分析

如前所述，在 903 个研究样本中，选择非正式照护的失能老人有 827 位。对于选择非正式照护的 827 位失能老人的统计表明，进行自我照护的有 86 位，占比为 10%；由配偶照护的有 152 位，占比为 18%；由子女照护的有 589 位，占比为 72%（如表 4－7 所示）。为便于后续的实证分析，将自我照护、配偶照护和子女照护分别赋值为 0、1、2。表 4－7 显示，选择自我照护的失能老人中，有配偶的有 6 位，占比为 7%；无配偶的有 80 位，占比为 93%。选择子女照护的失能老人中，有配偶的有 75 位，占比为 13%；无配偶的有 514 位，占比为 87%。

表 4－7 失能老人非正式照护方式描述分析

照护方式	总样本		有配偶		无配偶	
	频率（位）	占比（%）	频率（位）	占比（%）	频率（位）	占比（%）
自我照护	86	10	6	7	80	93
配偶照护	152	18	149	98	3	2
子女照护	589	72	75	13	514	87
照护方式	轻度失能		中度失能		重度失能	
	频率（位）	占比（%）	频率（位）	占比（%）	频率（位）	占比（%）
自我照护	59	69	16	19	11	12
配偶照护	83	55	41	27	28	18
子女照护	335	57	126	21	128	22

由表 4－7 还可以看出，选择自我照护的失能老人中，轻度失能的有 59 位，占比为 69%；中度失能的有 16 位，占比为 19%；重度失能的有 11 位，占比为

12%。选择配偶照护的失能老人中，轻度失能的有83位，占比为55%；中度失能的有41位，占比为27%；重度失能的有28位，占比为18%。选择子女照护的失能老人中，轻度失能的有335位，占比为57%；中度失能的有126位，占比为21%；重度失能的有128位，占比为22%。

（二）变量描述性统计分析

1. 因变量描述性统计分析

研究采用的控制变量有年龄、性别、受教育程度、居住地、退休前职业、家庭生活水平、是否参加养老保险、儿子或女儿居住距离、社区是否提供日常起居照护、社区是否提供上门看病送药、社区是否提供精神慰藉。经过数据和变量的筛选与处理，最终得到有效样本903个。

在903个总样本中，失能老人选择正式照护的有76位，占比为8.4%；选择非正式照护的有827位，占比为91.6%。其均值为0.4，标准差为0.491。在选择非正式照护的827位中，选择自我照护的有86位，占比10.3%；选择配偶照护的有152位，占比18.4%；选择子女照护的有589位，占比71.3%。其均值为1.92，标准差为0.513（如表4-8所示）。

表4-8　因变量描述统计

<table>
<tr><th colspan="2">因变量</th><th>频率（位）</th><th>百分比（%）</th><th>均值</th><th>标准差</th></tr>
<tr><td rowspan="5">照护方式</td><td>正式照护</td><td>76</td><td>8.4</td><td rowspan="2">0.4</td><td rowspan="2">0.491</td></tr>
<tr><td>非正式照护</td><td>827</td><td>91.6</td></tr>
<tr><td>自我照护</td><td>86</td><td>10.3</td><td rowspan="3">1.92</td><td rowspan="3">0.513</td></tr>
<tr><td>配偶照护</td><td>152</td><td>18.4</td></tr>
<tr><td>子女照护</td><td>589</td><td>71.3</td></tr>
</table>

2. 控制变量描述性统计分析

表4-9示出了本章控制变量的描述性统计分析结果，由该表可以看出：

（1）85岁以上的老年人有645位，占到总样本量的71.4%。这是因为CLHLS 2014调查对象以高龄老人为主。同时，研究样本筛选的对象是失能老人，随着年龄增大，老年人失能概率也相应增大。因此，样本中85岁以上高龄老人占绝大多数。

（2）男性样本的数量为365个，占样本总数的40.4%；女性样本的数量为

538 个，占样本总数的 59.6%。可见，研究样本中女性居多。

（3）没有受过教育的有 586 位，占比为 64.9%；小学学历有 182 位，占比为 20.2%；中学学历有 121 位，占比为 13.4%；高等教育学历有 14 位，占比为 1.6%。这表明筛选出的失能老人受教育程度普遍较低，这符合中国教育的时代特征。

（4）城镇人口有 511 位，占比为 56.6%；农村人口有 392 位，占比为 43.4%。居住地在城镇的失能老人略多。

（5）在老人失能等级方面，轻度失能老人有 519 位，占比为 57.5%；中度失能老人有 202 位，占比为 22.4%；重度失能老人有 182 位，占比为 20.2%。可见，轻度失能老人占到样本量的一半以上。

（6）在自评生活水平方面，失能老人认为自己生活富裕的有 162 位，占比为 17.9%；认为自己生活水平一般的有 605 位，占比为 67%；认为自己贫困的有 136 位，占比为 15.1%。这说明大多数失能老人自评生活水平集中在中间层级。

（7）在 903 个样本中，有 425 位老年人参加了养老保险，占比为 47.1%；有 478 位老年人没有参加养老保险，占比为 52.9%，说明养老保险的覆盖率有待提升。由于在研究样本中医疗保险问题存在大量缺失值，因此本研究不考虑该变量。

表 4－9　　控制变量描述性统计

控制变量		频率（位）	百分比（%）	均值	标准差
年龄	66～75 岁（含）	52	5.8	91.16	9.6
	76～85 岁（含）	206	22.8		
	86～95 岁（含）	325	36		
	96 岁及以上	320	35.4		
性别	男	365	40.4	0.4	0.491
	女	538	59.6		
受教育程度	未受教育	586	64.9	1.52	0.782
	小学	182	20.2		
	中学	121	13.4		
	高等教育	14	1.6		

续表

控制变量		频率（位）	百分比（%）	均值	标准差
居住地	城镇	511	56.6	0.57	0.496
	农村	392	43.4		
失能等级	轻度失能	519	57.5	1.63	0.799
	中度失能	202	22.4		
	重度失能	182	20.2		
家庭生活水平	富裕	162	17.9	1.97	0.574
	一般	605	67		
	贫困	136	15.1		
养老保险	是	425	47.1	0.471	0.499
	否	478	52.9		
起居照护	是	51	5.6	0.06	0.231
	否	852	94.4		
上门看病送药	是	340	37.7	0.38	0.485
	否	563	62.3		
精神慰藉	是	86	9.5	0.1	0.294
	否	817	90.5		

（8）在社区服务方面，只有51位老年人能够享受社区起居照护服务，占比仅为5.6%；有340位老年人能够享受社区上门看病送药服务，占比为37.7%；有86位老年人享受了社区提供的精神慰藉服务，占比为9.5%。事实上，社区是否提供完备的社会服务，也将对失能老人照护方式选择产生重要的影响。

失能老人社区服务需求统计表明，超过一半的失能老人有起居照护、上门看病送药、精神慰藉、日常购物、组织社会活动和娱乐活动、提供法律援助、提供保健知识、处理家庭邻里纠纷这8项诉求。这说明在针对老年人照护的社区服务层面，服务资源匮乏并存在巨大缺口。统计显示，希望社区提供起居照护服务的有550位，占比达60.9%；希望社区提供上门看病送药服务的有759位，占比达84.1%；精神慰藉对老年人主观幸福感具有重要影响，希望社区提供精神慰藉服务的有607位，占比为67.2%（张伟等，2014）。基于以上描述性统计结果和本研究的目的，本章认为起居照护、上门看病送药和精神慰藉3项服务对失能老人照护方式选择有重要的影响，故选取其为控制变量。对此，将在后续的实证分析中进一步探讨。

（三）个体特征与照护方式的交互分析

表4－10是失能老人人口学特征、社会经济特征与照护方式的交互分析。通过该表，可以大致看出失能老人不同人口学特征制约下照护方式选择的差异。

1. 人口学特征与照护方式的交互分析

（1）在性别方面，女性选择非正式照护的概率为94%，略高于男性选择非正式照护的概率（88%）；女性选择正式照护的概率为6%，略低于男性选择正式照护的概率（12%）。卡方检验结果表明，性别对照护方式选择具有显著性。众多学者研究表明，性别与老年人照护方式选择具有重要的相关性，女性更倾向于居家照护，需要更多与子女的感情交流。

（2）为便于分析，本章将失能老人年龄划分为66～75岁（含）、76～85岁（含）、86～95岁（含）、96岁及以上4组。依据表4－10不难发现，4组失能老人选择非正式照护的概率分别为98%、86%、93%、96%，呈现出先下降然后逐步上升的趋势；而选择正式照护的概率，则是先上升然后下降的趋势。失能老人年龄结构对其选择非正式照护方式的影响，分析结果并没有给出一致的结论。对此的解释可能包括：一方面，失能老人需要更全面、更专业的照护，因而更倾向于选择正式照护方式；另一方面，失能老人在接受非正式照护的过程中，家庭成员的日常照护和精神慰藉更为重要。仔细分析表4－10可以看出，失能老人随着年龄的增长选择非正式照护的概率呈现逐渐增加趋势。因此，本章认为，年龄对失能老人照护方式选择具有重要影响。

（3）受教育程度划分为未受教育、小学、中学和高等教育的失能老人，选择非正式照护的概率分别为96%、86%、81%和79%，明显呈现下降的趋势；选择正式照护的概率分别为4%、14%、19%和21%，明显呈现上升的趋势。由此表明，随着受教育程度的提高，可能会有越来越多的失能老人选择正式照护。根据社会分层理论，处于不同社会阶层的失能老人存在不同的养老和照护需求。受教育程度是个人社会经济地位的重要体现。受教育程度越高，失能老人配置照护资源的范围和能力就越高，越会增加购买正式照护服务的概率。

（4）表4－10显示，轻度失能、中度失能、重度失能的失能老人选择非正式照护的概率分别为92%、93%和92%，表明不同失能程度老年人选择非正式照护的概率差异不大。相关学者研究表明，自理能力是影响老年人选择照护方式的重要决定因素。王静和吴明（2008）认为，失能程度较低、健康状况较好的老年人选择机构照护的可能性更高，原因是失能程度较低的老年人对家庭照护的需求也较低，这种选择与子女经济支持、家庭子女数量等因素无关。但这一认识忽略了年龄因素的影响。正是因为本章研究样本中绝大多数个体为高龄老人，从而导致不同失能程度老年人选择非正式照护均有很高的概率。

表 4－10　　个体特征与失能老人照护方式的交互分析

控制变量	变量设置	照护方式频率及占比	
		正式照护	非正式照护
性别	女性	32（6%）	506（94%）
	男性	44（12%）	321（88%）
年龄组	66～75 岁（含）	11（2%）	461（98%）
	76～85 岁（含）	28（14%）	178（86%）
	86～95 岁（含）	23（7%）	302（93%）
	96 岁及以上	14（4%）	308（96%）
城乡	农村	11（3%）	381（97%）
	城市	65（13%）	446（87%）
受教育程度	未受教育	24（4%）	562（96%）
	小学	26（14%）	156（86%）
	中学	23（19%）	98（81%）
	高等教育	3（21%）	11（79%）
失能等级	轻度失能	42（8%）	477（92%）
	中度失能	15（7%）	167（93%）
	重度失能	15（8%）	167（92%）
家庭生活水平	富裕	13（8%）	149（92%）
	一般	55（9%）	550（91%）
	贫困	8（6%）	128（94%）
是否参加养老保险	否	30（6%）	448（94%）
	是	46（11%）	379（89%）
起居照护	否	59（7%）	793（93%）
	是	17（33%）	34（67%）
上门看病送药	否	52（9%）	511（91%）
	是	24（7%）	316（93%）
精神慰藉	否	57（7%）	760（93%）
	是	19（22%）	67（78%）

2. 社会经济特征与照护方式的交互分析

（1）表4－10示出，城市地区和农村地区失能老人选择非正式照护方式的概率分别为87%和97%，城市地区老年人选择正式照护方式的概率比农村地区老年人高10个百分点。相关文献的研究也证实，农村地区失能老人选择正式照护的概率低于城市地区。由于“养儿防老”的观念在农村更为流行，农村地区老年人更倾向于选择非正式照护。这种状况很可能是由于在农村地区正式照护服务体系尚不健全、照护资源稀缺等因素导致。在我国，城乡差异对失能老人照护方式的选择具有重要影响。对此，我们将在后续的实证分析中作进一步解释。

（2）老年人按家庭生活水平划分为富裕、一般、贫困3类，其选择非正式照护的概率分别为92%、91%和94%，呈现微略上升的趋势，但差异不大；这3类群体选择正式照护的概率分别为8%、9%和6%，呈现微略下降的趋势。这初步表明，自评生活状况越差的老年人选择非正式照护的概率越高。

（3）表4－10表明，是否参加养老保险，对失能老人选择非正式照护方式有一定程度的影响。参加养老保险的老年人选择非正式照护的比例为89%，没有参加养老保险的老年人选择非正式照护的比例为94%，显示出没有参加养老保险的老年人更趋向于选择非正式照护。

（4）在社区服务方面，所在社区提供起居照护服务的老年人选择非正式照护的比例为67%，低于未提供起居照护服务的社区老年人的选择比例（93%）；所在社区提供上门看病送药服务的老年人选择非正式照护方式的比例为93%，高于未提供上门看病送药服务的社区老年人选择非正式照护方式的比例（91%）；所在社区提供精神慰藉的老年人选择非正式照护方式的比例为78%，低于不提供精神慰藉的失能老人选择非正式照护方式的比例（93%）。以上3类社区服务对失能老人照护方式选择产生不同的影响，可能是由于其服务性质和内容的不同。

四、实证分析及讨论

第一，运用二元Logistic回归分析的方法，分析子女支持对失能老人正式照护与非正式照护方式选择的影响，然后运用多元Logistic回归分析方法，分析子女经济支持和情感支持对失能老人自我照护、配偶照护和子女照护选择的影响；

第二，对二元 Logistic 的回归结果进行稳健性检验，考察结果是否具有稳定性；第三，考察是否有配偶以及不同失能等级情况下，子女支持对失能老人照护方式选择的影响差异。

（一）子女支持对失能老人照护方式选择的回归分析

1. 子女支持对失能老人照护方式选择的分析

为了考察子女支持对老年人照护方式的影响，对数据样本采用了逐步回归的方式。第一步，将关键自变量引入模型，考察其对失能老人照护方式的影响；第二步，将失能老人人口学特征嵌入计量模型中，分析关键自变量的参数变化以及人口学特征对老年人照护方式选择的影响；第三步，将社会经济特征引入计量模型中，观察关键自变量参数变化以及社会经济特征对照护方式选择的影响（如表 4－11 所示）。

表 4－11　子女支持对失能老人照护方式选择的分析

变量		模型（1）	模型（2）	模型（3）
情感支持		2.090*** (0.271)	2.084*** (0.301)	1.910*** (0.306)
经济支持		1.202 (0.155)	0.897* (0.135)	0.866* (0.137)
照护支持		3.320*** (0.486)	3.566*** (0.574)	3.562*** (0.601)
性别			2.039** (0.702)	2.016* (0.753)
年龄	66～75 岁（含）		参照组	参照组
	76～85 岁（含）		1.077 (0.507)	0.789 (0.402)
	86～95 岁（含）		0.985 (0.472)	0.808 (0.418)
	96 岁及以上		1.668 (0.875)	1.707 (0.968)
居住地			0.176*** (0.062)	0.216** (0.079)
受教育程度	未受教育		参照组	参照组
	小学教育		0.406** (0.151)	0.443** (0.180)

续表

变量		模型（1）	模型（2）	模型（3）
受教育程度	中学教育		0.335** (0.144)	0.364** (0.170)
	高等教育		0.223** (0.169)	0.273* (0.213)
失能程度	轻度失能		参照组	参照组
	中度失能		0.803 (0.276)	0.690 (0.248)
	重度失能		0.492** (0.163)	0.395*** (0.140)
是否参加养老保险			0.719 (0.224)	0.610 (0.204)
家庭生活水平	一般			0.528 (0.208)
	富裕			1.070 (0.592)
儿子居住距离				1.143 (0.110)
女儿居住距离				0.986 (0.083)
社区起居照护服务				0.153*** (0.077)
社区上门看病送药				1.986* (0.716)
社区提供精神慰藉				0.319** (0.153)
常数项		24.46*** (4.671)	120.52*** (71.568)	161.76*** (137.573)
观测值（个）		903	903	903

注：（1）系数值为似然比（Odds Ratio），括号内为稳健标准误差；（2）*** 表示 $P<0.01$，在1%的水平上显著；** 表示 $P<0.05$，在5%的水平上显著；* 表示 $P<0.1$，在10%的水平上显著。

从模型（1）来看，子女支持对失能老人照护方式的选择具有显著影响。其中，情感支持与失能老人照护方式选择具有正相关关系，子女的情感支持每增加1个单位，失能老人选择非正式照护的概率就会增加109个百分点，并在1%的统计水平上显著；经济支持对失能老人选择非正式照护具有负向影响，但并不具有统计水平上的显著性；照护支持每增加1个单位，失能老人选择非正式照护的概率就会增加231个百分点，且在1%的统计水平上显著。经济状况良好的老年人会有更大的可能性选择机构养老等正式照护服务资源（陶涛，2014）。从模型（1）的结果来看印证了本章提出的假设3和假设4，即子女的照护支持对失能老人选择非正式照护方式具有积极显著影响，子女的情感支持对失能老人照护方式的选择具有积极显著影响。但是子女经济支持与提出的假设3和假设4，结论相反，有待进一步考证。刘晓婷（2016）提出，增加子女经济支持对老年人接受子女照护和社会照护的可能性都会显著提高。

从模型（2）来看，子女支持对失能老人照护方式的选择具有显著影响。其中，情感支持与失能老人照护方式选择具有正相关关系。子女的情感支持每增加1个单位，失能老人选择非正式照护的概率就会增加108个百分点，并在1%的统计水平上显著。经济支持对失能老人选择非正式照护具有负向影响，并在1%的统计水平上显著。在照护支持方面，子女的照护支持每增加1个单位，失能老人选择非正式照护的概率就会提高256个百分点，且在1%的统计水平上显著。模型（2）中加入了控制变量中的失能老人个体特征，年龄对失能老人非正式照护方式的选择具有重要影响，但是不具有统计水平上的显著性，66~75岁、76~85岁（含）和86~95岁（含）这3组失能老人对照护方式选择差别不大，但是96岁及以上老年人选择正式照护比例比66~75岁年龄组的高出66个百分点。性别对失能老人照护方式的选择具有显著影响，男性比女性选择非正式照护的概率多了103个百分点。受教育程度对失能老人照护方式的选择具有显著影响，小学教育程度的失能老人比未受教育的老年人选择非正式照护的比例低60个百分点，中学教育程度的老年人比未受教育的老年人选择非正式照护的比例低67个百分点，受高等教育的失能老人选择非正式的比例比未受教育的老年人低78个百分点。初步表明受教育程度越高，其选择非正式照护的概率就会越低。参加养老保险的老年人选择非正式照护的比例比未参加养老保险的失能老人低了30个百分点。

从模型（3）来看，子女支持对失能老人照护方式的选择具有显著影响。其中，情感支持与失能老人照护方式选择具有正相关关系。子女的情感支持每增加1个单位，失能老人选择非正式照护的比例就会增加91个百分点，并在1%的统计水平上显著；子女的经济支持对失能老人选择非正式照护具有负向影响。子女的经济支持每增加1个单位，失能老人选择非正式照护的比例就会下降14个百分点，并在10%的统计水平上显著。子女的照护支持每增加1个单位，失能老人选择非正式照护的比例就会提升256个百分点，且在1%的统计水平上显著。低收入者仅仅能够维持基本的生活需要，很难再有多余的资金享受相关的护理照护服务，可见低收入对照护服务的需求产生了负面抑制作用（胡宏伟、李延宇和张澜，2015）。模型（3）与模型（2）的分析结论较为一致，经济支持、情感支持、照护支持所代表的子女支持对失能老人照护方式的选择具有极其重要的影响。

从其他控制变量的估计系数可以发现：

（1）性别对失能老人照护方式的选择有显著影响，男性选择非正式照护的比例远高于女性。

（2）居住地的差异对于失能老人照护方式选择影响显著。城市地区失能老人选择非正式照护的比例比农村地区失能老人低79个百分点，居住在城市地区对失能老人选择非正式照护具有负向的影响。马瑞丽（2017）认为，在中国农村，子女提供的养老支持几乎构成社会支持的全部内容。可能的原因是，相对于农村地区而言，城市中的社区服务、家政服务、志愿者服务以及专业化的老年照护机构和医疗机构等资源比较充足，农村孝养观念更为浓厚以及邻里互助的现象也较城里常见（胡畔、魏家星和王兴平，2017）。因此，居住在城市地区的失能老人可以通过选择专业化和市场化的照护服务来替代非正式照护。另外，随着中国经济社会的不断转型升级，传统观念中家庭照护的主力军（即女性）越来越多地参与到工作中去，城市中的家庭照护人员面临的家庭照护和工作之间的矛盾不断变得更加尖锐，照护人员的机会成本不断增加。导致这种城乡差异的因素有很多：为老年人提供照护会产生机会成本，城市中的照护服务比较完善，农村中传统的养老方式依然流行。由此，使得城市社会中选择非正式照护的比例相对较低。

（3）接受过小学教育的失能老人比未接受过教育的失能老人选择非正式照护的比例低56个百分点，接受过中学教育的失能老人比未接受过教育的失能老人选择非正式照护的比例低64个百分点，接受过高等教育的失能老人比未接受过教育的失能老人选择非正式照护的比例低73个百分点。可能的原因是，失能老人社会经济地位与其拥有的各类照护资源呈正相关关系。而接受教育年限正是反映人们社会经济地位的重要指标。高等教育及以上受教育程度的老年人因为具有较为广泛的健康知识和较强的健康意识，对于照护方式的选择倾向于专业化程度较高、照护较为全面、服务质量较高的正式照护。但是由于本研究的样本量只有 18 个，不能很好地反映问题。

（4）家庭生活水平一般的失能老人选择非正式照护的比例比生活贫困的老年人低 53.45 个百分点，生活水平富裕的失能老人选择非正式照护的比例比生活贫困的失能老人高 6 个百分点。

（5）在子女居住距离方面，儿子居住距离越近越会增加失能老人选择非正式照护的概率。在传统观念中，老年人依然偏好儿子养老（王国辉和鲍莹莹，2017）。

（6）在社会保险方面，参加养老保险的失能老人选择非正式照护的比例比没有参加社会养老保险的低，但不具有统计上的显著性。

（7）所在社区提供起居照护服务的失能老人比所在社区未提供起居照护服务的失能老人选择非正式照护的比例低 85 个百分点，且在 1% 的统计水平上显著；所在社区有上门看病送药服务比没有的失能老人选择非正式照护的概率高 98 个百分点，且在 10% 的统计水平上显著；所在社区有精神慰藉聊天解闷服务的失能老人比没有的选择非正式照护的比例低 79 个百分点，具有 5% 的统计显著性。对此，可能的解释是上述 3 项服务的性质和功能不同。

综上分析表明，子女支持对失能老人照护方式选择具有显著性，其结果具体反映在经济支持、照护支持、情感支持 3 个维度与其相关关系上。通过对以上 3 个回归模型的检验，表明这一影响关系具有稳健性。

2. 子女支持对失能老人非正式照护选择的分析

数据样本共计 903 个。其中，选择非正式照护的失能老人有 827 位，选择正式照护的失能老人有 76 位。可见，当前居家养老仍然是中国老年人选择养老的主要形式，绝大多数老年人更趋向于在家中接受来自子女、配偶和其他亲属的照护，购买正式照护资源的老年人仍是少数。为了进一步分析子女支持对失能老人照护方式选择的影响，本研究在实证分析中剔除了选择正式照护的样本数据，以着重分析子女支持对失能老人非正式照护选择的影响。非正式照护方式可以分为自我照护①、配偶照护和子女照护（陈欣欣和董晓媛，2011）3 种类型。在剔除 76 个选择正式照护的样本数据后，剩余 827 个非正式照护样本数据中，自我照护样本数量有 86 个，配偶照护样本数量有 152 个、子女照护样本数

① 熊波．老年人长期照护模料与决策——以个人资本为视角［D］．武汉：华中科技大学，2011.

量有589个。将自我照护、配偶照护和子女照护分别赋值为0、1、2，以自我照护为参照组，关键自变量为经济支持和情感支持，控制变量为失能老人的人口学特征和社会经济特征等，应用多元Logistic回归模型分析子女支持对失能老人非正式照护方式选择的影响。在以下实证研究环节不再将子女照护支持作为关键自变量，是因为子女照护支持与失能老人选择子女照护方式之间存在极强的内生性问题。因此，本研究着重分析子女经济支持和子女情感支持对失能老人非正式照护方式选择的影响（如表4-12所示）。

表4-12　　子女支持对失能老人非正式照护选择的分析

变量	子女照护	配偶照护
情感支持	0.050*** (0.015)	-0.038*** (0.008)
经济支持	0.031** (0.016)	-0.015** (0.007)
性别	-0.136*** (0.036)	0.130*** (0.026)
年龄	0.010*** (0.002)	-0.007*** (0.001)
居住地	0.045 (0.029)	-0.008 (0.012)
受教育程度	0.001 (0.021)	-0.003 (0.08)
失能程度	-0.010 (0.018)	0.025 (0.008)
家庭生活水平	-0.010 (0.023)	-0.004 (0.010)
是否参加养老保险	-0.047 (0.030)	0.015 (0.010)
儿子居住距离	-0.008*** (0.003)	0.001 (0.001)
女儿居住距离	-0.006* (0.003)	0.001** (0.001)
社区起居照护服务	0.017 (0.061)	-0.006 (0.028)

续表

变量	子女照护	配偶照护
社区上门看病送药	-0.026 (0.029)	-0.001 (0.013)
社区提供精神慰藉	-0.010 (0.051)	-0.011 (0.021)
观测值（个）	827	827

注：（1）系数值为似然比（Odds Ratio），括号内为稳健标准误差；（2）*** 表示 $P<0.01$，在1%的水平上显著；** 表示 $P<0.05$，在5%的水平上显著；* 表示 $P<0.1$，在10%的水平上显著。

（1）从表4-12中可以看出，相对于失能老人的自我照护方式，子女的情感支持和经济支持对其选择子女照护有显著正向影响。其中，子女的情感支持每增加1个单位，失能老人选择子女照护的比例就提升5个百分点；子女的经济支持每增加1个单位，失能老人选择子女照护的比例就提升3.1个百分点。子女的经济支持对失能老人选择子女照护的边际效应明显较低。对控制变量的分析表明，只有性别、年龄、儿子居住距离和女儿居住距离4个变量对失能老人选择子女照护方式具有显著影响。而性别、家庭生活水平、失能程度、儿子和女儿居住距离、社区上门看病送药服务和精神慰藉服务对失能老人选择子女照护具有负向影响；年龄、居住地、受教育程度和社区起居照护服务，对失能老人选择子女照护具有正向影响。

（2）表4-12还表明，相对于失能老人自我照护的方式，子女的情感支持和经济支持对其选择配偶照护方式具有显著的负向影响。其中，子女情感支持每增加1个单位，失能老人选择配偶照护的比例就会下降3.8个百分点；子女经济支持每增加1个单位，失能老人选择配偶照护的比例就会下降1.5个百分点。子女和配偶是失能老人的主要照护者。但对于失能老人而言，子女支持对失能老人选择配偶照护具有挤出效应，在接下来的一致性分析中，进一步分析在有无配偶以及不同失能等级情况下，子女各个方面的支持对失能老人照护方式选择的影响。从控制变量来看，只有性别、年龄和儿子居住距离这3项对失能老人选择配偶照护具有显著影响。而性别、失能程度、是否参加养老保险、儿子居住距离和女儿居住距离对失能老人选择配偶照护具有正向影响；年龄、居住地、受教育程度和家庭生活水平以及3项社区服务对失能老人选择配偶照护具有负向影响。

3. 稳健性检验

通过上述的实证分析，得到子女支持对失能老人照护方式选择影响的结果。

但尚需对回归结果进行稳健性检验，考察该结果是否具有稳定性。如果回归结果是随机的，意味着上述模型和实证分析并不能有效解释子女支持对失能老人照护方式选择的影响。因此，进行稳健性检验非常必要。本章参考稳健性检验的常用方法①，通过分别调整因变量和自变量取值方式，采用分样本等方式来进行检验（如表4－13所示）。

表4－13　　稳健性检验结果

模型	自变量	OR
主模型	情感支持	1.910*** （0.306）
	经济支持	0.866* （0.137）
	照护支持	3.562*** （0.601）
测试模型（1）	情感支持	2.211*** （0.501）
	经济支持	0.750（0.147）
	照护支持	3.562*** （1.190）
测试模型（2）	情感支持	2.264** （0.405）
	经济支持	0.947（0.158）
	照护支持	2.885*** （0.635）

注：（1）系数值为似然比（Odds Ratio），括号内为稳健标准误差；（2）*** 表示 $P<0.01$，在1%的水平上显著；** 表示 $P<0.05$，在5%的水平上显著；* 表示 $P<0.1$，在10%的水平上显著。

在表4－13中，主模型回归结果即上述子女支持对失能老人照护选择的回归结果。

测试模型（1）与主模型相比，调整了自变量的取值方式，步骤如下：

第一步，将所选取的衡量自变量的全部指标进行标准化处理；第二步，将每个部分中的各个指标进行加权平均，取代原来通过因子分析得到的因子得分。权重设置借鉴了刘西国和刘晓慧（2018）、石智雷和杨云彦（2012）、狄金华等（2014）的方法。

测试模型（2）与主模型相比，调整了因变量的分类方式，减少了样本量②，根据问卷问题A5.1“您现在与谁住在一起?”将独居老年人从总的样本中剔除，与家人同住视为选择非正式照护，在养老院居住视为选择正式照护。

① 常用方法包括：根据不同标准进行调整分类、用其他变量替换和使用不同回归模型进行分析。
② 调整了因变量，样本总量为813个。

通过表4－13可以看出，两个测试模型与主模型相比，子女经济支持对失能老人非正式照护方式选择的影响方向不变（始终为负向影响），情感支持和照护支持对失能老人非照护方式选择的影响方向不变（始终为正向影响），并且它们的影响系数变化都不大，且所有模型中子女经济支持、情感支持、照护支持对失能老人照护方式选择的影响都在统计水平上显著。同时，通过分样本的处理，得到的结果与主模型相一致。故通过稳健性检验。

（二）子女支持对失能老人照护方式选择一致性分析

1. 子女支持对有无配偶两类老年人照护选择差异分析

表4－14给出了有无配偶失能老人样本的二元Logistic模型分析结果。其中，模型（1）给出有配偶样本的分析结果，模型（2）给出无配偶样本的分析结果。从表4－14中可以看出，研究模型的分析效果显著，解释力度较强。加入失能老人性别、年龄、居住地、受教育程度、家庭生活水平、是否参加养老保险、子女居住距离、社区是否提供起居照护服务、是否提供上门看病送药、社区是否提供精神慰藉一系列控制变量后，子女支持对失能老人照护方式的选择仍有重要影响。

表4－14　　子女支持对有无配偶老年人照护方式选择的影响

变量		模型（1）：有配偶	模型（2）：无配偶
情感支持		1.200 (0.392)	2.411*** (0.551)
经济支持		0.944 (0.311)	0.856* (0.186)
照护支持		3.360*** (1.226)	5.021** (1.190)
性别		0.641 (0.504)	1.701 (0.879)
年龄	76～85岁（含）	0.523 (0.449)	4.822 (4.975)
	86～95岁（含）	1.827 (1.908)	3.301 (3.215)
	96岁及以上	1.530 (1.871)	10.472** (10.518)

续表

变量		模型（1）：有配偶	模型（2）：无配偶
居住地		0. 521 （0. 347）	0. 099*** （0. 054）
受教育程度	小学教育	0. 923 （0. 661）	0. 329** （0. 185）
	中学教育	1. 476 （1. 291）	0. 191** （0. 125）
	高等教育	1. 672 （3. 220）	0. 221 （0. 217）
失能等级	中度失能	1. 011 （0. 852）	0. 692 （0. 330）
	重度失能	0. 423 （0. 301）	0. 333** （0. 163）
是否参加养老保险		0. 783 （0. 515）	0. 436* （0. 199）
家庭生活水平	一般	0. 338 （0. 266）	0. 894 （0. 477）
	富裕	0. 860 （0. 877）	1. 260 （0. 987）
儿子居住距离		1. 421 （0. 307）	1. 090 （0. 144）
女儿居住距离		0. 991 （0. 163）	1. 051 （0. 125）
社区起居照护服务		0. 1131* （0. 131）	0. 1619*** （0. 106）
社区上门看病送药		3. 701* （2. 909）	1. 853 （0. 901）
社区提供精神慰藉		0. 554 （0. 561）	0. 162*** （0. 103）
常数项		91. 793*** （154. 510）	60. 507*** （75. 608）
观测值（个）		268	779

注：（1）系数值为似然比（Odds Ratio），括号内为稳健标准误差；（2）*** 表示 $P<0.01$，在 1% 的水平上显著；** 表示 $P<0.05$，在 5% 的水平上显著；* 表示 $P<0.1$，在 10% 的水平上显著。

（1）有配偶的失能老人，子女情感支持对失能老人非正式照护方式选择具有正向影响。子女的情感支持每增加 1 个单位，失能老人选择非正式照护的比例就增加 20 个百分点。子女的经济支持对失能老人选择非正式照护具有负向影响，其每增加 1 个单位，失能老人选择非正式照护的概率就下降 5. 6 个百分点。在子女照护支持方面，子女的照护支持每增加 1 个单位，失能老人选择非正式照护的概率就会提高 2. 36 倍，且在 1% 的统计水平上显著。

（2）无配偶的失能老人，子女情感支持对失能老人非正式照护方式选择具有正向影响。子女的情感支持每增加 1 个单位，失能老人选择非正式照护的概率就增加 1. 41 倍。子女的经济支持对失能老人选择非正式照护具负向影响，其每增加 1 个单位，失能老人选择非正式照护的概率就下降 14. 4 个百分点。在子女照护支持方面，子女的照护支持每增加 1 个单位，失能老人选择非正式照护的概率就会提高 4. 02 倍，且在 1% 的统计水平上显著。相对于有配偶的失能老人，子女在情感支持、经济支持和照护支持方面对无配偶失能老人的影响更大。这说明配偶在失能老人照护方面扮演重要角色（靳修等，2016），丧偶失能老人更加需要子女的日常照护支持和情感沟通慰藉。

（3）从整体来看，在性别差异方面，有配偶的失能老人，男性比女性选择非正式照护的比例低 36 个百分点；而无配偶的失能老人，男性比女性选择非正式照护的比例高 70 个百分点。年龄在有无配偶情况下对照护方式选择的差异显著。其中，96 岁及以上高龄老人在没有配偶情况下选择非正式照护的概率远高于有配偶失能老人，说明高龄老人对来自子女的支持存在迫切需求。在居住地差异方面，在有配偶情况下，城市地区比农村地区的失能老人选择非正式照护的比例低 48 个百分点；在无配偶情况下，城市地区比农村地区的失能老人选择非正式照护的比例低 91 个百分点。在受教育程度方面，接受过中学教育的失能老人在有无配偶情况下存在着巨大的差异。在失能等级方面，中度失能群体在有无配偶情况下存在着巨大的差异。在是否参加养老保险方面，有配偶失能老人在有养老保险情况下选择非正式照护的比例比没有养老保险的低 22 个百分点；没有配偶失能老人在有养老保险情况下选择非正式照护的比例比没有养老保险的低 57 个百分点。在家庭生活水平方面，有配偶情况下，生活富裕的失能老人选择非正式照护的比例比生活贫困的失能老人低 14 个百分点；无配偶情况下，生活富裕的失能老人选择非正式照护的比例比生活贫困的失能老人高 26 个百分点，两者存在巨大的差异。在子女居住距离方面，子女支持对失能老人照护方式选择的影响没有太大差异。在社区服务方面，子女支持对失能老人照护方式选择的影响没有太大差异。

2. 子女支持对不同失能等级老年人照护选择的差异分析

表 4－15 报告了不同失能程度下子女支持对失能老人照护方式选择的影响。可以看出，加入失能老人性别、年龄、居住地、受教育程度、家庭生活水平、是否参加养老保险、儿子或女儿居住距离、社区是否提供起居照护服务、是否有上门看病送药、社区是否提供精神慰藉这一系列控制变量后，子女支持对失能老人照护方式的选择仍有重要影响。

表 4－15　子女支持对不同失能等级老年人照护选择的影响

变量		轻度失能/OR	中度失能/OR	重度失能/OR
情感支持		1.822*** (0.390)	3.7172** (2.1629)	1.5429 (1.0058)
经济支持		0.877 (0.188)	0.4341 (0.2481)	0.4413 (0.3013)
照护支持		1.995*** (0.518)	6.6212*** (4.5792)	14.613*** (14.6565)
性别		1.835 (0.886)	2.1074 (3.1813)	0.6901 (0.9751)
年龄	76～85 岁（含）	0.942 (0.648)	0.056 (0.104)	0.778 (1.241)
	86～95 岁（含）	1.018 (0.717)	0.296 (0.501)	1.794 (3.285)
	96 岁及以上	1.782 (1.399)	1.037 (1.971)	0.953 (1.890)
居住地		0.385** (0.178)	0.006*** (0.010)	0.272 (0.318)
受教育程度	小学教育	0.504 (0.261)	0.078* (0.111)	0.321 (0.483)
	中学教育	0.423 (0.264)	0.018** (0.029)	0.066* (0.097)
是否参加养老保险		0.673 (0.295)	1.629 (1.762)	0.345 (0.449)
家庭生活水平	一般	0.438 (0.245)	3.300 (3.656)	0.158 (0.206)
	富裕	0.549 (0.410)	3.663 (6.059)	5.500 (10.461)

续表

变量	轻度失能/OR	中度失能/OR	重度失能/OR
儿子居住距离	1.050 (0.050)	1.511** (0.246)	1.141 (0.139)
女儿居住距离	0.999 (0.045)	0.939 (0.137)	0.931 (0.170)
社区起居照护服务	0.162*** (0.092)	0.538 (1.379)	0.321 (0.656)
社区上门看病送药	1.681 (0.787)	8.368 (13.425)	8.011 (10.840)
社区提供精神慰藉	0.294** (0.176)	0.256 (0.373)	0.102 (0.181)
常数项	65.871*** (74.62)	1739.533*** (4925.8)	1158.637** (3258.5)
观测值（个）	511	202	180

注：(1) 系数值为似然比（Odds Ratio），括号内为稳健标准误差；(2) *** 表示 $P<0.01$，在1%的水平上显著；** 表示 $P<0.05$，在5%的水平上显著；* 表示 $P<0.1$，在10%的水平上显著。

（1）子女的情感支持对轻度失能老人非正式照护选择具有正向影响。子女的情感支持每增加1个单位，轻度失能老人选择非正式照护方式的比例就增加82个百分点，且在1%的统计水平上显著。子女的经济支持对轻度失能老人非正式照护选择具有负向影响，其每增加1个单位，轻度失能老人选择非正式照护方式的比例就减少13个百分点，且不具有统计上的显著性。子女的照护支持对轻度失能老人选择非正式照护有正向影响，其每增加1个单位，轻度失能老人选择非正式照护方式的比例就会增加99个百分点，且在1%的统计水平上显著。

（2）子女的情感支持对中度失能老人非正式照护选择具有正向影响，其每增加1个单位，中度失能老人选择非正式照护的比例就增加2.71倍，且在1%的统计水平上显著。子女的经济支持对中度失能老人选择非正式照护具有负向影响，且不具有统计上的显著性。子女的照护支持对中度失能老人选择非正式照护具有正向影响，其每增加1个单位，中度失能老人选择非正式照护方式的比例就增加5.62倍，且在1%的统计水平上显著。

（3）子女的情感支持对重度失能老人非正式照护选择具有正向影响，其每增加1个单位，重度失能老人选择非正式照护方式的比例就增加54个百分点，且在1%的统计水平上显著。子女的经济支持对失能老人选择非正式照护具负向影响，其每增加 1 个单位，重度失能老人选择非正式照护方式的比例就减少 56 个百分点，但不具有统计上的显著性；子女的照护支持对重度失能老人选择非正式照护具有正向影响，其每增加 1 个单位，重度失能老人选择非正式照护方式的比例就增加 13.61 倍，且在 1%的统计水平上显著。

（4）从整体来看，不同失能等级情况下子女经济支持对失能老人选择非正式照护具有负向影响，子女情感支持和照护支持对失能老人选择非正式照护具有显著的影响。研究表明，随着失能程度增加，经济支持对老年人照护方式选择的影响系数降低。这是因为，随着老年人失能程度增高，照护需求的内容和项目也将越多，对专业化照护方式的需求程度也相应增高。在这种情况下，传统家庭照护难以满足失能老人对照护的需求，因此需要正式照护的介入。研究还显示，随着失能程度增高，照护支持对老人照护方式选择的影响程度增加，说明老年人失能程度越高，越需要家人的照护，具有很强的精神慰藉和感情沟通需求。

五、本章结论

（一）研究结论

1. 子女情感支持对失能老人选择非正式照护方式具有正向影响，即子女情感支持力度越大，其选择非正式照护的概率就会越大

情感支持很强表示失能老人需要帮助时，有更多的来自子女的帮助；在失能老人需要精神慰藉、聊天解闷时，也更愿意与子女倾诉。在此情况下，失能老人获得非正式照护的概率自然较高，失能老人也更倾向于选择熟悉的环境居家养老。在传统代际关系下，失能老人会本着尽可能降低子女经济负担的想法，选择家庭照护。

2. 子女经济支持对失能老人选择非正式照护具有负向影响，即子女为失能老人提供的经济供给越多，失能老人选择正式照护的概率会越大

因为子女经济支持具有重要的中介作用，子女的经济支持可以转化为对市场上正式照护服务的购买。家庭成员会根据现实条件，以家庭效用的最大化为

目标，家庭成员可能会选择工作，以购买正式照护替代家庭照护；也可能选择退出劳动力市场，直接在家中照护老人。

3. 子女照护支持对失能老人非正式照护选择具有正向影响，即子女照护支持力度越大，老人选择非正式照护的概率越大

根据家庭生产理论和理性选择理论，为满足失能老人的照护需求，家庭成员之间会进行合理的分工协作，以实现资源有效配置。这也符合贝克尔的家庭生产函数，实现家庭效用的最大化。

4. 在有无配偶两种情况下，子女照护支持和情感支持都对失能老人非正式照护的选择具有正向影响，子女经济支持都对失能老人非正式照护方式的选择具有负向影响

这与本章一开始提出的假设以及以上得出的结论一致。相对于有配偶的失能老人，没有配偶的失能老人的子女支持对非正式照护方式的选择影响更加显著，说明配偶在失能老人照护方面扮演着重要角色，丧偶的失能老人更加需要子女的日常照护支持和情感上的沟通慰藉。

5. 在不同失能等级情况下，子女经济支持都对失能老人非正式照护选择具有负向影响，子女情感支持和照护支持都对失能老人非正式照护选择具有显著正向影响

随着失能程度的增加，子女的经济支持对失能老人照护方式选择的影响系数是降低的。老年人的失能程度越高，照护需求的内容和项目也会越多，对专业化照护方式的需求程度更高，传统的家庭照护不能满足老年人对于照护的需求，需要正式照护的介入。老年人的失能程度越高，越需要家人的照护，说明随着失能程度的增加，老年人对精神慰藉和感情沟通的需求增加。

（二）讨论

研究表明，子女经济支持对失能老人正式照护具有正向影响，这在当下中国“人口红利”逐渐消退背景下，有利于形成提升家庭经济水平来购买更多正式照护的推动力，从而增加社会经济发展的劳动供给。但家庭经济水平的提升，大多数情况下非一日之功。中国正式照护服务体系尚不健全，尤其是在农村地区正式照护资源极其匮乏。因此，失能老人的正式照护难以全面覆盖。研究还表明，子女照护支持和情感支持的提升，对失能老人选择非正式照护具有显著

的正向影响，这为“家庭照护支持政策”的实施提供了理论依据和具体思路。让更多失能老人选择家庭照护，通过家人精神慰藉将有效提升他们的生活满意度（陆佩佩和李红玉，2015）。同时，借助市场机制的作用并注重发挥社会、社区、家庭 3 类主体的力量（李迎生，2012），形成多主体参与的社会养老服务格局，才能有效解决当下中国的养老问题。对此，本书提出以下建议。

1. 优先照顾“资源匮乏”的失能老人，完善政府购买照护服务体系

在中国，亲代与子代的关系仍然是居家养老的核心，子女是失能老人养老资源的主要提供者。失能老人缺乏子女的照护支持，意味着其居家养老的人力资源匮乏，这种情况可能是膝下无子女或子女经济条件有限。此类失能老人获取照护服务的数量和质量均受限，难以得到有效的照护。

为了照顾这类“资源匮乏”的失能老人，有必要完善政府购买照护服务体系，但不建议完全市场化的运作方式。一方面，由于正式照护的服务价格较高，政府补贴难以达到应有的效果，也加剧了政府的财政压力；另一方面，照护服务具有公共产品的特点，且双方存在信息不对称，市场化难以实现资源配置的公平性，很容易使得经济困难的失能老人被排除在社会化养老体系之外。所以，政府应该加大对失能老人的社会服务投入，特别是在提供照护服务方面发挥重要作用。政府在购买照护服务体系的政策制定上，应建立科学的购买标准，细化购买流程，完善监督机制，加强资源使用的目标导向和高效率。

2. 根据不同失能等级，提供差异化的照护服务

根据本章实证分析的研究结果，不同失能程度老年人对照护方式的选择存在差异，重度失能老人对正式照护需求更为迫切。因此，应更加关注重度失能老人的照护问题。当前，中国社会存在着供需结构性问题，失能老人养老需求难以得到有效的满足。因此，需要根据老年人的失能程度，提供差异化照护服务，实现对照护资源的合理配置。对此，提出如下建议：

（1）建立完善的失能等级划分标准，完善专业化评定机构、评估工具和评定标准，在此基础上进行护理服务分级，建立起失能等级、护理分级与保险金给付之间的关联机制。

（2）合理引导不同失能程度老年人的照护选择。鼓励轻度失能老人选择社区日间照护和居家养老；通过政策设计在城镇和农村建立更多具有约束性的养老机构弥补公办养老机构供给不足的情况，重点安排重度失能老人。通过进行供给和需求预测，按照功能划分接收重度照护老人床位数的比例，并且加强对

新建和改扩建养老机构的政策指导（杨玉芝和姜永强，2017）。

（3）鼓励家庭经济状况良好的老年人选择民办养老机构，并根据养老机构的规模和定价予以一定补贴，缩小城乡正式照护使用率的差异，真正维护失能老人护理服务的公平性。

3. 加大对非正式照护者的激励，强化家庭照护的基础作用

本章研究表明，子女照护支持对失能老人非正式照护选择有积极显著影响。因此，子女和配偶是失能老人照护的主体，家庭照护仍然发挥着基础性的作用。有必要通过制度设计和社会鼓励，大力推动亲属（尤其是子女）对失能老人的照护，进而形成更多的“居家养老人力资源”丰富家庭，显著提升居家养老的可持续发展能力（吴帆和李建民，2012）。

（1）对于轻度和中度失能老人来说，并非需要全天24小时的照护。因此，政府应该鼓励家人同住或就近居住，提倡分而不离的居住方式。

（2）给予非正式照护者适当的补贴，落实城镇独生子女父母年老奖励政策，并完善长效激励机制。

（3）给予非正式照护提供者适当的照护假期和弹性工作时间，并对此进行规范化、制度化和法律化建设。例如，法国、荷兰和德国都有对失能老人家庭的职工给予灵活假期的长效机制，韩国鼓励子女与父母居住距离为“一碗汤距离”等。

（4）大力建设敬老、爱老、养老的社会环境，倡导弘扬家庭养老观念和传统美德，进一步强化子女对老年人的赡养意识，强化家庭照护的基础作用。

4. 加强社区照护服务供给，完善社区养老基础设施

研究表明，失能老人对起居照护服务、上门看病送药、精神慰藉等有迫切的需求。中国有典型的熟人社会文化，社区照护有助于加深老年人与亲属和周边邻里的情感交流，有助于社区邻里为那些失能老人提供帮助，介于家庭照护与机构照护之间，起着重要过渡作用。社区照护服务将家庭、社区和机构的养老服务相融合，它的便捷性和高效性提高了老年人的生活质量（赵万里和李谊群，2019）。因此，要强化社区和家庭照护资源，积极鼓励并支持失能老人充分利用社区资源，开展以家庭成员和亲朋好友为主的非正式照护（高利平，2015），不能忽视家庭在社区养老服务中的重要作用（郭延通和郝勇，2016）。对于加强社区养老服务供给，完善社区养老基础设施，提出以下建议：

（1）整合社区照护资源。社会工作的专业理念和方法介入，可以为失能老人照护服务提供更为专业化的保证（赵向红，2012）；通过多元化的养老服务志

愿者和社区居民，形成多方主体共同参与的社区居家照护服务体系。

（2）大力培养高素质的基层专业护理人员，建立成熟的社区养老服务中心。

（3）对于轻度失能老人，白天由社区照护中心等机构提供照护服务，晚上则由家人负责照顾起居。

（4）通过制度设计加大对社区养老服务事业的支持力度，鼓励更多的社会资本和人才参与社区养老产业，增加社区养老服务的供给。

（5）在社区养老基础设施建设方面，严格落实新建小区养老服务设施的配置要求，对老旧小区进行适老化改造，积极打造适老、敬老、爱老的社区设施环境。社区照护是家庭照护者的有利补充，要鼓励各类主体参与社区照护服务。

第五章　家庭代际支持对老年人抑郁症状的影响

一、老年人抑郁相关研究

抑郁对于身心健康的损害，众多不同领域的学者都对其进行了研究。抑郁是一个比较复杂的概念。普遍认为，抑郁是一种复杂的情绪性障碍，但是不同领域的学者对抑郁的定义不尽相同。在精神病学领域，抑郁通常是特指抑郁症，而抑郁症的确诊，需要进行临床精神状况的检查。对此，《精神疾病诊断与统计手册》（第四版）中有明确的规定。在心理学研究领域，所关注的抑郁通常是一种抑郁情绪，并非特指抑郁症。孟昭兰（1989）认为，抑郁是一种复合性的情绪体验：抑郁的重点是情绪失调，这种负向情绪通常包括悲伤沮丧、痛苦绝望等，给人带来巨大的痛苦，还常常伴随着躯体功能的下降。与精神病学的明确诊断标准相比，心理学研究领域通常采用一系列抑郁症状评定量表工具，而这些自评量表结果仅能说明评定对象存在抑郁情绪或者说有抑郁症状，但是并不能以此为根据确定评定对象是否患有抑郁症。抑郁症状虽然不能等同于抑郁症，但是两者之间存在着内在的联系。抑郁症状是抑郁症的部分心理情绪、躯体功能以及认知功能的症状表现，而抑郁症是抑郁症状长时间持续发展而成，病情更加严重，对身心损害也更加严重。本章涉及的抑郁并不是特指抑郁症，而是抑郁症状，通常表现为抑郁症的部分症状，包括情绪低落甚至恶劣、丧失乐趣和希望、失眠不安、内疚羞愧、注意力下降甚至自杀等。

不同特征群体，抑郁症状的表现有所不同。儿童、青少年、产妇以及老年人具有不同的抑郁症状特点。总结诸多学者对老年抑郁症状的描述主要包括：疑病感加重、焦虑症状明显、孤独感加重、罪恶内疚感加重、躯体功能下降、各部位疼痛感加重、胸闷心悸、全身乏力、活动迟缓、语言表达障碍等等，严重者还可能产生认知功能障碍和自残自杀想法。

《“健康中国2030”规划纲要》中提出有关加强心理卫生健康服务体系的要求，即对抑郁症、焦虑症等常见心理健康障碍和疾病进行有效的监控和及时的干预的要求①。心理健康问题已经成为影响社会经济发展的公共卫生问题和社会问题，应该引起各界重视。随着年龄的增长，老年人躯体机能下降，社交网络缩小，而子女又由于工作和生活的压力不能常常伴其左右，这些都可能使老年人孤独感加重，从而产生一系列心理健康问题。老年人的心理健康问题也越来越被社会各界关注。世界卫生组织相关报告中提到，老年人患有精神障碍的人数超过20%，精神障碍是造成老年人残疾的重要因素。其中，最为常见的精神障碍为抑郁症②。抑郁症与抑郁症状有区别也有联系。从程度来说，抑郁症程度更高，造成的危害更加严重。抑郁症是一种长期处于抑郁情绪中的精神状态，这意味着，抑郁症状的持续将会造成抑郁症的发生。因此，要避免抑郁症带来的危害，首先要重视抑郁症状的排查，提高预防意识。学术界也不断加大对老年人抑郁症状的重视，抑郁情绪是老年人群体中最为主要且危害最为严重的负面情绪之一（周成超等，2008；夏小红等，2010；杨秀婷等，2010）。抑郁症状对老年人的躯体功能、认知会产生重要影响，甚至会导致自残和自杀（Palsson S. & Skoog I.，1997；Geerlings S. W. et al.，2001；Collins A. L. et al.，2009；邹韶红等，2003）。

影响老年人抑郁情绪、抑郁症状的因素有很多，包括社会人口学因素、躯体疾病和生活习惯、外部支持等。在老年人退休后，生活重心逐渐集中到家庭内部，生活和社会交往范围随之缩小，更加关注家庭内部。家庭内部最主要的关系之一就是子女与父母之间的代际关系，代际之间的互动可能是影响老年人情绪和心理健康的重要因素之一。代际之间的互动是双向的，既包括子代对于亲代自下而上的支持，也包括亲代对子代自上而下的支持。由于居家养老仍然是当前我国最主要的养老模式，子代对于亲代经济、照护和情感各个方面的支持是老年人生活资源的重要来源，是影响其晚年生活质量、健康状态和情绪的因素。同时，由于现代年轻人工作生活压力大以及父母无条件为子女付出的本

① 中华人民共和国中央人民政府网．中共中央　国务院印发《“健康中国2030”规划纲要》．（2016－10－25）http：//www. gov. cn/xinwen/2016－10/25/content_5124174. htm.

② 世界卫生组织．精神卫生与老年人［EB/OL］．（2017－12－12）［2019－05－09］．http：//www. who. int/zh/news－room/fact－sheets/detail/mental－health－of－older－adalts.

性，父母在老年时仍会尽可能给予子女经济支持，帮忙照看孙子女以及情感上的关怀支持。这种亲代对于子代的各个方面的支持也可能影响老年人自身生活质量、健康状态和情绪。

以往的研究对于代际支持与老年人抑郁的分析主要分为以下3类：第一类是分析社会支持与老年人抑郁状况的关系，将代际支持作为社会支持的重要组成部分；第二类是分析代际支持对老年人心理健康的影响，将老年人抑郁作为心理健康的重要指标进行研究；第三类是直接研究代际支持对老年人抑郁状况的影响。前两类文献研究较多，第三类文献资料相对较少。

第一类对社会支持与老年人抑郁状况的关系研究认为，社会支持与抑郁呈现负相关。孙丽岩等（2017）认为，获得客观支持越多的老年人，其抑郁程度越低。谢丽琴等（2009）发现，抑郁的发生与社会支持呈负相关，与积极应对呈正相关，与消极应对呈显著负相关。苏丹等（2012）发现，抑郁与空巢老人社会支持的3个维度皆呈负相关。

第二类研究主要关注代际支持对老年人心理健康的影响，研究结论不一。张文娟和李树茁（2006）认为，在中国农村地区，子女为老年人提供的经济支持实际上是对老年人需求的一种满足，从而有益于老年人心理健康的发展。王萍和李树茁（2011）认为，来自子女的日常照护有益于促进老年人心理健康，老年人为子女提供日常照顾也有利于其自身的心理健康发展，Kessler R. C. 和 Mcleod J. D. （1985）发现，获得较多支持的老年人面临更大健康风险。唐金泉（2016）发现，接受代际支持对老年人主观幸福感有着显著的促进作用，代际支持对老年人的主观幸福感也有着积极影响。

第三类研究的资料较少。冀云和孙鹃娟（2018）发现，给予子女经济支持和照护支持可以降低患有抑郁症状的可能性。彭华茂和尹述飞（2010）认为，城市非空巢老人给予子女的情感支持越多，物质支持越少，其抑郁水平越低；唐丹和姜凯迪（2015）发现，家庭支持和朋友支持对不同自理能力老年人的作用存在差异，社会支持对生活不能完全自理老年人的心理健康有更大的保护作用。同时他们还发现，朋友支持可预测生活完全自理老年人的抑郁程度。家庭、朋友的多元支持，均可预测生活不能完全自理老年人的抑郁程度，但家庭支持的预测力更强。

那么，亲代与子代之间在经济、照护和情感方面的双向支持呈现什么现状？当前，老年人患抑郁症状情况如何？子代对亲代在经济、照护和情感支持方面自下而上的支持以及亲代对子代在这3个方面自上而下的支持对老年人是否存在抑郁症状有无影响？是何种形式的影响？以上这些是当前居家养老存在的基本问题，构成本章研究的核心内容。

相关文献梳理表明，众多对家庭代际支持的研究工作，多是从子代给予亲代支持的单向支持角度出发。但有学者提出，在我国社会存在“逆反哺”现象，即许多老年父母依然为成年后的儿女提供经济、生活等多个方面支持。本章从子代与亲代双向代际支持角度出发，不仅关注子代对亲代的支持，同时还关注亲代对子代的支持，从双向代际支持角度入手，从更多维度丰富对老年人代际支持的理论研究。

以往家庭代际支持对老年人身体健康、心理健康影响的研究，大多忽略了可能存在的内生性问题。本章在设计研究路线时，考虑到家庭代际支持对老年人抑郁症状可能存在的内生性问题，通过构建合适的数学模型来控制内生性，进一步深入研究代际支持对老年人抑郁症状的影响。

我国人口老龄化形式日益严峻，在老年人数量不断增多的人口结构背景下，老年人的养老和健康问题已经不是简单的个人问题，而是一个需要被广泛关注的社会问题。老年人在退出劳动力市场后，社会关系网络将发生重大变化，生活中出现很多空缺，促使老年人产生许多心理问题及心理障碍。其中，抑郁是老年人最常见的心理问题，对其身心健康产生重要影响。抑郁被分为抑郁情绪、抑郁症状、抑郁症3种不同的程度。抑郁前期不加以重视就会导致比较严重的抑郁症状，对老年人的身心健康有严重的损害，甚至会导致死亡以及自杀。抑郁症状可以通过一系列抑郁相关量表进行自查，操作比较便捷。关注老年人抑郁症状检出是防止老年人抑郁情绪、抑郁症状发展为更为严重抑郁症的及时干预和调整的重要环节。因此，关注老年人的抑郁症状，对改善其身心健康具有积极的作用。

在我国，居家养老仍然是主要的养老方式，子女则是老年人居家养老支持的重要来源。研究家庭代际支持对老年人抑郁症状的影响，分析老年人的家庭代际支持情况，对老年人的养老问题有重要的实际意义。深入分析家庭代际支持对老年人抑郁症状的影响，不仅应关注子代给予亲代各个方面支持的影响，而且应重视亲代给予子代各个方面支持对其自身的影响，从而明晰双向代际支持对老年人的抑郁症状有何影响。为提高家庭内部以及社会各界对老年人抑郁的关注度，预防老年抑郁症，改善其现状，提高老年人心理健康水平发挥积极作用。

本章采用的评定工具是简版流调中心抑郁量表（简版 CES – D）。最初的流调中心抑郁量表是 1977 年由 Radloff 编制，一共包括 20 个评定项目。随着量表投入使用，有学者发现包含 20 个项目的 CES – D 量表在实际应用时（尤其是针对青少年和老年人群体）遇到一些问题。例如，询问题目过多导致评定对象产生不耐烦心理以及评定对象对一些问题比较敏感从而导致较高的拒答率①。Andresen 等通过进一步的研究，最终设计了包含 10 个项目的简版 CES – D 量表。许多学者对简版 CES – D 量表进行了信度和效度检验，结果显示简版 CES – D 量表信度效度检验良好，并且在操作过程中更加方便快捷。中国健康与养老追踪调查的相关问题设计，主要按照简版 CES – D 量表进行。按照 Andresen 等制定的评分标准，以 10 分作为是否存在抑郁症状的临界值，大于等于 10 分为存在抑郁症状，10 分以下为不存在抑郁症状。

从子代与亲代双向代际支持的视角出发，围绕家庭代际支持对老年人抑郁症状的影响这一主题，利用中国健康与养老追踪调查（CHARLS）2015 年数据，对家庭代际支持对老年人是否存在抑郁症状有无影响以及何种影响进行研究。主要研究内容如下。

（1）从亲代与子代双向代际支持的角度分析当前老年人代际支持状况。按照家庭代际支持的内容划分为情感代际支持、经济代际支持以及照护代际支持 3 种类型，并且从双向代际支持的角度将每种支持类型划分为亲代获得和亲代给予 2 种方向。描述分析每种类型代际支持的接受和给予情况。

（2）通过分析中国健康与养老追踪调查（CHARLS）2015 年数据，利用流调中心抑郁量表（CES – D10）对老年人抑郁症状情况进行评分分析，对中国老年人存在抑郁症状情况进行描述分析。

（3）通过实证方法分析不同类别的家庭代际支持对老年人是否存在抑郁症状的影响。选用中国健康与养老追踪调查（CHARLS）2015 年数据，通过 STATA15 数据分析软件，考虑到因变量和自变量之间可能存在的内生性，运用 Probit 联立方程以及Ⅳ Probit 模型研究亲代与子代之间双向的代际经济支持、照护支持以及情感支持对老年人抑郁症状的影响。

---

① Kohout F. J. , Berkman L. F. , Evans D. A. , et al. Two shorter forms of the CES – D depression symptoms index ［J］. Journal of Aging and Health, 1993, 5 (2): 179 – 193.

二、研究工作的理论基础

（一）社会交换理论

对于代际关系、代际支持的研究理论主要有：反馈论、责任内化论、利他主义理论以及社会交换理论。反馈论最先是由费孝通提出的，他认为中国与西方国家在家庭关系方面存在很大的差别，西方国家的家庭关系属于“接力模式”，而中国家庭关系属于“反馈模式”①。他认为在家庭关系中存在抚养和赡养两个阶段。在抚养阶段，父母为子女提供生活成长环境、经济资源、教育机会等支持，到了赡养阶段，子女为父母提供养老生活所需要的各种资源。责任内化论应用在代际支持领域的主要观点是，在中国传统孝道文化的影响下，子女赡养老人已经内化为子女心中的必要责任和义务。利他主义理论认为，个体在家庭内部的决策会将家庭视为一个集体，考虑其他家庭成员的利益。这一理论应用在代际支持领域的主要观点是，子女出于对父母利益的考虑，会尽可能多的为父母提供各种支持，并不会单纯考虑自身利益。这 3 种理论在代际交换领域的观点，都主要集中在子女对于父母养老生活的各种资源的支持，强调子女对父母的自下而上的支持。

社会交换理论是由美国社会学家霍斯曼在 20 世纪 60 年代创立的，主要是以古典经济学中的“理性经济人假设”、人类学中的“互惠原则”交换思想以及行为主义心理学为基础。该理论关注个体之间的交换行为，认为人们通过各种社会交往活动建立的人际关系实质上都是一种交换关系，所有的活动也都是交换活动。社会交换理论以理性经济人为假设，认为人们在社会交换中的各种行为都是出于利益最大化原则，付出成本（包括物质的以及非物质的）是为了获得满足个体需要的报酬，这种报酬又称为奖励，可以是物质的经济报酬，也可以是非物质的情感报酬等。互惠和均衡是社会交换可以持续进行下去的主要动力。

① 费孝通．家庭结构变动中的老年赡养问题——再论中国家庭结构的变动［J］．北京大学学报（哲学社会科学版），1983，20（3）：7－16.

在交换过程中，互惠代表着在交换过程中，交换双方都可以从这种交换行为或者交换关系中受益。均衡是指双方在交换过程中可以获得自身认可和满足的报酬，这种均衡并不是意味着绝对的相等。社会交换理论一个主要的概念就是互动，是指人与人之间进行的活动是相互的，并不是单方面的，只有这种互动才能建立关系，单向的行为不能构成关系。

社会交换理论作为一种描述个体之间互动模式的理论，逐渐被学术界应用到代际关系、代际支持的研究中。基于社会交换理论的互动概念以及互惠均衡原则，代际支持作为亲代与子代之间的互动行为可以按照支持方向的不同划分为亲代获得代际支持和亲代给予代际支持两种类型。这种代际之间的双向支持对子代和亲代双方是互惠的，会满足双方所认可的某种需求。鉴于此，本章主要以社会交换理论为解释家庭代际支持的理论基础，关注亲代与子代之间的双向支持行为，并且关注这种双向的代际支持行为对老年人抑郁症状的影响。

（二）社会因果与健康选择论

健康问题历来是众多学者普遍关注的问题。其中，健康不平等问题是研究的一个重要角度。布莱克等（1977）研究发现，处在不同社会经济地位的群体有不同的健康水平（例如，健康风险、疾病损害、死亡率等）。自从布莱克健康报告[①]公布以来，众多社会学学者开始关注社会经济地位与健康水平的关系以及健康不平等问题。在社会学研究领域，众多学者普遍关注不同社会经济地位（包括收入、职业、受教育程度等）与健康水平之间的关系。对于健康不平等现象进行解释，主要有以下两种相反的理论：一是社会因果论，二是健康选择论。

布莱克健康报告提出了4种对于健康不平等现象的可能性解释，社会因果论是从其第三种解释（即结构主义[②]）发展而来的。社会因果论认为，人们处在不同的社会阶层结构中，这就造成人们在社会中处于不平等的地位，这种不平等表现为他们生活环境、工作条件和报酬、经济收入和受教育程度以及社会交往等方面的差异。这些差异导致他们面对健康风险、利用医疗保健服务的机会和能力、疾病发病率和死亡率的显著不同。在社会中处于优势地位

① 该报告是由1977英国卫生与保障部成立的健康不平等研究委员会通过研究制订的。
② 唯物主义或称为结构主义，认为个人的社会地位决定了他们的健康水平。

的人们以及社会经济地位水平更高的人们健康状态会更好。

健康选择论是布莱克健康报告中提出的第二种解释，是由自然选择论（或称为社会选择论）[①] 发展而来的。健康选择论的观点与社会因果论的观点正好相反，认为健康状况是个体在社会阶层中流动的筛选机制，不同社会地位群体之间存在的健康差异可能是“自然选择”的结果。健康状况好的人，在社会流动中更可能“向上”流动，即健康状况好的人更可能获得较高的社会经济地位；健康状况较差的人，在社会流动中更可能“向下”流动，即健康状况较差的人更可能有较低的社会经济地位。这种流动筛选机制导致不同社会地位个体之间的健康差异。

许多研究表明，健康水平同社会经济地位之间存在正向相关的关系，但是对于两者之间的作用机制到底是由社会因果论还是健康选择论进行解释仍然存在争议。大部分关于健康问题的研究将社会经济地位等因素纳入到健康的因素中，也就是适用于社会因果论。但有研究表明，这两种理论在实际中共同产生作用。王甫勤（2011）研究发现，虽然社会因果论对于健康不平等的解释力度要高于健康选择论，但是健康选择论也起到一定的作用，两种理论是共同发生作用的。王百慧（2017）通过研究发现，对于健康不平等的影响机制不是单一的，是两种理论共同作用的结果。

以往研究表明，家庭代际支持对老年人健康产生影响，那么不同代际支持状况的老年人抑郁症状可能会存在差异，这种抑郁症状的差异同样可以用社会因果论和健康选择论进行解释。两种理论的主要观点虽然主要是解释社会经济地位与健康水平的关系，但研究中发现，社会经济地位是一个综合复杂的概念。不同学者在研究中用不同的指标度量，许多研究文献中不仅仅关注收入、教育、职业等社会经济指标，还将两种理论适用于研究健康状态和与其他健康相关因素之间的关系。文献梳理表明，许多研究者发现，家庭代际支持与老年人抑郁症状、健康状态之间存在显著相关性，这种关系是社会因果论和健康选择论共同作用的结果。社会因果论解释这种作用机制为处在不同家庭代际支持水平的老年人会具有不同的抑郁症状水平，即家庭代际支持水平低的老年人更容易存在抑郁症状。但是，健康选择论解释这种作用可能是由于老年人处在不同的抑郁症状水平中，所以这种差异会导致老年人获得家庭代际支持水平不同，即存

① 自然选择论，又称为社会选择论。该理论认为个人的健康水平决定了他们在社会中的地位，因此不同社会阶层的人们的健康梯度是自然而然形成的。

在抑郁症状的老年人，可能更容易获得子女的支持。根据健康选择论的解释机制，家庭代际支持和老年人抑郁症状可能存在反向的因果关系，从而产生内生性。此外，部分学者还提出家庭代际支持和老年人健康可能会同时受到一些不可观测因素影响，从而产生内生性。基于此，本章在实证分析中构建了控制内生性的模型进行估计。

三、研究变量与研究假设

（一）样本数据选择

本章选用中国健康与养老追踪调查（CHARLS）2015 年截面数据。针对主要探讨家庭代际支持对老年人抑郁症状影响的研究目标，研究对象选取老年人。当前，各个研究领域中对于老年人的划分界限一般为 60 岁或者 65 岁，本章根据世界卫生组织的划分标准①，以 60 岁作为老年人的划分界限。2015 年 CHARLS 的调查数据覆盖了 45 岁及以上的中老年人，样本数量共计为 2. 3 万个。根据年龄剔除 60 岁以下的样本数据，然后根据研究内容和研究目的剔除选取样本中各个相关变量的缺失值，最终剩余 2580 个数据样本。

（二）研究变量

1. 因变量

本章围绕家庭代际支持对老年人抑郁症状的影响这一主题展开研究。因此，将因变量设置为是否存在抑郁症状。根据上述对抑郁症状的定义以及数据特点，选用简版 CES－D 为测量抑郁症状的工具，按照 Andresen 等制定的评分标准，以 10 分作为是否存在抑郁症状的临界值，大于等于 10 分为存在抑郁症

① 世界卫生组织将老年人定义为 60 周岁以上人群。

状，10 分以下为不存在抑郁症状①。据此，将抑郁症状设置为二分类变量。

CHARLS 数据中采用简版 CES－D 量表对受访者是否存在抑郁症状进行筛查，量表共包括 10 个问题，均是关于受访者在前一周的感觉或者行为（如表 5－1 所示）。10 个问题的答案选项设置完全相同：1 为很少或者根本没有（少于 1 天）；2 为不太多（1～2 天）；3 为有时或者有一半的时间（3～4 天）；4 为大多数的时间（5～7 天）。从低到高赋值为 0～3 分。"DC013" 和 "DC016" 2 个问题的回答赋值方向与其他问题设置完全相反，为 3～0 分。累加 10 个问题的总分，最终总分取值为 0～30 分。将 10 分及以上样本定义为存在抑郁症状，赋值为 1；将 10 分以下样本定义为不存在抑郁症状，赋值为 0。

表 5－1　　　　抑郁症状相关问题

问题代码	问题内容	问题代码	问题内容
DC009	我因为一些小事而烦恼	DC014	我感到害怕
DC010	我在做事时很难集中精力	DC015	我的睡眠不好
DC011	我感到情绪低落	DC016	我很愉快
DC012	我觉得做任何事都很费劲	DC017	我感到孤独
DC013	我对未来充满希望	DC018	我觉得我无法继续我的生活

2. 自变量

根据家庭代际支持的概念界定和分类，将家庭代际支持按照代际经济支持、代际照护支持和代际情感支持 3 个维度划分为亲代是否获得经济支持、亲代获得经济支持水平、亲代是否给予经济支持、亲代给予经济支持水平、亲代是否获得照护支持、亲代是否给予照护支持、见面频率以及通信联系频率共 8 个自变量。

（1）代际经济支持。①亲代是否获得经济支持。这一变量数据来自问卷中的问题 CE009："过去一年，您们有没有从孩子那里收到过任何经济支持？总共给钱多少元，给物多少元？"回答为具体的数值。将全部从子女处获得的钱和物数值加总，若总值为 0 元，则定义为亲代没有获得子女的经济支持，赋值为 0；若总值大于 0 元，定义为获得子女的经济支持，赋值为 1。②亲代获得经济支持水平。要分析亲代获得经济支持对老年人抑郁症状的影响，除了需要分析是否

① Andresen E. M.，Malmgren J. A.，Cater W. B.，et al. Screening for depression in well older adults：Evaluation of a short form of the CES－D（Center for Epidemiologic Studies Depression Scale）［J］. American Journal of Preventive Medicine，1993，10（2）：77－84.

获得经济支持对其的影响，还需要进一步分析亲代获得经济支持的水平对其的影响。亲代接受经济支持水平这一变量的数据来源与上一变量相同。在该变量处理中，将给钱和给物的数值加总，所得到数值就定义为经济支持的水平，该变量为连续变量。为了避免异方差和极端值的影响，在实证分析中该变量数据取对数处理，使其服从正态分布。③亲代是否给予经济支持。这一变量数据来源于问卷中的问题 CE029：“过去一年，您或者您的配偶给您的孩子多少经济支持？总共给钱多少元，总共给物多少元?”。回答为具体的数值。将给钱和给物的数值加总，数值总和若为 0 元，则定义为亲代没有给予经济支持，赋值为 0；若数值总和不为 0 元，则定义为亲代给予了经济支持，赋值为 1。④亲代给予经济支持水平。同亲代获得经济支持分为 2 个层次来分析其对老年人抑郁症状的影响一样，亲代给予经济支持也需要分析亲代给予经济支持水平对老年人抑郁症状的影响。亲代给予经济支持水平这一变量数据来源同变量③使用同一问题。将总共给钱和给物的数值加总，得到的数值就定义为给予经济支持的水平，该变量为连续变量。为了避免异方差和极端值的影响，在实证分析中对该变量数据取对数处理，使其服从正态分布。

（2）代际照护支持。①亲代是否获得照护支持。这一变量在问卷中涉及的问题共有 2 个。第一个问题是 DB022：“请问在以下困难中，谁帮助您最多?（穿衣、洗澡、吃饭、起床、如厕、家务、做饭、购物、打电话、吃药、管钱等困难中）”。考虑到当前中国父母在可以自理时尽可能不让子女照护的情况，本研究认为亲代是否获得照护支持还应该包括未来子女是否照护这一方面。因此，增加第二个问题 DB030：“如果以后您在日常生活方面需要照顾，照顾您的人是谁?”。以上 2 个问题的答案设置完全相同，均为“1. 配偶；2. 父母、岳父母、公公、婆婆；3. 子女、儿媳或女婿、孙子女或外孙子女；4. 兄弟姐妹及其配偶、子女，配偶的兄弟姐妹及其配偶、子女；5. 其他亲属；6. 雇用人员；7. 志愿者或者志愿机构人员；8. 养老院人员；9. 社区提供的帮助；10. 其他人员”。将这 2 个问题的回答中任意一个问题回答包括选项 3 定义为亲代获得照护支持，赋值为 1；若这 2 个问题的回答都不包含选项 3，则定义为亲代没有获得照护支持，赋值为 0。②亲代是否给予照护支持。这一变量数据来源于问题 CF001：“过去一年，您或者您的配偶是否花时间照看了您的孙子女?” 答案选项为“是”或者“否”。将回答为“是”者定义为亲代给予照护支持，赋值为 1；将回答为“否”者定义为亲代没有给予照护支持，赋值为 0。

（3）代际情感支持。①见面频率。该变量在问卷中涉及的问题为 CD003：“您多长时间见到孩子？”。回答选项设置为以下 9 项：“1. 差不多每天；2. 每周 2～3 次；3. 每周一次；4. 每半个月一次；5. 每月一次；6. 每三个月一次；7. 每半年一次；8. 每年一次；9. 几乎从来没有”。为了保证量纲的一致性，将选项通过计算转化为亲代与子代每年见面的次数：选项 1 为每年见面 365 次，选项 2 为每年见面 144 次（每周 3 次），选项 3 为每年见面 48 次，选项 4 为每年见面 24 次，选项 5 为每年见面 12 次，选项 6 为每年见面 4 次，选项 7 为每年见面 2 次，选项 8 为每年见面 1 次，选项 9 为每年见面 0 次。将子女与父母见面次数加总得到见面总次数，该变量为连续型变量。为了避免异方差和极端值的影响，在实证分析中该变量数据取对数处理。②通信联系频率。该变量在问卷中涉及的问题为 CD004：“您多长时间跟不在一起住的孩子通过通信联系？”。答案设置同上一变量完全相同，按照相同的赋分方法进行赋值，最终联系总次数为连续型变量。在实证分析中变量数据取对数处理。

3. 控制变量

通过相关文献梳理，发现影响老年人抑郁症状的因素有很多。因此，在本章研究中纳入其他控制变量，使研究结果更加具有实际意义。主要包括个人与家庭特征变量、健康特征变量、社会支持变量、满意度相关变量。

（1）个人与家庭特征变量。性别设置为虚拟变量，性别为“女”赋值为 1；性别为“男”赋值为 0。年龄设置为连续变量，因为本章数据是在 2015 年收集整理而来的，因此，用 2015 减去受访对象的出生年份得到对应的年龄。居住地这一变量在问卷中的具体问题“居住地类型是农村还是城市？”答案选项设置为 7 个选项，将选择“村庄”这一选项者定义为居住地为农村，赋值为 1；将选择“主城区、城乡接合区、镇中心区、镇乡接合区、特殊区域、乡中心区”选项合并为居住地为非农村，赋值为 0。教育程度这一变量在问卷中的问题设置为“您现在获得的最高教育水平是什么？”将选项“文盲”定义为受教育程度为文盲，是则赋值为 1，否则赋值为 0；将选项“未读完小学、私塾毕业、小学毕业”合并为受教育程度为小学，是则赋值为 1，否则赋值为 0；将选项“初中毕业、高中毕业、中专毕业、大专毕业、本科毕业、硕士毕业、博士毕业”合并为受教育程度为中学及以上，是则赋值为 1，否则赋值为 0。婚姻状况将选项“分居不再作为配偶生活、离异、丧偶、从未结婚”合并为婚姻状态为没有配偶，赋值为 0；将选项“已婚与配偶一同居住、已婚但因为工作等原因暂时没有跟配偶共同生活、同居”合并为婚姻状态为有配偶，赋值为1。经济状况选取问卷中涉及的2个问题设置：“现在家里有多少现金?”“您现在在金融机构存了多少钱?”将这2个问题的答案进行加总，得到的总值为老年人的经济状况，设置为连续变量。为了避免异方差和极端值的影响，在实证分析中对其取对数处理，使其服从正态分布。子女总数这一变量数据来源于问题 CB050 - W3“您有多少健在的子女?”以及 CB051 - W3 - 1“除了已经记录的子女之外，您还有其他健在的孩子吗?”将这2个问题答案数值相加，得到的总值为子女总数，设置为连续变量。

（2）健康特征变量。自评健康，将“极好”“很好”“好”合并为自评健康水平好，是赋值为1，其他赋值为0；将选项“一般”定义为自评健康水平一般，是赋值为1，其他赋值为0；将“不好”“很不好”合并为自评健康水平不好，是赋值为1，其他赋值为0。“患慢性病数量”选项中共包含14种慢性病名称，将受访者所选择的患慢性病数量加总，得到患慢性病总数，设置为连续变量。自理能力评分这一变量在问卷中的问题共有6个，分别为穿衣服、洗澡、吃饭、起床及上下床、上厕所、大小便。将“没有困难”“有困难但仍可以完成”合并赋值为0；将“有困难”“需要帮助、无法完成”赋值为1。将6项分值加总，得到的数值为自理能力评分，评分越高自理能力越低。

（3）社会支持变量。社交活动数量选项共包括12项社交活动。将受访者所选择的社交活动数量加总，设置为连续变量。“是否参加医疗保险”选项，将参加医疗保险赋值为1，没有参加医疗保险赋值为0。“是否退休”选项，将退休赋值为1，没有退休赋值为0。

（4）满意度相关变量。将“健康满意度”选项“极其满意”“非常满意”“比较满意”合并为满意，并且赋值为1；将选项“不太满意”“一点也不满意”合并为不满意，并且赋值为0。“婚姻满意度”的变量设置同健康满意度设置赋值相同。

4. 工具变量

对于连续型内生自变量需要通过引入工具变量来控制内生性。本章中连续型内生变量包括亲代获得经济支持水平、亲代给予经济支持水平、见面频率与通信频率。工具变量需要满足与所替代的解释变量高度相关、与误差项不相关的特性。参考郑晓东和方向明（2016）的做法，将子女平均受教育程度作为亲代获得经济支持水平、亲代给予经济支持水平的工具变量。子女受教育程度与经济支持相关，但并不直接影响老年人是否存在抑郁症状。同时，为了可以通过实证分析验证工具变量的外生性，对每个内生变量选用 2 个工具变量。

除了子女平均受教育程度之外，选用参加工作的子女数量作为亲代获得经济支持水平、亲代给予经济支持水平的工具变量。参加工作的子女数量影响子女经济状况从而影响代际之间的经济支持，但是并不直接影响老年人的抑郁症状。对于见面频率和通信联系频率，选用参加工作的子女数量和有配偶的子女数量作为工具变量，参加工作子女数量和有配偶子女数量影响子女与父母之间的见面和通讯联系，但是并不直接影响老年人是否存在抑郁症状。为了检验工具变量的有效性，后续将通过实证分析对其进行检验（如表 5 -2 所示）。

表 5 -2　　　　变量设置与说明

变量			变量类型	变量说明
因变量		抑郁症状	虚拟变量	1 = 有抑郁症状；0 = 无抑郁症状
自变量		亲代是否获得经济支持	虚拟变量	1 = 获得；0 = 没有
		亲代获得经济支持水平	连续变量	
		亲代是否给予经济支持	虚拟变量	1 = 给予；0 = 没有给予
		亲代给予经济支持水平	连续变量	
		亲代是否获得照护支持	虚拟变量	1 = 接受；0 = 没有
		亲代是否给予照护支持	虚拟变量	1 = 给予；0 = 没有给予
		见面频率	连续变量	
		通信联系频率	连续变量	
控制变量	个人与家庭特征变量	性别	虚拟变量	1 = 女；0 = 男
		年龄	连续变量	
		居住地	虚拟变量	1 = 农村；0 = 非农村
		受教育程度：文盲	虚拟变量	1 = 是；0 = 否
		受教育程度：小学	虚拟变量	1 = 是；0 = 否
		受教育程度：中学及以上	虚拟变量	1 = 是；0 = 否
		婚姻状况	虚拟变量	1 = 有配偶；0 = 没有配偶
		经济状况	连续变量	
		子女总数	连续变量	

续表

变量			变量类型	变量说明
控制变量	健康特征变量	自评健康：好	虚拟变量	1 = 是；0 = 否
		自评健康：一般	虚拟变量	1 = 是；0 = 否
		自评健康：不好	虚拟变量	1 = 是；0 = 否
		患慢性病数量	连续变量	
		自理能力评分	连续变量	
	社会支持变量	社交活动数量	连续变量	
		是否参加医疗保险	虚拟变量	1 = 是；0 = 否
		是否退休	虚拟变量	1 = 是；0 = 否
	满意度变量	健康满意度	虚拟变量	1 = 满意；0 = 不满意
		生活满意度	虚拟变量	1 = 满意；0 = 不满意
	工具变量	子女平均受教育程度	连续变量	
		参加工作子女数量	连续变量	
		有配偶子女数量	连续变量	

（三）研究假设

根据家庭代际支持的概念界定，将家庭代际支持分为经济支持、照护支持和情感支持 3 种类型。进一步从老年人角度依据代际支持的流向进行分类，分为上述 3 种类型家庭代际支持的亲代获得和亲代给予。社会交换理论、健康需求理论和社会因果论的综合分析表明，家庭代际支持对老年人抑郁症状存在影响。而根据健康选择论的解释，家庭代际支持与老年人抑郁症状可能存在反向因果关系。有学者提出，社会因果论与健康选择论共同作用，但社会因果论的解释力度更高。因此，本章综合社会交换理论、健康需求理论、社会因果理论以及健康选择论，并且结合相关研究成果提出以下研究假设。

假设 1：代际经济支持会对老年人抑郁症状产生显著影响。接受子代经济支持的老年人存在抑郁症状的概率低，接受子代经济支持水平越高越不容易存在抑郁症状。给予子代经济支持的老年人存在抑郁症状的概率低，给予子代经济支持水平越高越不容易存在抑郁症状。

假设 2：代际照护支持会对老年人抑郁症状产生显著影响。接受子代照护支持的老年人存在抑郁症状的概率低，接受子代照护支持水平越高越不容易存在抑郁症状。给予子代照护支持的老年人存在抑郁症状的概率低，给予子代照护支持水平越高越不容易存在抑郁症状。

假设3：代际情感支持会对老年人抑郁症状产生显著影响。见面频率水平越高越不容易存在抑郁症状。通信联系频率越高越不容易存在抑郁症状。

四、 样本数据描述性分析

（一）老年人抑郁症状状况

根据上述样本的选择和对相关变量的选取和处理，最终有效样本量为2580个。从表5－3可以看出，存在抑郁症状的老年人共有1030位，占比为39.92%；不存在抑郁症状的老年人数量为1550位，占比为60.08%。利用简版CES－D量表进行筛查的结果显示，抑郁症状的检出率为39.92%，说明当前众多老年人被种种抑郁症状影响，对其身心健康产生不同程度的损害。

表5－3　　　　老年人抑郁症状样本描述

抑郁症状状况	频率（位）	百分比（%）
存在抑郁症状	1030	39.92
不存在抑郁症状	1550	60.08

（二）自变量描述性分析

1. 亲代是否获得经济支持

从表5－4可以看出，获得子代经济支持的老年人共有2119位，占研究样本总量的82.13%；没有获得子代经济支持的老年人共有461位，占样本总量的17.87%。总体来看，大部分老年人获得子代的经济支持，只有少部分老年人没有获得子代的经济支持。可能的原因为，我国社会推崇孝道文化，强调在父母晚年时子女要孝敬老人。父母年富力强之时承担了抚养子女长大成人并给予子女经济、教育和其他生活资源的责任。当父母晚年缺乏经济来源时，子女有义务赡养父母并保障他们的生活。

表 5－4　　亲代是否获得经济支持样本描述

亲代是否获得经济支持	频率（位）	百分比（%）
获得	2119	82.13
没有获得	461	17.87

2. 亲代获得经济支持水平

亲代获得经济支持水平的单位设置为元。表 5－5 显示，亲代获得经济支持水平的最小值为 0 元，表明没有获得子女的经济支持；最大值为 333300 元。子女对父母大额经济支持的一个重要因素，是因为父母医疗费用出现了较大的支出，并且自身无法负担，只能依靠子女的支持。从标准差可以看出，亲代获得经济支持水平的差距较大。这种差距的存在，是由多个方面的原因造成的，不仅包括子女和老年人的本身经济状况，还受到双方关系等因素的影响。表 5－5 中显示，子女上一年度提供的经济支持均值为 5924.66 元，折算成月份供给，大约为每个月父母获得子女经济支持水平是 494 元。

表 5－5　　亲代获得经济支持水平样本描述

变量	样本数（个）	极小值	极大值	均值	标准差
获得经济支持水平	2580	0	333300	5924.66	11364.61

3. 亲代给予子代经济支持

从表 5－6 可以看出，给予子代经济支持的老年人共有 980 位，占样本总量的 37.98%；不给予子代经济支持的老年人共有 1600 位，占样本总量的 62.02%。数据对比表明，不给予子代经济支持的老年人要多于给予子代经济支持的老年人。可能的原因是，老年人的自身经济条件要比子女差。老年人退休后经济来源主要依靠退休金，不同身份老年人的养老金金额不同，尤其是农村地区老年人的养老金非常有限，尚有难以满足自身生活需要之忧。并且随着年龄的增长，老年人身体状况下降，患慢性病和其他病种增多，需要长期的药物支持，导致老年人的生活开支增加。这些都可能是部分老年人不给予子代经济支持的因素。

表 5－6　　亲代给予经济支持样本描述

亲代是否获得经济支持	频率（位）	百分比（%）
给予	980	37.98
没有给予	1600	62.02

4. 亲代给予子代经济支持水平

在表5－7中，亲代给予子代经济支持水平单位设置为元。由表5－7可以看出，亲代给予经济支持最小值为0元，即父母没有给予子女经济支持；最大值为600000元，数目较大。父母集中给予子女大额经济支持的主要原因多是为子女购房。在当前中国房价水平普遍高企的背景下，大多数子女的购房经济负担较重，父母常常用多年积蓄为子女买房提供经济支持。也有经济条件好的父母为子女购车提供支持。统计数据表明，亲代给予子代经济支持的均值为2730.18元，低于亲代接受子代经济支持的水平。可能的原因是父母给予子女经济支持的主要形式为集中性大笔金额支出（例如，买房、买车），这种大额支出并非常态，具有偶然性。作为常态的小额经济支持，通常用于水电费用和孙子女费用。

表5－7　　亲代给予经济支持水平样本描述

变量	样本数（个）	极小值	极大值	均值	标准差
给予经济支持水平	2580	0	600000	2730.18	17280.35

5. 亲代是否获得照护支持

从表5－8可以看出，在调查样本中亲代获得照护支持的有1549位，占样本总数的60.04%；没有获得照护支持的有1031位，占样本总数的39.96%。总体来看，获得子代照护支持的老年人数量高于没有获得的。主要原因是随着年龄增大，老年人躯体功能下降，日常活动能力下降，需要得到各个方面的照护，而子代是日常照护的重要来源之一。

表5－8　　亲代是否获得照护支持样本描述

亲代是否获得照护支持	频率（位）	百分比（%）
获得	1549	60.04
没有获得	1031	39.96

6. 亲代是否给予照护支持

表5－9显示，给予子女照护支持（主要是照看孙子女）的老年人有1088位，占样本总数的42.17%；不提供照护支持的亲代人数有1492位，占样本总数的57.83%。给予子女照护支持的老年人少于不提供照护支持的老年人。

表 5-9 亲代是否给予照护支持样本描述

亲代是否给予照护支持	频率（位）	百分比（%）
给予	1088	42.17
没有给予	1492	57.83

7. 情感支持

表5-10显示，子代与亲代见面的总次数最小值为0次（意味着没有见面），最大值为2567次，均值为243.6次；最大值数值较大的原因是本章设定的见面总次数是将被访者同每个子女见面情况得分加总后获得。表5-10还显示，子代与亲代之间通信联系的总次数最小值为0次（表明没有通信联系），最大值为2190次，均值为149次。与见面频率相似，通信联系总分值也是将受访者同每个子女通信联系情况得分加总后获得。

表 5-10 情感支持样本描述

变量	样本量（个）	极小值	极大值	均值	标准差
见面频率	2580	0	2567	243.6	324.82
通信联系频率	2580	0	2190	149	206.53

（三）控制变量与工具变量描述性分析

1. 个人与家庭特征变量描述性分析

表5-11显示，数据样本中女性老年人占比为55%，其余为男性老年人。从总体来看，女性老年人略多于男性老年人。在年龄方面，受访老年人平均年龄为70.55岁；在居住地方面，80%的受访者为农村老年人，20%为城镇老年人，农村老年人所占比例较大；在受教育程度方面，文盲占比为32.8%，小学教育程度占比为47.2%，中学及以上教育程度占比为20%，受访老年人的整体受教育程度偏低；在婚姻状况方面，79.9%的老年人有配偶；在经济状况方面，受访老年人的平均收入水平为8963元；在子女总数方面，受访老年人的子女平均数约为4个，总体上受访老年人的子女数量偏多。

表 5-11　　控制变量与工具变量样本描述

变量类型	变量描述		均值	标准差
个人与家庭特征	女性		0.551	0.498
	年龄		70.55	7.096
	居住地为农村		0.800	0.400
	受教育程度	文盲	32.8	0.467
		小学	47.2	0.499
		中学及以上	20	0.340
	婚姻状况		0.799	0.401
	经济状况（元）		8963	3559
	子女总数（个）		3.901	1.741
健康特征	自评健康：好		13.5%	0.342
	自评健康：一般		45.9%	0.498
	自评健康：不好		40.6%	0.491
	患慢性病数量（种）		2.271	1.711
	自理能力评分		0.155	0.583
社会支持特征	社交活动数量（次）		0.779	1.001
	参加医疗保险占比		0.891	0.339
	退休占比		0.113	0.316
满意度	健康满意度		0.656	0.475
	生活满意度		0.896	0.305
工具变量	子女平均受教育程度		4.659	1.667
	参加工作子女数量（个）		3.074	1.448
	有配偶子女数量（个）		3.127	1.404

2. 健康特征变量描述性分析

表 5-11 表明，在自评健康方面，仅有 13.5% 的老年人自评健康水平为“好”，45.9% 的老年人自评健康状况为“一般”，其余 40.6% 的老年人自评健康状况为“不好”。总体来看，因为自评健康状况大多集中在“一般”和“不好”，受访老年人的自评健康状况较差；在患慢性病数量方面，受访老年人患慢性病的平均水平约 2 种；在自理能力评分方面，平均得分为 0.155，表明受访老年人的自理能力水平较高。

3. 社会支持特征变量描述性分析

表 5-11 显示，受访老年人的社会交往活动平均数量为 0.779 项，表明他们

参与社会活动水平较低；约有 89.1% 的受访老年人参加了医疗保险，只有 11.3% 的受访老年人处于退休状态。这可能与受访老年人中农村人口占有较大比例有关，他们主要从事农业生产活动，并不存在严格的退休年龄限制。此外，受访老年人大多受教育程度偏低，可能没有正式的工作机会，因此也不存在退休之说。

4. 满意度相关变量描述性分析

表 5 - 11 表明，在健康满意度方面，有 65.6% 的受访老年人对自己的健康状态满意，其余 34.4% 的老年人对自己的健康状态不满意；在生活满意度方面，有 89.6% 的受访老年人持有满意态度，仅有不到 10% 的受访老年人不满意，整体上老年人的生活满意度较高。

5. 工具变量描述性分析

表 5 - 11 显示，受访老年人子女的平均受教育程度接近 5，即初中毕业水平，子女平均受教育程度较低；受访老年人参加工作子女数量均值为 3.074；受访老年人已婚（有配偶）子女数量均值为 3.127。

五、 模型构建与实证分析

（一） 模型构建

家庭代际支持和老年人抑郁症状之间可能存在内生性问题。这种内生性可能因为双向因果关系或者存在不可观测因素的共同影响而产生。当因变量为二分类变量时，通常采用工具变量法 Probit（Ⅳ Probit）方法来控制内生性，但只有当内生解释变量为连续型变量时才可以使用此方法①。而本章可能的内生解释变量不仅包括连续型变量（获得及给予经济支持水平、见面频率、通信频率），还包括了二分类虚拟变量（是否获得及给予经济支持、是否获得及给予照护支持）。因此，当内生解释变量为连续型变量时，采用Ⅳ Probit 模型进行估计；当内生解释变量为二分类变量时，构建 Probit 联立方程模型，利用系统估计方法对

① 陈强．高级计量经济学及 Stata 应用［M］．北京：高等教育出版社，2010.

其进行估计①。如果检验结果证明存在内生性，则说明利用上述模型是合理的。相反，如果检验结果证明不存在内生性，则可以通过单一的 Probit 模型进行估计。

1. Probit 联立方程估计模型

当老年人抑郁症状和家庭代际支持受到一些不可观测因素共同影响而存在相关性时，就存在内生性问题。在这种情况下，采用普通 Probit 模型估计可能会得到有偏差的结果。因此，通过构建联立方程组的系统估计方法更加有效。Probit 联立方程组可以估计离散型内生解释变量（亲代是否获得及给予经济支持、亲代是否获得及给予照护支持）对老年人抑郁症状的影响。

$$\begin{cases} Y_1^* = \alpha y_2 + \beta x_i + u, \ Y_1 = 1 \quad \text{if } Y_1^* > 0 & \text{式 } 5-1 \\ y_2^* = \gamma x_j + v, \ Y_2 = 1 \quad \text{if } y_2^* > 0 & \text{式 } 5-2 \end{cases}$$

$$\text{cov}(u, v) = \rho$$

式 5－1 中，Y_1表示被解释变量即老年人是否存在抑郁症状；Y_1^* 表示不可观测的潜变量；y_2表示离散型内生解释变量（可分别表示为亲代是否获得、给予经济支持，亲代是否获得、给予照护支持）；x_i表示其他控制变量；u 表示扰动项。式 5－2 中，y_2为式 5－1 中的内生解释变量，在本式中作为被解释变量；y_2^* 表示不可观测的潜变量，x_j表示影响y_2的因素，v 表示扰动项。如果 $\rho=0$，就表示此模型等价于 2 个单独的 Probit 模型，没有使用联立方程组的必要；如果 $\rho \neq 0$，则表示 2 个方程存在内在联系，有使用此模型的必要。此模型的原假设为“H_0：$\rho=0$”，通过沃尔德检验结果进行判断是否需要运用此模型，如不需要则通过普通的单一 Probit 模型进行估计。

2. Ⅳ Probit 估计模型

当内生自变量为连续型变量时，在本章中当自变量为亲代获得、给予经济支持水平，见面频率预计通信频率时，使用Ⅳ Probit 方法对其进行估计。

$$Y_1^* = \alpha y_2 + \beta + u \qquad \text{式 } 5-3$$

$$y_2 = \gamma x_i + \delta z_i + v \qquad \text{式 } 5-4$$

$$Y_1 = 1(y_1^* > 0) \qquad \text{式 } 5-5$$

在式 5－3 中，Y_1^* 表示不可观测的潜变量；y_2表示连续型内生解释变量，即分别为亲代获得、给予经济支持水平、见面频率、通信频率；β 表示控制变量；

① 叶晗．代际支持对城镇中老年人口劳动参与行为的影响研究［D］．杭州：浙江大学，2015.

u 表示误差项。式 5－4 是内生解释变量y_2的决定公式，其中，x_i表示控制变量；z_i表示工具变量；v 表示误差项。式 5－5 中，Y_1表示可观测的因变量，即老年人是否存在抑郁症状。本章采用两阶段估计方法，公式 5－4 为第一阶段方程。如果检验结果说明模型存在内生性，那么运用Ⅳ Probit 方法进行估计的结果更加准确，反之则用普通单一 Probit 模型进行估计。

（二）代际经济支持对老年人抑郁症状的影响

1. 亲代是否获得经济支持对老年人抑郁症状的影响

由于自变量“亲代是否获得经济支持”是二分类变量，因此用 Probit 联立方程模型来估计其对因变量的影响。对于原假设“H_0：$\rho=0$”沃尔德检验结果的 P 值在表 5－12 中显示为 0.0139，在 5% 的水平上显著，说明老年人抑郁症状和亲代是否获得经济支持受到了不可观测因素的共同影响，即 2 个方程之间存在内在联系，表明使用联立方程的必要性。表 5－12 中显示出 2 个联立方程的系数和标准差，第一列显示“亲代是否获得经济支持”对老年人抑郁症状的回归系数。

表 5－12 显示，“亲代是否获得经济支持”对老年人抑郁症状产生显著的负向影响。这意味着，没有获得经济支持的老年人存在抑郁症状的可能性更高。这符合前述研究假设。经济资源是保障老年人晚年生活水平和生活质量的重要资源，经济条件好的老年人在生活中获得便捷条件的机会更多；获得经济支持的老年人不仅可以将这些支持用作日常生活开销和维持身体健康，还因为子女的孝敬行为在心理层面得到满足。这都会降低老年人患抑郁症状的可能性。

表 5－12　亲代是否获得经济支持对老年人抑郁症状影响实证结果

变量		是否存在抑郁症状		是否获得经济支持	
		系数	标准差	系数	标准差
是否获得经济支持		－0.848***	0.296		
性别		0.326***	0.057	0.091	0.064
年龄		－0.013***	0.005	－0.001	0.005
居住地		0.156**	0.071	0.121	0.079
受教育程度	文盲	参照组	参照组	参照组	参照组
	小学	－0.048	0.063	－0.022	0.071
	中学及以上	－0.165*	0.087	－0.091	0.096

续表

变量		是否存在抑郁症状		是否获得经济支持	
		系数	标准差	系数	标准差
婚姻状况		0.083	0.068	-0.096	0.075
经济状况		-0.134***	0.032	0.097***	0.034
子女数量		0.054***	0.019	0.130***	0.024
自评健康	不好	参照组	参照组	参照组	参照组
	一般	-0.291***	0.063	0.043	0.066
	良好	-0.436***	0.092	-0.091	0.095
患慢性病数量		0.077***	0.016	0.019	0.019
自理能力评分		0.167***	0.048	0.051	0.055
社交活动数量		-0.012	0.029	0.117***	0.033
是否参加医疗保险		-0.130	0.080	0.171*	0.088
是否退休		-0.294***	0.100	-0.240**	0.105
健康满意度		-0.463***	0.063		
生活满意度		-0.659***	0.099		
子女平均受教育程度				0.064***	0.020
Wald test of rho = 0		chi2（1）= 6.04449；Prob > chi2 = 0.0139			

注：*** 表示 $P<0.01$，在1%的水平上显著；** 表示 $P<0.05$，在5%的水平上显著；* 表示 $P<0.1$，在10%的水平上显著。

其他控制变量中，性别、年龄、居住地、受教育程度、经济状况、子女数量、自评健康、患慢性病数量、自理能力评分、是否退休、健康满意度、生活满意度对老年人是否存在抑郁症状产生显著的影响。女性老年人相较于男性老年人存在抑郁症状的可能性更高，这可能与女性本身的性格特点和身体状况有关。女性更加感性，在生活中遇到困难时更加多愁善感，也更加容易产生负面情绪。年龄对抑郁症状产生显著的负向影响，年龄越低的老年人越容易存在抑郁症状。这可能是因为高龄老人经历更加丰富，对于生活中遭遇的困难有更高承受能力。农村地区老年人与城镇地区老年人比较，更加容易产生抑郁情绪，存在抑郁症状的可能性更高。可能的原因有：①农村地区老年人的生活条件较差；②生活设施不完备；③生活中遇到的困难更多。从受教育程度来看，中学及以上受教育程度老年人相较于文盲老年人存在抑郁症状的可能性更低。原因可能包括：一方面，接受教育程度较高者本身生活条件会更好一些，生活中遇到的问题更少一些；另一方面，接受教育程度较高者应对困难生活的承受能力相对更强一些。经济状况良好的老年人存在抑郁症状的可能性更低。子女数量多的老年人更容易存在抑郁症状。这可能是由于子女数量越多，老年人需要为子女考虑的事情也越多，负担也越大。自评健康水平越好、患慢性病数量越少、自理能力越好的老年人，存在抑郁症状的可能性更低。这说明身体健康状况越好，老年人存在抑郁症状的可能性越低。退休老年人不容易存在抑郁症状，可能是退休之后的老年人不再为工作而忙碌，有更多闲暇的享受生活。健康满意度和生活满意度越高，老年人存在抑郁症状的可能性越低。显然，对生活各个方面的满意度刻画了老年人生活中遭遇困难和烦心事的程度。

2. 亲代获得经济支持水平对老年人抑郁症状的影响

理论分析表明，自变量“亲代获得经济支持水平”与“老年人抑郁症状”存在内生性。由于该自变量是连续型内生变量，因此用工具变量 Probit（Ⅳ Probit）模型来估计其对老年人抑郁症状的影响（如表 5 – 13 所示）。实证分析中，此部分选用的工具变量为“子女平均受教育程度”和“参加工作子女数量”。理论上讲，“子女平均受教育程度”和“参加工作子女数量”通过影响子女的收入进而对亲代获得经济支持水平产生影响，并不直接对老年人抑郁症状产生影响。选用工具变量首先是要求其有效性。表 5 – 12 的第一阶段回归分析结果表明，2 种工具变量均在 1% 的水平上显著，解释力度强。为了更加准确地判断工具变量是否为弱工具变量，利用 weakiv IVprobit 方法进行检验①，*P* 值为 0.0028，拒绝原假设“存在弱工具变量”。同时，进行过度识别检验结果 *P* 值为 0.2369，显著大于 0.1，接受原假设“所有工具变量均为外生”。由此表明，本部分选用的工具变量具有合理性。

表 5 – 13　亲代获得经济支持水平对老年人抑郁症状影响的实证结果

变量	第一阶段		第二阶段	
	回归系数	标准差	回归系数	标准差
子女平均受教育程度	0.070***	0.015		
参加工作子女数量	0.103***	0.022		
获得经济支持水平			–0.685***	0.229
性别	0.120**	0.049	0.491***	0.078
年龄	–0.004	0.004	–0.016***	0.006

① 袁微．二值选择模型内生性检验方法、步骤及 Stata 应用［J］．统计与决策，2018，34（6）：15 – 20.

续表

变量		第一阶段		第二阶段	
		回归系数	标准差	回归系数	标准差
居住地		0.021	0.061	0.164*	0.089
受教育程度	文盲	参照组	参照组	参照组	参照组
	小学	0.021	0.055	-0.010	0.078
	中学及以上	-0.060	0.077	-0.116	0.108
婚姻状况		-0.127**	0.055	0.044	0.085
经济状况		0.073***	0.026	-0.099**	0.042
子女数量		0.053***	0.019	0.104***	0.031
自评健康	不好	参照组	参照组	参照组	参照组
	一般	0.010	0.054	-0.313***	0.076
	良好	-0.082	0.078	-0.499***	0.116
患慢性病数量		0.017	0.014	0.092***	0.021
自理能力评分		0.029	0.039	0.196***	0.060
社交活动数量		0.075***	0.023	0.006	0.039
是否参加医疗保险		0.207***	0.069	0.055	0.111
是否退休		-0.237***	0.083	-0.412***	0.132
健康满意度		0.029	0.055	-0.491***	0.076
生活满意度		0.217***	0.077	-0.530***	0.129
内生性检验		Wald test of exogeneity: chi2 (1) = 10.23; Prob > chi2 = 0.0014			
弱工具变量检验		Wald | chi2 (1) = 8.91　　P = 0.0028			
过度识别检验		P - value = 0.2369			

注：*** 表示 $P<0.01$，在1%的水平上显著；** 表示 $P<0.05$，在5%的水平上显著；* 表示 $P<0.1$，在10%的水平上显著。

表5-13示出了获得经济支持水平对老年人抑郁症状影响的Ⅳ Probit回归结果。内生性检验的结果为 P 值等于0.0014，在1%的水平上显著，说明存在内生性。因此，可以用第二阶段回归结果来说明获得经济支持对老年人抑郁症状的影响。从表5-13的第二阶段回归系数可以看出，在控制内生性的基础上，获得经济支持对老年人抑郁症状产生显著地负向影响，即老年人获得经济支持水平越高，存在抑郁症状的可能性越低。老年人获得经济支持水平越高，经济条件越好，意味着老年人可用于改善生活条件和维持身体健康的经济资源越多，能

够更有效地保障自身的生活条件和生活水平。尤其是老年人需要支付自身无法负担的医疗费用时，子女经济支持将减缓或消除其所面临的困难。同时，利用子女的经济支持，可以更好地发展个人的兴趣爱好。这些都有助于降低其患有抑郁症状的可能性。

表 5－13 还表明，控制变量性别、年龄、居住地、经济状况、子女数量、自评健康、患慢性病数量、自理能力、是否退休、健康满意度、生活满意度等，对老年人抑郁症状产生显著地影响。这些变量的影响与表 5－12 分析结果一致，在此不再赘述。

3. 亲代是否给予经济支持对老年人抑郁症状的影响

因为“亲代是否给予经济支持”是一个二分类变量，所以适用 Probit 联立方程模型估计其对因变量的影响。估计结果显示在表 5－14 中，对于原假设“H_0：$\rho=0$”沃尔德检验结果的 P 值为 0.0157，在 5% 的水平上显著。这说明 2 个方程之间存在内在联系，有必要使用前述联立方程估计“亲代是否给予经济支持”对因变量的影响。

在表 5－14 中，示出了“亲代是否获得经济支持”对因变量“老年人抑郁症状”的影响系数，表明“亲代是否给予经济支持”对“老年人抑郁症状”有显著的负向影响。不给予子代经济支持的老年人，存在抑郁症状的可能性更高。当今老年人不仅重视自身物质生活条件，也注重自身精神需求的满足，包括老年人自我价值的实现、得到尊重等。老年人给予子女经济支持不仅能够减轻子女经济方面的负担，也满足了自身的精神需求。同时，子女对其保持的感恩心情，不仅使老年人获得尊重，而且促使子代在其他方面加大对亲代的支持。例如，看望父母的频次增加、情感交流的频率增加等。这些都有利于老年人的心理健康。

与表 5－13 的分析结果相比较，表 5－14 中控制变量显示出具有一定的稳健性。控制变量（性别、年龄、居住地、经济状况、子女总数、自评健康、患慢性病数量、自理能力、是否参加医疗保险、是否退休、健康满意度、生活满意度）对因变量“老年人抑郁症状”均有不同相关性的显著影响，影响方式与表 5－12 和表 5－13 基本一致。需要指出，从表 5－12 至表 5－14 所示出的不同计量模型对控制变量与“老年人抑郁症状”之间的相关性分析，均获得了一致性的结论，表明本章选定的控制变量具有良好的稳健性。

表 5-14 亲代是否给予经济支持对老年人抑郁症状影响实证结果

变量		是否存在抑郁症状		是否给予经济支持	
		系数	标准差	系数	标准差
是否给予经济支持		-0.951***	0.298		
性别		0.249***	0.067	-0.094*	0.057
年龄		-0.019***	0.005	-0.020***	0.004
居住地		0.128*	0.071	0.034	0.071
受教育程度	文盲	参照组	参照组	参照组	参照组
	小学	-0.056	0.061	-0.051	0.063
	中学及以上	-0.116	0.088	0.018	0.087
婚姻状况		0.045	0.069	-0.138**	0.064
经济状况		-0.081*	0.044	0.161***	0.031
子女数量		0.044**	0.018	0.054***	0.018
自评健康	不好	参照组	参照组	参照组	参照组
	一般	-0.248***	0.070	0.062	0.058
	良好	-0.351***	0.102	0.074	0.084
患慢性病数量		0.074***	0.016	0.016	0.016
自理能力评分		0.125***	0.047	-0.033	0.046
社交活动数量		0.003	0.031	0.094***	0.027
是否参加医疗保险		-0.175**	0.077	-0.045	0.078
是否退休		-0.080	0.120	0.349***	0.095
健康满意度		-0.433***	0.067		
生活满意度		-0.623***	0.100		
子女平均受教育程度				0.067***	0.017
Wald test of rho = 0		chi2 (1) = 5.83706; Prob > chi2 = 0.0157			

注：*** 表示 $P<0.01$，在1%的水平上显著；** 表示 $P<0.05$，在5%的水平上显著；* 表示 $P<0.1$，在10%的水平上显著。

4. 亲代给予经济支持水平对老年人抑郁症状的影响

理论分析表明，自变量“亲代是否给予经济支持水平”与“老年人抑郁症状”存在内生性，由于该自变量为连续型内生变量，可应用工具变量 Probit（Ⅳ Probit）模型来估计其对老年人抑郁症状的影响（如表 5-15 所示）。这一部分实证分析选用的工具变量为“子女平均受教育程度”和“参加工作子女数量”。从理论上分析，“子女平均受教育程度”和“子女平均年龄”通过影响子女自身的经济状况而对“亲代是否给予经济支持”产生影响，并不直接对老年人抑郁症状产生影响。

表5-15　亲代给予经济支持水平对老年人抑郁症状影响实证结果

变量		第一阶段		第二阶段	
		系数	标准差	系数	标准差
子女平均受教育程度		0.105***	0.024		
参加工作子女数量		0.036**	0.025		
给予经济支持水平				-0.467***	0.087
性别		-0.116*	0.070	0.235***	0.081
年龄		-0.025***	0.005	-0.022***	0.004
居住地		-0.077	0.087	0.052	0.075
受教育程度	文盲	参照组	参照组	参照组	参照组
	小学	-0.115	0.077	-0.063	0.060
	中学及以上	-0.036	0.109	-0.049	0.087
婚姻状况		-0.125	0.078	0.030	0.068
经济状况		0.244***	0.036	0.013	0.053
子女数量		0.051**	0.026	0.050***	0.017
自评健康	不好	参照组	参照组	参照组	参照组
	一般	0.078	0.077	-0.182**	0.077
	良好	0.083	0.111	-0.269**	0.111
患慢性病数量		0.028	0.020	0.069***	0.018
自理能力评分		0.118***	0.032	0.100*	0.054
社交活动数量		-0.178	-0.52	0.025	0.031
是否参加医疗保险		-0.082	0.097	-0.096	0.077
是否退休		0.643***	0.117	0.151	0.137
健康满意度		0.081	0.077	-0.318***	0.092
生活满意度		-0.107	0.109	-0.520***	0.125
内生性检验		Wald test of exogeneity：chi2（1）=11.44；Prob > chi2 =0.0007			
弱工具变量检验		Wald | chi2（1）=6.80　　P=0.0091			
过度识别检验		P - value =0.1529			

注：***表示 $P<0.01$，在1%的水平上显著；**表示 $P<0.05$，在5%的水平上显著；*表示 $P<0.1$，在10%的水平上显著。

从表5-15可以看出，第一阶段的回归结果中2个工具变量均显著。同样，为了准确判断工具变量是否具有弱工具变量特征，利用weakiv IVprobit方法对工具变量进行检验。检验结果为P值等于0.0091，因此拒绝原检验假设“存在弱工具变量”。过度识别的检验结果显示P值等于0.1529，大于0.1，故接受原检验假设“所有工具变量均为外生”。因此，这两个工具变量是有效的，可以应用于Ⅳ-Probit模型。表5-15示出了加入工具变量控制内生性的实证分析结果。从表5-15的内生性检验结果可以看出，Prob > chi2 = 0.0007，在1%的水平上显著，说明存在内生性。因此，实证分析中利用工具变量对内生性进行控制是合理的。对此，可以从表5-15的第二阶段回归结果中观测到其影响。

从表5-15中第二阶段的回归系数可以看出，“亲代给予经济支持水平”对老年人抑郁症状产生显著的负向影响。即亲代给予经济支持水平越高，其自身存在抑郁症状的可能性越低。这一结论与“亲代给予经济支持”对“老年人抑郁症状”的影响机制类似。究其原因，老年人给予子女的高水平经济支持，不仅强化了子代与亲代的情感纽带和互动交流，而且提升了老年人实现自我价值和个人尊严的满足感。这些都会使老年人更加开心，从而有效降低抑郁症状发生的可能性。此外，表5-15还表明，系列控制变量（性别、年龄、子女总数、自评健康、患慢性病数量、自理能力、健康满意度、生活满意度等）对老年人抑郁症状产生显著的影响，与前述实证结果比较，具有一定的稳健性。需要特别强调，自评健康、患慢性病数量、自理能力、健康满意度这几项反映健康特征的控制变量，对老年人心理健康的影响尤为重要，进而影响其生活满意度以及负向情绪（抑郁症状）的形成。

（三）代际照护支持对老年人抑郁症状的影响

1. 亲代获得照护支持对老年人抑郁症状的影响

表5-16示出了自变量“亲代获得照护支持”对因变量“老年人抑郁症状”影响的回归分析结果。由于本章设定该自变量为二分类变量，所以采用Probit联立方程模型来分析其对因变量的影响。表5-16给出了2个联立方程的回归系数和标准差。其中，第一列示出自变量“亲代获得照护支持”对“老年人抑郁症状”的回归系数。对于原假设“H_0：$\rho = 0$”进行沃尔德检验，获得检验结果P值为0.0440，在0.5%的水平上显著。由此表明，联立方程组的2个方程之间存

在内在的联系，说明这部分实证分析使用Probit联立方程模型是有效的。

表5－16　　亲代获得照护支持对老年人抑郁症状影响实证结果

变量		存在抑郁症状		得到照护支持	
		系数	标准差	系数	标准差
获得照护支持		－1.241***	0.322		
性别		0.373***	0.067	0.059	0.058
年龄		－0.010**	0.005	0.003	0.005
居住地		0.186**	0.074	0.086	0.071
受教育程度	文盲	参照组	参照组	参照组	参照组
	小学	－0.042	0.064	－0.004	0.065
	中学及以上	－0.131	0.090	－0.026	0.087
婚姻状况		0.168**	0.068	0.112*	0.066
经济状况		－0.141***	0.034	0.005	0.030
子女数量		0.049***	0.019	0.008	0.023
自评健康	不好	参照组	参照组	参照组	参照组
	一般	－0.220***	0.078	0.133**	0.060
	良好	－0.350***	0.108	0.099	0.089
患慢性病数量		0.053**	0.021	－0.039**	0.016
自理能力评分		0.164***	0.058	0.009	0.047
社交活动数量		－0.017	0.031	0.060**	0.028
是否参加医疗保险		－0.055	0.085	0.053	0.082
是否退休		－0.285***	0.105	－0.082	0.096
健康满意度		－0.430***	0.079		
生活满意度		－0.588***	0.110		
参加工作子女数量				0.053**	0.024
Wald test of rho＝0		chi2（1）＝4.05786；Prob＞chi2＝0.0440			

注：*** 表示 $P<0.01$，在1%的水平上显著；** 表示 $P<0.05$，在5%的水平上显著；* 表示 $P<0.1$，在10%的水平上显著。

表5－16表明，自变量“亲代获得照护支持”对因变量“老年人抑郁症状”产生显著的负向影响；这意味着相较于没有获得子女照护支持的老年人，获得了子女照护支持的老年人存在抑郁症状的可能性更低。随着年龄的增长，老年人躯体功能、反应能力、抗风险能力都呈现降低趋势，不仅患病及受伤害的风

险随之加大，而且承受突发事件的能力降低，甚至日常生活的家务活动（例如，家庭清洁、洗衣做饭等）也逐渐成为其沉重负担。子女为老年人提供日常生活照护不仅可以减轻他们的家务负担、降低他们患病及受伤害的风险，而且还可促使他们将更多时间和精力投入社交活动，达到放松身心的效果。同时，子代的照护支持作为一种孝敬行为，既能够满足亲代的心理需求，也增进了双方的情感交流与互动。综上所述，有理由认为，子女的照护支持能够有效降低老年人罹患抑郁症状的可能性。

从表 5-16 可以看出，控制变量（性别、年龄、居住地、婚姻状况、经济状况、子女总数、自评健康、患慢性病数量、自理能力、是否退休、健康及生活满意度）对因变量“老年人抑郁症状”依然产生了不同程度的影响。统计学检验在1%水平上影响显著的控制变量有：性别、经济状况、子女总数、自评健康、自理能力、是否退休、健康及生活满意度。其中，经济状况、自评健康、是否退休、健康及生活满意度为显著的负向影响，性别、子女总数、自理能力则为显著的正向影响。统计学检验在5%的水平上影响较为显著的控制变量有：年龄、居住地、婚姻状况、患慢性病数量。其中，年龄为较为显著的负向影响，居住地、婚姻状况、患慢性病数量为较为显著的正向影响。除上述以外，其他控制变量对因变量“老年人抑郁症状”的影响，因为统计学检验并不显著，所以没有统计学意义。

2. 亲代给予照护支持对老年人抑郁症状的影响

表 5-17 示出了自变量“亲代给予照护支持”对因变量“老年人抑郁症状”影响的实证分析结果。由于此部分的实证分析中“亲代给予照护支持”是二分类变量，因此，使用 Probit 联立方程模型估计其对因变量的影响。应用原假设“H_0：$\rho=0$”的沃尔德检验方法，获得的 P 值为 0.0083，且在 1% 的水平上显著（如表 5-17 所示），说明 2 个方程之间存在内在的联系，表明有必要使用 Probit 联立方程模型。

表 5-17　亲代给予照护支持对老年人抑郁症状影响实证结果

变量	存在抑郁症状		给予照护支持	
	系数	标准差	系数	标准差
给予照护支持	-1.120***	0.251		
性别	0.372***	0.063	0.100*	0.059
年龄	-0.032***	0.006	-0.051***	0.005
居住地	0.137*	0.071	0.010	0.073

续表

变量		存在抑郁症状		给予照护支持	
		系数	标准差	系数	标准差
受教育程度	文盲	参照组	参照组	参照组	参照组
	小学	0.006	0.067	0.103	0.066
	中学及以上	-0.081	0.091	0.062	0.089
婚姻状况		0.077	0.068	-0.065	0.067
经济状况		-0.132***	0.033	-0.003	0.031
子女数量		0.034*	0.019	-0.017	0.023
自评健康	不好	参照组	参照组	参照组	参照组
	一般	-0.281***	0.066	-0.034	0.061
	良好	-0.446***	0.095	-0.174*	0.090
患慢性病数量		0.057***	0.019	-0.021	0.016
自理能力评分		0.111**	0.053	-0.114**	0.050
社交活动数量		-0.013	0.029	0.064**	0.027
是否参加医疗保险		-0.098	0.082	-0.024	0.085
是否退休		-0.245**	0.102	-0.047	0.100
健康满意度		-0.407***	0.075		
生活满意度		-0.589***	0.102		
参加工作子女数量				0.046*	0.025
Wald test of rho = 0		chi2 (1) = 6.96288; Prob > chi2 = 0.0083			

注：*** 表示 $P<0.01$，在1%的水平上显著；** 表示 $P<0.05$，在5%的水平上显著；* 表示 $P<0.1$，在10%的水平上显著。

从表5-17可以看出，自变量“亲代给予照护支持”对因变量“老年人抑郁症状”的回归系数为-1.120，统计学检验在1%的水平上有显著的负向影响。由此表明，与没有给予子女照护支持的老年人比较，给予子女照护支持老年人罹患抑郁症状的可能性更低。亲代给予子代照护支持的主要形式，通常是老年人无偿帮助子代照看孙子女。解决忙于工作的子代的子女照看问题，无疑卸下了影响子代职业生涯发展的重大负担，必然获得子代的感恩心情，甚至更多的经济支持。在这种情况下，老年人不仅通过与孙子女相处获得更多天伦之乐和更加和谐的家庭氛围，而且对孙子女的照护能够增加老年人的成就感和自我价值实现的意识。从心理学的层面来看，和谐的家庭氛围和自我价值实现的意识有利于老年人保持愉悦的心境，有效克服可能存在的抑郁心态。

表5－17显示，控制变量（性别、年龄、经济状况、自评健康、患慢性病数量、自理能力、是否退休、健康及生活满意度）对因变量“老年人抑郁症状”有不同程度的影响。统计学检验在1%的水平上影响显著的控制变量有：性别、年龄、经济状况、自评健康、患慢性病数量、健康及生活满意度。其中，年龄、经济状况、自评健康、健康及生活满意度为显著的负向影响，意味着这几项控制变量的数值越高，老年人存在抑郁症状的可能性越低；“性别”和“患慢性病数量”则为显著的正向影响。统计学检验在5%的水平上影响较为显著的控制变量有“自理能力”和“是否退休”。其中，“是否退休”为较为显著的负向影响，“自理能力”为较为显著的正向影响。统计学检验在10%的水平上显著的控制变量有“居住地”和“子女数量”，表现出对因变量（老年人是否存在抑郁症状）较弱的影响，我们将其与其他与因变量无关的控制变量归为一类，均认为是没有统计学相关意义的控制变量。

（四）代际情感支持对老年人抑郁症状的影响

1. 见面频率对老年人抑郁症状的影响

理论分析表明，自变量“见面频率”与因变量“老年人抑郁症状”之间可能存在内生性问题。由于“见面频率”是一个连续型变量，因此，实证分析可以应用工具变量Probit（Ⅳ Probit）模型来估计其对因变量“老年人抑郁症状”的影响。研究中选用的工具变量为：“参加工作子女数量”和“有配偶子女数量”（如表5－18所示）。理论上讲，作为工具变量，“参加工作子女数量”和“有配偶子女数量”并不直接对老年人是否存在抑郁症状产生影响，而是通过影响子女的照护时间和居住方式，间接影响亲代与子代的见面频率。从表5－18显示的第一阶段回归结果可以看出，这2个工具变量的统计学检验均显示在1%的水平上对因变量影响显著。为了更加准确地判断工具变量是否为弱工具变量，研究中利用了weakiv IVprobit方法进行统计学检验，结果为P值等于0.0015，从而拒绝“存在弱工具变量”的原假设。过度识别的检验结果为P值等于0.8214，显著大于0.1，故接受原假设“所有工具变量均为外生”。通过上述统计学检验，表明这2个工具变量是有效的，可以应用在Ⅳ Probit模型之中。

表 5－18　　见面频率对老年人抑郁症状影响实证结果

变量		第一阶段		第二阶段	
		系数	标准差	系数	标准差
参加工作子女数量		0.027***	0.018		
有配偶子女数量		0.182***	0.020		
见面频率				－0.488***	0.134
性别		0.037	0.036	0.392***	0.062
年龄		0.016***	0.003	－0.002	0.006
居住地		－0.062	0.045	0.129*	0.078
受教育程度	文盲	参照组	参照组	参照组	参照组
	小学	0.004	0.040	－0.039	0.067
	中学及以上	－0.087	0.054	－0.164*	0.094
婚姻状况		－0.034	0.040	0.106	0.071
经济状况		0.013	0.019	－0.140***	0.033
子女数量		0.020	0.016	0.100***	0.025
自评健康	不好	参照组	参照组	参照组	参照组
	一般	0.054	0.040	－0.282***	0.068
	良好	0.054	0.057	－0.392***	0.102
患慢性病数量		0.004	0.010	0.079***	0.018
自理能力评分		0.033	0.028	0.185***	0.053
社交活动数量		0.005	0.017	－0.047	0.029
是否参加医疗保险		－0.085*	0.050	－0.122	0.086
是否退休		－0.016	0.060	－0.275**	0.107
健康满意度		0.025	0.040	－0.452***	0.069
生活满意度		0.096*	0.056	－0.601***	0.110
内生性检验		Wald test of exogeneity：chi2（1）＝8.08；Prob＞chi2＝0.0045			
弱工具变量检验		Wald | chi2（1）＝10.02　　P＝0.0015			
过度识别检验		P－value＝0.8214			

注：*** 表示 $P<0.01$，在1%的水平上显著；** 表示 $P<0.05$，在5%的水平上显著；* 表示 $P<0.1$，在10%的水平上显著。

表5－18中示出了应用Ⅳ Probit模型的第二阶段回归系数和标准差。可以看出，自变量“见面频率”对因变量“老年人抑郁症状”有显著的负向影响。这

意味着与子女的见面频率越高，老年人存在抑郁症状的可能性越低。老年人抑郁症状的重要表现之一是孤独感，孤独感将引起并加重焦虑感。这是老年人群体最主要的心理问题。缺乏子女陪伴常常是导致老年人孤独感的主要因素。尤其是子女快节奏的生活和远距离的居住地，导致与父母的见面时间和次数大幅度减少，父母渴望与子女见面需求更为强烈。但在一般情况下，父母出于为子女考虑不会主动要求他们回家陪伴自己。在长期情感压抑和孤独感的双重作用下，老年人必将形成情绪低落的抑郁症状。自变量“见面频率”越高，说明老年人与子女之间情感交流的程度越高，从而满足了老年人与子女充分情感交流的愿望，能够缓解或完全解除老年人的孤独感，有效避免抑郁症状的产生。

从表5－18可以看出，第二阶段实证分析的控制变量中，性别、经济状况、子女数量、自评健康、患慢性病数量、自理能力、是否退休、健康及生活满意度对因变量“老年人抑郁症状”有不同程度的影响。统计学检验在1%的水平上影响显著的控制变量有：性别、经济状况、子女数量、自评健康、患慢性病数量、自理能力、健康满意度和生活满意度。其中，经济状况、自评健康、健康满意度和生活满意度为显著的负向影响，意味着这几项控制变量的数值越高，老年人存在抑郁症状的可能性越低；性别、子女数量、患慢性病数量、自理能力则为显著的正向影响。统计学检验在5%的水平上影响较为显著的控制变量仅有是否退休，其对“老年人抑郁症状”负向影响较为显著。除上述外，其余控制变量对因变量的影响，因为统计学检验并不显著（“居住地”统计学检验仅在10%的水平上显著），所以没有统计学意义。

2. 通信联系频率对老年人抑郁症状的影响

自变量“通信频率”是一个连续型变量，与因变量“老年人抑郁症状”之间存在内生性问题。因此，适用工具变量Probit（Ⅳ Probit）模型来分析“通信频率”对因变量的影响（如表5－19所示）。本章实证分析选用的工具变量为“参加工作子女数量”和“有配偶子女数量”。从第一阶段回归分析结果可以看出，这2个工具变量的统计学检验分别在5%和1%的水平上显著。为了更加准确地判断所选工具变量是否为弱工具变量，利用weakiv IVprobit方法进行统计学检验，结果为P值等于0.0136。因此，拒绝该检验方法的原假设“存在弱工具变量”。过度识别的检验结果为P值等于0.1257，大于0.1，故接受原假设“所有工具变量均为外生”。由此表明，这2个工具变量可以用于Ⅳ Probit模型中。

表 5－19　　通信频率对老年人抑郁症状影响实证结果

变量		第一阶段		第二阶段	
		系数	标准差	系数	标准差
参加工作子女数量		0.039 **	0.017		
有配偶子女数量		0.054 ***	0.017		
通信频率				－0.888 ***	0.208
性别		0.005	0.035	0.318 ***	0.076
年龄		－0.027 ***	0.003	－0.032 ***	0.006
居住地		0.057	0.043	0.188 ***	0.072
受教育程度	文盲	参照组	参照组	参照组	参照组
	小学	0.047	0.038	0.005	0.064
	中学及以上	0.134 **	0.052	0.015	0.098
婚姻状况		－0.086 **	0.039	0.025	0.073
经济状况		0.053 ***	0.018	－0.075 *	0.044
子女总数		0.005	0.015	0.079 ***	0.019
自评健康	不好	参照组	参照组	参照组	参照组
	一般	0.045	0.038	－0.216 ***	0.079
	良好	－0.001	0.055	－0.353 ***	0.109
患慢性病数量		0.015	0.010	0.133 **	0.055
自理能力评分		－0.011	0.027	0.118 **	2.39
社交活动数量		0.053 ***	0.016	0.006	0.032
是否参加医疗保险		0.173 ***	0.048	－0.083	0.094
是否退休		0.044	0.057	0.191 *	0.107
健康满意度		－0.017	0.038	－0.407 ***	0.086
生活满意度		0.099 *	0.054	0.158 ***	0.147
内生性检验		Wald test of exogeneity：chi2 （1）＝6.41；Prob＞chi2＝0.0113			
弱工具变量检验		Wald | chi2 （1）＝6.09　　P＝0.0136			
过度识别检验		P－value＝0.1257			

注：*** 表示 $P<0.01$，在1%的水平上显著；** 表示 $P<0.05$，在5%的水平上显著；* 表示 $P<0.1$，在10%的水平上显著。

表 5－19 示出了Ⅳ Probit 模型的第二阶段回归系数和标准差。可以看出，自变量“通信频率”对因变量“老年人抑郁症状”产生显著的负向影响，即与子女通信频率越高的老年人罹患抑郁症状的可能性越低。现代多元化的通信方式作为子女与父母之间交流的途径，与见面交流相比较，现实中限制条件更少：

其一，不用考虑居住距离的问题；其二，相同交流时间下，通信耗时明显低于见面耗时；其三，多元化通信方式，不仅可语音联系而且可视频交流，操作性更高。对于异地工作、学习的子女来说，利用通信工具与父母交流更为实际，效果不亚于见面沟通。因此，有理由认为子代与亲代之间保存较高的通信频率能够有效舒缓老年人孤独感形成的负面情绪，进而抑制抑郁症状的产生。由此可见，亲代与子代的“通信频率”是影响“老年人抑郁症状”的重要因素。

本章以统计学检验的5%水平为界，划分变量之间关系的显著性。从表5－19中第二阶段Ⅳ Probit 模型的回归系数可以看出，控制变量中性别、年龄、居住地、子女数量、自评健康、患慢性病数量、自理能力、健康及生活满意度对老年人抑郁症状有不同程度的影响。统计学检验在1%的水平上影响显著的控制变量有：年龄、居住地、子女数量、自评健康、健康及生活满意度。其中，年龄、自评健康、健康及生活满意度为显著的负向影响；性别、居住地、子女数量为显著的正向影响。统计学检验在5%的水平上影响较为显著的控制变量有“患慢性病数量”和“自理能力”，二者均为较为显著的正向影响。对于控制变量“经济状况”和“是否退休”，由于二者统计学检验在10%的水平上显著，我们并不认为这2个控制变量与因变量“老年人抑郁症状”具有统计学意义的相关性。

六、本章结论

（一）主要结论

1. 代际经济支持对老年人抑郁症状产生显著影响

亲代获得、给予经济支持都对老年人抑郁症状产生显著负向影响，即获得经济支持的老年人存在抑郁症状的可能性更低；给予经济支持的老年人存在抑郁症状的可能性更低。从经济支持水平来看，获得、给予经济支持都对老年人抑郁症状存在显著负向影响。老年人获得经济支持越高，存在抑郁症状的可能性越低，老年人给予经济支持越高，存在抑郁症状的可能性越低。这一结论同刘西国（2016）在控制内生性基础上得到的结论一致。

研究表明，老年人获得经济支持有利于提升其自身的生活质量和健康水平，对控制其抑郁症状的产生有积极影响。这与众多学者的研究认识一致。来自家庭（主要是配偶和子女）的经济支持是老年人维持生活水平和生活质量的重要保障。获得经济支持的老年人与没有获得经济支持的老年人比较，具有更多的生活保障。经济支持不仅可以进一步提高老年人的生活质量，而且在自理能力良好的情况下可以用作旅游开销或发展个人兴趣爱好，在失能情况下可以用于康复治疗或照护支出。经济支持的这些功效，有着抑制抑郁症状产生的作用。子女对父母的经济支持体现了子女的孝顺。子女孝顺必然导致父母开心快乐的心理状态和积极情绪，从而降低父母抑郁症状产生的可能性。

以往对于亲代给予经济支持对老年人健康影响的研究结果不一，这可能与研究过程中变量的具体设置、选用的实证分析方法以及是否控制内生问题相关。王萍和李树茁（2012）、唐金泉（2016）研究发现，老年人提供代际支持对其自身健康存在积极的影响。本章在控制内生性基础上得出的结论，同样显示亲代给予经济支持对老年人抑郁症状产生显著负向影响。随着生活水平的提高，老年人不仅关注物质生活水平，同样重视精神生活水平，渴望在老年仍然能够实现自我价值，满足个人的成就感和自尊。老年人给予子女力所能及的经济支持，对于生活负担沉重子女来说有很大的帮助，对老年人自身来说实现了自我价值并充分满足了自己的成就感。这种心理层面的满足，将导致其存在抑郁症状的可能性降低。

2. 代际照护支持对老年人抑郁症状产生显著影响

亲代无论获得还是给予子代照护支持，均对老年人抑郁症状产生显著的负向影响。随着年龄增长，老年人的行动能力降低、躯体功能下降、患病风险增加，这些都造成他们日常生活的诸多不便，在日常生活中遭遇突发性风险的概率增大。老年人获得其子女在日常生活中的帮助，不仅可以减轻其日常生活的负担，而且能够降低可能造成伤害的风险。同时，老年人有更多时间与朋友和邻里往来，通过丰富个人社会交往有效减少空虚寂寞等负面情绪的产生。照护父母作为一种孝敬行为，对于老年人来说获得了心理层面的满足。同时，照护父母过程伴随着情感交流，可以缓解老年人孤独寂寞、无人理解等负面情绪，这些都会降低其存在抑郁症状的可能性。

亲代给予子代照护支持，对降低其自身产生抑郁症状可能性有积极作用。孩子照看是年轻一代家庭的主要问题，亲代给予子代照护支持通常表现为照看孙子女的方式。父母帮助子女照看孙子女，减轻了子女的家庭负担，不仅实现了老年人的自我价值，并且在孙子女相处之中享受了天伦之乐，为原本单调的生活增添了乐趣，对缓解抑郁症状产生积极的作用。

3. 代际情感支持对于老年人抑郁症状产生显著影响

实证分析表明，代际之间的见面频率、通信频率都对老年人抑郁症状有显著的负向影响。职场的激烈竞争导致年轻人因忙于工作而忽视与父母见面或通信联系的现象比比皆是。成年子女与父母的居住距离增大，也是形成空巢老人数量增加的主要原因。这些因素，无疑将导致老年人孤单寂寞、焦虑等负面情绪，增加其产生抑郁症状的可能性。

见面频率和通信频率的增加，代表着父母与子女之间情感交流的增加，在这个过程中子女不仅可以了解父母的生活和想法，而且也能了解父母遇到的问题和困难，从而为父母提供更加实际的帮助。在上述情感交流过程中，通过双向的沟通，父母同样可以了解到子女当前的生活状态、工作状态，增加其对子女生活的融入感。见面和通信等情感交流的增加，可以愉悦老年人的心境，舒缓甚至解除其孤单寂寞的负向情绪，降低其产生抑郁症状的可能性。

（二）讨论

1. 加强传统孝道文化宣传，提高子女支持水平

家庭养老仍然是我国主要的养老模式，子女作为老年人养老生活的主要支持者之一，为老年人提供养老生活的经济、照护等各种资源，对老年人的老年生活质量有重要的影响。我国传统的孝道文化强调子女主动赡养老人，保障父母的生活。加强对孝道文化的宣传，有助于提高子女赡养父母的意识，持续关注父母身心健康状态，提高父母生活水平。开展尊老、爱老与敬老的宣传活动，有助于敦促子女孝敬老人，与老年人建立良好的代际关系，赡养父母，增强子女主动为老年人提供经济支持、照护支持的意识，避免发生子女对老年人不闻不问的现象。加强舆论监督机制建设，对于不赡养老年人甚至伤害和虐待老年人的行为进行惩治。鼓励子女提高对老年人经济支持的力度，尽可能在物质上满足老年人生活的需要。鼓励子女在条件允许的情况下多给予老年人日常生活上的帮助，减轻老年人在日常活动上的负担。子女不仅要在物质上满足老年人的需要，还要重视与老年人在情感上的沟通和交流，建立良好的代际关系。鼓

励子女多关心老年人的生活和健康，经常看望和联系父母，让父母融入自己的生活中，跟他们互动交流，舒缓他们寂寞、孤单等负面情绪，避免其产生抑郁情绪和抑郁症状。

2. 定期开展抑郁症状筛查工作

老年人抑郁症状检出率较高，存在孤单、寂寞、焦虑等负面情绪。这对老年人的身心健康以及日常行为产生重要的影响。老年人的精神需求日益获得关注。抑郁症状虽然没有抑郁症损害程度高，但是放任抑郁症状发展就会形成抑郁症甚至更严重的危害。抑郁症状是可以通过一系列抑郁相关量表进行自查的，操作比较便捷。伍小兰等（2015）提出，基层组织（包括城市的社区组织以及农村的村委会组织等）要重视利用自查量表定期开展抑郁症状的筛查工作，掌握老年人抑郁症状的动态情况，做到早发现、早干预，从而达到及时干预和调整的目的，降低老年人心理损耗，改善其身心健康状况。

基层组织要重视容易产生抑郁症状的老年人群体，不仅要对其进行定期的筛查，还要给予其更多的关注和关怀，及时发现他们生活中存在的问题并提供解决办法。本章分析发现，女性老年人、没有配偶的老年人、经济状况较差的老年人、身体健康状况较差的老年人以及对健康和生活满意度较低的老年人更容易产生抑郁症状。因此，基层组织在利用自查量表进行筛查的过程中要重视具有这些特征的老年人，掌握他们的心理动态做好记录工作，以便在问题出现时及时发现。同时，还要给予他们更多的关怀，定期上门了解他们在生活中遇到的困难并提供帮助。对于身体健康状况较差的老年人安排社区医生和心理咨询师上门服务，帮助其解决身体和心理健康问题，还可以设置求助热线，帮助他们处理突发性事件。

3. 重视老年人的精神需求

老年人给予子女经济支持、照护支持可以降低其存在抑郁症状的可能性，这说明老年人对于自己可以为子女提供帮助是满意的。在同子女的互动中，老年人在接受子女支持的同时还在尽可能的为子女提供帮助，他们不想单纯依赖子女。这些说明老年人的精神需求不仅仅包括与子女见面、通信联系，还包括自身自尊需求、自我价值的实现以及自我意识的加强。因此，在鼓励子女赡养父母的同时，也要及时提醒子女注意父母的自我意识，保护父母的尊严，重视自我价值的实现，提供适度的代际支持，在同父母的交流过程中要保持平等的态度。老年人需要实现自我价值，不希望自己成为一个“无用”的人。作为子女，要关注父母的心理动态，了解父母的精神需求，提高相处质量。子女在同父母互动过程中，要鼓励父母多参加社会交往活动，发展兴趣爱好，实现自我价值。

4. 大力发展社区居家养老服务，提供专业心理咨询服务

家庭代际支持并不是老年人产生抑郁情绪和抑郁症状的唯一原因，外部支持同样对于老年人抑郁症状存在影响。研究表明（戴冰等，2018；画妍和郑晓莉，2017），社会支持对老年人抑郁症状有显著影响。社会支持越高，老年人患抑郁症状的可能性越低。因此，舒缓老年人抑郁情绪、降低老年人产生抑郁症状的可能性，不仅需要家庭内部的努力，还需要完善外部的支持系统。我国正在着力建设以居家养老为基础，社区养老为依托的养老模式，实现社区对家庭养老的补充作用。本章建议从以下几个方面着手：①完善社区基础设施建设，根据本地区实际和老年人需求，合理规划并及时补充基础设施和公共服务配套设施，增设社区照护中心、医疗卫生、文化、购物等场所，为老年人提供一个良好便捷的生活环境。②完善社区服务项目，为老年人提供日常照护、医疗护理、心理咨询以及情感慰藉等服务项目。例如，上门清洁、送餐服务、上门医生等。这些服务不仅可以减轻老年人日常家务的负担，还可以及时处理老年人身体和心理问题，降低其产生抑郁症状的可能性。社区还应该组织多样的休闲娱乐活动，鼓励老年人发展兴趣爱好，参加社会交往活动，丰富其老年生活。通过这些活动，老年人不仅可以扩展自己的社交网络，结交朋友，丰富生活，还可以通过兴趣爱好提高自我成就感，产生积极正面情绪。

周瑞兰（2018）研究发现，通过支持性心理治疗[①]等专业的心理干预措施可以有效改善老年人抑郁症状，提高他们的生活质量。姚菁和刘萱争（2018）研究发现，对社区患抑郁症状的老年人实施综合干预有助于缓解他们的抑郁症状，提高生活质量。其中，综合干预的手段主要有：利用药物治疗；进行心理干预（包括倾听、讲解以及鼓励）；进行行为指导，指导老年人掌握自我控制、自我调节的技巧等。因此，社区在完善基础设施和服务时，要重视为老年人提供专业的心理咨询服务。要推广老年人心理咨询和辅导，配备专业的心理咨询师，开设心理健康课程，举办心理健康讲座和宣传活动，指导老年人妥善解决生活中遇到重大负面事件带来的不良心理影响。同时，教育家庭成员在与老年人沟通时掌握正确的方式方法，在家庭内部妥善处理老年人遇到的心理问题。

① 支持性心理治疗是一种专业的基础心理治疗模式，主要是指专业人员在患者接受治疗的过程中，通过倾听、纾解以及鼓励支持等方法提升患者治疗的依从性。

第六章 失能老人经济收入对照护方式选择的影响

一、经济收入与照护方式选择的相关研究

根据国家统计局的分类，居民收入来源分为工资性收入、经营性收入、财产性收入以及转移性收入①。老年人作为经济社会中重要的参与主体，其收入构成也逐渐引起学术界的关注。根据文献梳理，中国老年人的收入来源主要包括劳动收入、离退休金和养老金以及家庭成员供养。在2010年第六次全国人口普查数据中，老年人收入除上述三大支柱外，还设有失业保险金、最低生活保障、财产性收入和其他。根据本章设定的研究内容，将失业保险金、最低生活保障归为其他社会保障收入。因此，本章涉及的老年人个人经济收入主要包括劳动收入、离退休金和养老金、家庭成员供养、其他社会保障收入、财产性收入和其他6类。

关于失能老人的劳动收入问题，由于本书对于失能老人的定义，存在少部分日常活动独立完成有困难、但仍可以独立完成的样本，该部分老年人仍然具备一定的劳动能力。例如，编制手工艺品、个人开设小型超市或店铺等。因此，仍将劳动收入作为一项收入分类。

此外，本章未将个人固定资产和居民储蓄计入老年人的收入范围，原因如下：①本章研究的是老年人个人经济收入对正式照护选择的影响，而固定资产和储蓄通常是以家庭为单位拥有；②老年人所拥有的固定资产大多数为房产，且多数老年人的房产用于居住或者留给下一代，现实中通过变卖房产来获取收

① 张彤进．包容性金融发展的城乡收入分配效应研究——基于产业结构升级的视角［J］．山西财经大学学报，2016，38（6）：28－40.

入的比例较少。即使变卖成功也属于一次性收入，不利于在老年群体中做横向比较。此外，房地产市场的变动性较大，房产折现估计不同时期会产生偏差，无法准确估计其现金价值，但因固定资产所带来的长期财产性收入（例如，房屋出租带来的收入）将纳入本章的收入范围；③出于保密意识和隐私意识，调查时人们对于自身的储蓄信息模糊表达较为严重，无法准确衡量。因此，储蓄不纳入本章的个人经济收入。

福利经济学理论是西方经典经济理论的重要组成部分，主要以研究资源的有效配置、收入的公平实现和社会福利的整体增进为目的。20 世纪初，福利经济学理论在英国产生，经过近一个世纪的发展，为人类社会福利的发展奠定了深厚基础。该理论的发展可以追溯到古典经济学时期。亚当・斯密提出的放任自由主义，从自由竞争的原则出发，全面阐述了资本主义社会个人、市场、国家和社会的关系，创造性的提出了“看不见的手”这一观点。在他看来，无论是个人还是整个社会，实现自身利益最大化是其进行经济活动仅有的动机，但是这种利己主义并不影响社会的整体福利[①]。亚当・斯密认为，资本主义市场竞争这只“看不见的手”支配市场按照规律运转，从而实现个人利益和社会利益的调和。在此基础上，国民财富和个人利益都会有所增长，从而社会整体福利也会得到提升。

20 世纪初，“福利经济学之父”庇古的《福利经济学》[②] 出版，标志着福利经济学的正式诞生并构建了较为完整的理论体系。庇古认为，资源自由支配只能在完全竞争的市场中进行，当竞争条件受限时，资源和竞争的自由流动与社会纯产值和个人纯产值将不再对等，甚至还会出现背离，这就需要有国家（政府）出面干预以让广大社会成员能够公平地享有社会福利。这时的福利经济学将个人福利表示为基数效用，将整个社会的福利表示为所有个人效用的总和（黄淑玲，2007），国家干预能够在增加国民收入的同时，实现工人工作、工资的机会均等，提高劳动者的效率，从而实现国民福利的最大化。

随着意大利经济学家帕累托的《政治经济学讲义》[③] 的发表，新福利经济学产生。该书以基数效用为基础，以最大化社会效用和适度条件来说明经济福利，

① 陈肖舒．西方福利经济理论的批判与反思［D］．长春：吉林大学，2017.

② 《福利经济学》主要阐述如何增加社会福利。庇古根据边际效用论提出以下 2 个福利基本命题：（1）国民收入水平越高，社会福利就越大；（2）国民收入分配越均等化，社会经济福利就越大。

③ 帕累托于 1896 年在洛桑用法文发表《政治经济学讲义》。其代表作还有《政治经济学提要》《普通社会学》和《社会主义体系》。

同时提出资源最优配置的问题（陈肖舒，2017）。帕累托最优（又称“帕累托有效”或“帕累托最适度”）表示这样一种状态：不管出现何种改变，既不能改善一个人的情况，也无法使一个人的情况变得更糟的状态；或者如果一项改变能够改进一个人的福利状况，同时其他人的福利也不会减少的状态。帕累托适度准则的主要观点可以概括为适度的交换条件和适度生产条件，反映在商品中就是如果一个人的收入、喜好或假节都保持不变，无论哪种商品出现了边际替代率，对于使用者来说都是平等的。而对于该种商品而言，价格和边际生产成本也是相等的。该准则能够提高社会的生产效率从而达到最优的均衡状态，来实现社会福利的最大化。

对于失能老人家庭来讲，由家庭成员充当主要照护责任者时，照护老年人的时间与照护者工作时间存在冲突；家庭成员工作期间无法为老年人（尤其是失能程度较高需要长时间照护的老年人）提供帮助。在照护这一类老年人时，家庭成员必然要放弃工作所带来的收益和机会成本。因此，在家庭成员的长期博弈过程中，往往会导致照护者自身工作完成度低、老年人照护服务不到位的结果，对家庭照护成员造成物质和精神两个方面的压力，使失能老人和家庭成员的福利都受到损失。按照福利经济学的基数效用理论，长此以往会减少整个社会的福利。正式照护的使用可以解决家庭成员的时间冲突问题，帮助子女及其他有工作需求和需要的家庭成员专心投入到工作及其他可以为其带来更大效用的活动中，提高其收益。同时，老年人也可以享受专业的养老服务，帮助其身体健康的恢复。在这种情况下，两者福利都会增加从而达到共赢，实现帕累托最优。

正式照护作为市场化的商品，其出现和发展是社会发展的趋势，符合市场发展的潮流。失能老人及其家庭既是商品的购买者又是服务的享受者，在“完全理性”和“完全信息”的前提下，一旦博弈中家庭成员更趋向于工作，必然导致老年人照护的不足，而这种家庭照护的缺失必然会增加对照护服务的需求。此时，便产生了消费形成的必要因素之一——欲望。这时的“购买能力”（即经济支付能力）将会是影响其选择的决定性因素。但是，由于个人因素、家庭因素和其他因素（尤其是传统文化）的约束和影响，失能老人在做决定时无法做到完全理性，这就需要考虑这些因素对收入效应的影响。

相比于有自理能力的老年人，失能或者半失能老年人更加需要日常的生活服务照护，同时对这种服务的综合性和专业性要求也相对较高。随着家庭结构和功能的转变，中国传统的家庭照护模式受到侵蚀和弱化，老年人的照护模式朝着多元化趋势发展。一方面，女性就业的增加提高了家庭照护的机会成本（Carmichael C.，2003）；另一方面，生活水平的提高和对独立、自由的追求，使一部分老年人开始寻求社会化照护服务的帮助（刘妮娜等，2016）。有研究显示，城市老年人对保姆和社会服务的选择率已经很高（丁志宏，2011），保姆的作用与子女逐渐趋于一致（贾云竹，2002）。

正式照护作为市场化的产物，以商品的形式呈现给老年人。因此，老年人选择是否购买及使用时经济收入是其重要的考量因素。按照需求理论，收入低的老年人消费主要集中于简单的日常生活开销。随着收入的增加，老年人对社会资源的支配能力提高，更有可能选择较高水平的养老服务。尤其在自理能力下降后照护需求无法得到满足的情况下，选择雇用保姆或者寻求养老院帮助的概率会大大增加。然而，由于勤俭节约和孝道文化的影响，现实生活中更多的失能老人还是选择在家中由配偶或子女照护，正式照护资源并没有得到有效选择。这种现象的后果是：一方面，家庭照护的压力加大，失能老人无法得到足够的关怀；另一方面，正式照护市场发展缺乏有效需求的刺激，不利于其推广和长期发展。

姜向群和刘妮娜（2013）的研究显示，居家养老仍是现阶段主要的照护方式，接受机构长期照护的群体，主要是经济状况好、失能程度高、代际间亲密性弱的老年人。金卉（2015）的研究表明，失能程度、代际支持、社会经济地位等都会对老年人照护模式的选择产生影响。王琼（2016）的研究发现，崇尚节俭和为子女着想等传统文化因素确实抑制了老年人花钱购买照护服务的需求。尤其对于农村地区，大部分老年人期望家庭养老，传统的孝道观念极大地阻碍了农村地区老年人选择机构养老；他们在居家养老上更注重情感上的“孝”，而非经济上的“养”（左冬梅等，2011）。苏群等（2015）的实证分析表明，失能老人的家庭人均收入、社区起居照护服务的供给，对其选择社会化照护具有正向影响，且不同因素对失能老人照护模式选择的影响存在明显的城乡差异。刘西国和刘晓慧（2018）认为，家庭禀赋是照护模式选择的重要决定因素，拥有丰富人力资本和社会资本的家庭偏好非正式照护，经济资本高的家庭则偏好正式照护。

总体来看，经济收入水平（或是经济状况）是影响老年人是否选择正式照护服务的重要因素，但具体的影响方向和作用机制尚未形成统一认识。大多数研究者的成果表明，经济收入水平越高，老年人所拥有的购买力也就越高，经济自主权也会越大，选择付费换取更好的照护服务的可能性也就越大。姜向群和刘妮娜（2013）认为，由于机构照护的费用较高，经济状况越好选择机构照护的可能性越高。张文娟和魏蒙（2014）通过调查北京市西城区老年人机构养老意愿，发现收入越高的老年人选择入住养老机构的意愿越强。其他学者在不同地区，运用不同的调查数据也得出相似结论（肖云和吕倩等，2012；张栋，2017；邓诺和卢建华，2017；雷丽华，2017；韩杨和李红玉，2018）。

也有学者持相反的意见，认为老年人经济收入越高选择正式照护的可能性越低。例如，Chen 和 Chen（2012）通过对中国台湾老年人养老意愿的研究指出，身体健康状况、家庭资源及社会参与都对养老意愿产生重要影响。其中，经济社会地位越高、家庭资源越丰富的老年人越倾向于与子女居住在一起，对正式照护的需求越少。Choi M. 等（2010）对比分析了美国、英国、墨西哥和韩国老年人使用家庭保健服务的情况，发现经济状况越好的老年人选择付费保健服务的可能性越低。张争艳和王化波（2016）发现，家庭收入比较低的老年人更希望选择机构养老。韦云波（2010）研究表明，农村地区老年人选择机构养老的相对较多。聂爱霞等（2015）通过实证分析指出，不论预期生活能否自理，家庭总收入高、子女条件好的老年人，更倾向于选择家庭养老。

综上所述，就目前研究成果看，无论是机构养老还是购买社会服务，收入对选择正式照护的影响并没有达成共识，有必要对此进一步探讨。此外，在收入对照护方式的研究中，多以全体老年人为主，缺乏对失能老人的关注及分级研究。本章在前述文献梳理的基础上，运用全国性的调查问卷，从养老院服务和保姆看护两个方面，考察收入对失能老人正式照护选择的影响，同时将失能老人进一步细分，分析不同自理能力老年人照护方式选择的差异性，探讨其可能的内在原因。

现阶段，失能老人非正式照护的主要提供者是配偶或者子女，但家庭成员却面临照护时间和工作时间的冲突，长期而言必将给家庭成员带来经济和精神双重负担。在服务专业化和综合化方面，正式照护拥有非正式照护无可比拟的优势。然而，正式照护资源选择却存在很大的浪费，其中较大原因是失能老人支付能力的不足。研究老年人经济收入对正式照护选择的影响，不仅可以促使正式照护市场的合理定价，有效筛选收入效应高的人群制定相关措施，而且能够促进资源的合理配置，从而提高失能老人的照护质量。同时，探索其他可能对收入效应产生影响的因素，解释其背后的原因，为老年人提供更有效的照护服务。

在福利经济学理论中，社会总体福利水平与社会中所有个人的福利水平密切相关，是由每个人的福利加总得到的。因此，如果其中一部分人的福利水平遭受损失，整个社会的福利水平都将受到影响。失能老人的长期照护时间长、压力大，在家庭照护中可能不仅会给子女带来压力，而且会间接影响老年人享受到的服务质量，从而亲代与子代的福利都会受到影响，社会整体福利也会受到影响。

理性选择理论认为，人是有目的的行动者，个人行动是进行成本效益分析之后追求最大功利的理性选择①。该理论假定个人在一切经济活动中的行为都是合乎理性的，即都是以利己为动机，力图以最小的经济代价去追逐和获得自身最大的经济利益。根据以上理论分析，是否选择正式照护服务是一项经济活动，老年人在作出选择时通常会对其进行收益成本分析，并且最终选择对其收益最大的项目。因此，本章的研究可为相关埋论发展提供实际支撑。

本章以失能老人的决策行为为研究对象，以“失能老人个人经济收入对正式照护选择的影响”为研究目标，主要研究以下 3 个问题：

（1）个人经济收入对失能老人正式照护的选择有否有影响，存在什么样的影响；

（2）家庭因素是否会对这种影响产生作用；

（3）在不同失能程度下，经济收入对正式照护选择的影响是否有所不同。

二、变量选择与研究假设

（一）样本数据

为了保证样本数据的代表性以及计量结果的时效性，样本数据来自 CHARLS

① Coleman J. S. Foundations of social theory [M]. Cambridge, Mass: Belknap Press, 1990.

（中国健康与养老追踪调查）的 2015 年调查数据。针对“失能老人个人经济收入对正式照护选择的影响”这一研究目标，本章选择年龄在 60 岁及以上、自理能力测量表中至少有 1 项不能完全自理的老年人作为研究样本，共计获得有效样本 1411 个。具体处理步骤如下：

第一步，根据问卷中受访者的出生年份计算其 2015 年的具体年龄（该问卷访问开始和结束都在 2015 年），选出 60 岁及以上老年人样本，同时将个人特征变量（例如，年龄、受教育程度等）、家庭特征变量（例如，子女数量等）中的缺失值删除，以保留数据的完整性。

第二步，在第一步的基础上，根据 Katz 量表中衡量失能老人的 6 项指标，找到问卷中对应的问题及代码（即问卷 D 部分代码从 DB010—DB015 的部分），将回答“没有困难”的赋值为 0，将回答“有困难但可以完成”“有困难，需要帮助”以及“无法完成”的选项赋值为 1。然后将 6 项指标的得分加总，筛选出总分大于 0 的样本，即为本章的失能老人样本。

筛选后的失能老人特征分布如图 6－1 所示。可以看出，通过筛选的数据样本，性别比例接近 1∶1，但农村地区的样本多于城市地区的样本。产生这样结果的原因可能为：其一，所有 CHARLS 数据 60 岁及以上老年人样本中，城市地区的样本有 3661 个，农村地区的样本有 8525 个，数据本身就具有农村样本较多的特点；其二，本章主要研究对象是失能老人，由于城乡医疗资源配置的差异导致老年人健康水平也呈现城乡差异化[①]，因此城市老年人的失能程度低于农村老年人。

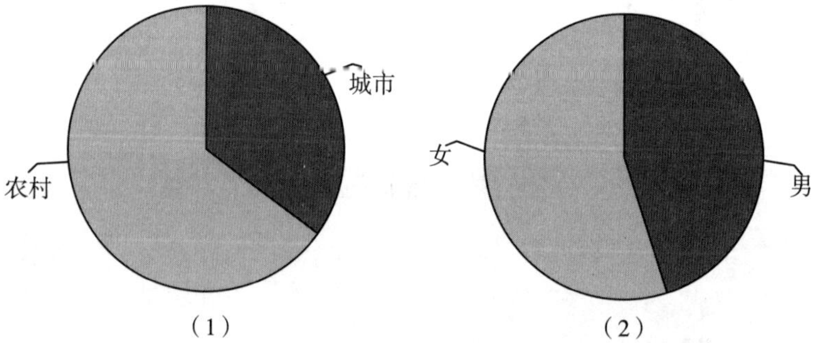

图 6－1　数据样本的失能老人特征分布图

---

① 白雪洁，程于思．医疗资源配置的城乡区域差异与中老年人个体健康［J］．西安交通大学学报（社会科学版），2019，39（2）：80－89.

（二）变量选择

主要研究失能老人个人的经济收入对其正式照护的影响，因此选取老年人的个人收入为自变量，正式照护的选择为因变量，并加入个人及家庭特征为控制变量。具体变量选择和测量如下。

1. 因变量

（1）正式照护。正式照护包括保姆看护和养老院服务，对于这一变量的测量主要源自问卷中照护人员情况的描述，“请问在以上困难（ADL 困难）中，谁帮助您最多?”以及“如果以后您在日常生活方面需要照顾，有亲人或朋友能长期照顾您吗？他或她是您的什么人?”。根据问答结果，将选择“6. 雇用人员（例如，保姆）”“8. 养老院人员”“9. 社区提供的帮助”“10. 其他人员”的样本编码为1，选择“1. 配偶”“2. 父母、岳父母、公公、婆婆”“3. 子女、儿媳或女婿、孙子女或外孙子女”“4. 兄弟姐妹及其配偶、子女，您配偶的兄弟姐妹及其配偶、子女”“5. 其他亲属”“7. 志愿者或者志愿机构人员”的样本编码为0，即可以得到有关正式照护使用情况的哑变量。

（2）保姆看护。根据以上分析可知，老年人在保姆看护和养老院服务的选择水平上可能存在一定差距。因此，有必要单独考察保姆看护和养老院服务的影响。对问卷中的答案重新赋值编码，将回答“6. 雇用人员（例如，保姆）”“9. 社区提供的帮助”“10. 其他人员”的样本赋值为1，其他样本赋值为0，可以得到关于保姆看护使用情况的哑变量。

（3）养老院服务。对于养老院服务使用情况的测量与保姆看护类似，也是采用照护人员情况描述的问题，将回答结果为“8. 养老院人员”的样本赋值为1，回答结果为其他项的样本赋值为0。由此，可以得到衡量养老院服务使用情况的哑变量。

2. 自变量

自变量选取主要以老年人个人经济收入为准。根据定义，老年人的收入来源包括劳动收入、离退休金和养老金、家庭成员供养、其他社会保障收入、财产性收入和其他6类。在CHARLS数据中涉及收入的问题在工作、退休和养老金模块，收入、支出与资产模块均有涉及。其中，明确表明为个人收入的包括工资、年金、养老金和退休金、新农合与城市居民基本养老保险、各种社会补助、征地险、商业保险、其他保险、股票基金收入、租房收入、子女支持等11个问题。

而对于农户的农业收入和个人经营收入则是以整个家庭作为受益对象进行调查，收益和损失都由家庭成员共同承担。一方面，经过数据初步筛查，在失能老人样本中，以家庭为单位从事农业活动大多被家庭成员自身消费。在 1412 个样本中，过去 1 年从农业活动中获得收益的有 98 个样本。其中，净收入超过 5000 元的只有 27 个样本，而且该收益属于家庭成员共同收益。由于家庭常住人口变动情况较大，无法准确计算其人均年收益。因此，农户从事农业活动的收入不计入本章的个人收入。另一方面，失能老人样本中以家庭为单位从事个人经营活动的样本只有 7 个，对样本影响较小。因此，个人经营收入也不计入老年人个人经济收入范围。

此外，数据中很多涉及具体收入数目的问题都是以大致范围回答。例如，子女提供的资金支持以及物品支持折合成人民币的问题。有些子女给予的资金支持是每个月固定数目，有些是一段时间给一次，时间间隔不一。因此，当受访者回答时通常会给出一个大致范围。例如，3000 ~ 5000 元。在处理这些数据时，为方便收入加总与对比，本章采取的是取中间数的方式。例如，范围是 3000 ~ 5000 元时，对该样本取值 4000。将上述 11 项收入数据处理并加总之后，对总收入数目取对数，生成一个新的变量，这是为了防止个别极端值对数据整体的影响，也能在一定程度上减少农业活动和个人经营活动收入缺失造成的误差。

3. 控制变量

控制变量主要包括个人特征、家庭特征和健康特征 3 个方面。个人特征主要由性别、年龄、受教育程度、有无配偶、居住地、同住人数 6 个方面构成；家庭特征包括非正式家庭照护时间、健在子女数量、健在女儿数量、子女收入、医疗费用主要支付者 5 个方面；健康特征包括患慢性病数量、失能程度、是否有医疗保险 4 个方面。由于 CHARLS 数据缺乏对相关社区特征的问题设置，所以没有对社区变量进行分析和控制。

（1）个人特征。

①性别。问卷中针对性别的问题“访员记录受访者性别”编码为 BA000 - W2 - 3。根据回答，将性别变量重新编码，男性赋值为 1，女性赋值为 0，使得性别变量成为了一个二分类变量，由此得到的性别均值就是男性在整个样本中所占的比例。

②年龄。问卷没有直接记录受访者年龄，而是记录受访者出生的年份。由

于2015年数据已是现阶段该数据库最新结果，因此本章假定这些受访者无去世记录，以文章写作时间与受访者出生年份做减法得到有关年龄的变量。年龄是连续的整数，因此该变量是一个连续变量。

③受教育程度。CHARLS数据是一个长期的追踪数据。在其2015年的数据中，关于受教育程度的记录有的选项标注为“无变化”。因此，需要将2011年、2013年和2015年的数据进行合并匹配，以最终确定记录中那些没有变化样本的受教育程度。有关问题“您现在获得的最高教育水平是?”在问卷中的编码为BD001 - W2 - 4，为方便观察，需要对选项进行重新分组。将回答选项“1. 未受过教育”的定义为“文盲”组，将回答选项“2. 未读完小学”“3. 私塾毕业”“4. 小学毕业”的定义为“小学”组，将回答选项“5. 初中毕业”“6. 高中毕业”“7. 中专毕业”的定义为“初高中”组，将回答选项“8. 大专毕业”“9. 本科毕业”“10. 硕士毕业”“11. 博士毕业”的定义为“大专及以上”组。以“文盲”组做为参照组，分别比较其他组别与文盲组在本章中的差别，由此得到关于受教育程度的4个虚拟变量。

④有无配偶。有关配偶的问题“您目前的婚姻状态?”在问卷中编码为BE001。回答选项有“1. 已婚，与配偶一起居住”“2. 已婚，但因为工作等原因暂时没跟配偶同住”“3. 分居（不再作为配偶共同生活）”“4. 离异”“5. 丧偶”“6. 从未结婚”“7. 同居”7项。因为设置该变量的日的是考察是否有配偶同住对正式照护的影响，所以将选择选项1和选项7的样本赋值为1，其他回答赋值为0。该变量是虚拟二分类变量。

⑤居住地。考虑到人口流动的因素以及城市化进程的加快，很多农村地区的老年人随子女一起进入城镇生活。而城乡间医疗资源的不均衡分布可能会带动有就医需求的失能老人改变居住地址。因此，本章的居住地变量主要反映现今常住地址是在农村还是城市，而不是户口所在地的城乡属性。对应的问卷问题“居住地址是农村还是城市”编码是BB001 - W3 - 2。将回答“1. 主城区”“2. 城乡接合区”“3. 镇中心区”“4. 镇乡接合区”的样本赋值为1，回答“6. 乡中心区”和“7. 村庄”的样本赋值为0，回答“5. 特殊区域”在失能老人样本中没有出现，因此不考虑该选项。该变量是一个二分类变量。

⑥同住人数。失能老人同住人数能够从侧面反映其享受家庭照护服务的多少。对于该变量的指标主要根据问卷中家户成员信息获得。首先，“您现在跟谁一起住?”通过编码是A001 - W3的问题筛选出同住人员类型（例如，配偶、子

女等）；其次，根据编号对应该类别中共有多少人；最后，求和得出关于同住人数的连续变量。

（2）家庭特征。

①家庭照护时间。根据学术界的研究，非正式照护与正式照护之间可能存在替代的关系（Charles 等[①]，2005；Bolin 等[②]，2008；Eric Bonsang[③]，2008）。因此，在研究收入对正式照护的影响时非正式照护是一个不得不考虑的因素。由于问卷中设计非正式照护的问题只有家庭照护的时间变量，因此在本章中主要控制家庭照护时间对正式照护的影响。

对于家庭照护时间的测量主要依靠问卷中 DB022 - W3 - 1、DB023 和 DB024 3 个问题，主要询问失能老人需要帮助时帮助者是谁，过去一个月帮助了多少天，每天多少小时。首先，根据编码为 DB022 - W3 - 1 的问题，将帮助者是 1 ~ 7（即配偶、父母、子女等亲属）的样本筛选出来。根据编码为 DB023 和 DB024 的问题回答记录，将对应的帮助者的天数和时间分别相乘，然后在求其总和，得到该老年人过去 1 个月受到的家庭成员提供的非正式照护的时间变量。该变量是一个连续变量。

②健在子女数量。健在子女数量可以从侧面反映老年人受到的非正式照护的情况，对子女经济支持和家庭照护时间都有着重要意义。对于健在子女数量问卷中有对应的明确问题，即编码为 CB050 - W3 的问题“您有多少个健在的子女？包括亲生子女、继子女和养子女”。根据答案记录，可直接作为连续变量进行分析。

③健在女儿数量。有研究表明，女儿数量越多老年人受到的家庭照护越多（李俏等，2018；孙晓冬，2018），在家庭关系中，通常是由妇女来承担家庭照护的任务（吴帆，2017）。因此，除了要考察健在子女数量，健在女儿数量也是需要考虑的因素。问卷中有关儿女信息的问题主要有以下 2 个：“该子女是否存活”以及“该子女的性别”。通过调查数据的对比，可获得这一连续变量的信息。

---

① Charles K. K. , Sevak. P. Can family caregiving substitute for nursing home care? [J]. Journal of Health Economics, 2005, 24 (6): 1174 - 1190.

② Bolin K. , Lindgren B. , Lundborg P. Informal and formal care among single - living elderly in Europe [J]. Health Economics, 2008 (17): 393 - 409.

③ Bonsang E. Does informal care from children to their elderly parents substitute for formal care in Europe? [J]. Journal of Health Economics, 2009, 28 (1): 143 - 154.

④子女收入。子女收入变量在问卷中对应的编码是 CB069，“孩子姓名以及他或她的配偶去年的总收入属于下面哪一类?”，选项从没有收入到 30 万元以上给出了 12 个区间，分别对应数字 1～12，将所有子女的收入对应的数字加总可以得到关于子女收入的连续变量。

⑤医疗费用支付者。问卷中有关医疗费用支付者的问题主要由门诊费用自费部分支付者、体检费用支付者、住院费用资费部分支付者、自我治疗自费部分支付者和看牙医自费部分支付者 5 个部分构成，分别对应的编码是 ED025、EC002、EE028、EF004 和 EH005。根据问卷设置将支付者为自己、子女、亲属和借款的样本赋值为 1，将其他样本赋值为 0。对每一个样本赋值加总，将大于 0 的样本重新赋值为 1，等于 0 的样本重新赋值为 0，得到一个医疗费用是否为家庭支付的二分类变量。

（3）健康特征。

①患慢性病数量。是否患有慢性病以及患有慢性病的数量也是一个追踪数据结果，需要将 2011 年、2013 年和 2015 年的数据合并，将前两次调查有无发生变化的结果进行修正，并加上新调查者患慢性病的情况。由于 1 位老年人可能患有 1 种以上的慢性病，因此经过数据处理后，采用慢性病数量来反映老年人的患病情况。数量为 0 表示该老人没有患慢性病。该变量是一个连续变量。

②失能程度。根据本章对失能的定义，失能程度的测量主要是根据 ADL 量表的指标分别打分。ADL 6 项指标分别对应问卷中 DB010 自己穿衣，DB011 自己洗澡，DB012 自己吃饭，DB013 自己起床、下床，DB014 自己上厕所，DB015 控制大小便的 6 个问题。对回答“没有困难”选项赋值为 0，回答其他选项赋值为 1，加总得出新的数值变量，分数越高表示失能程度越高。然后以失能程度为 1 的样本为参照，考察其他失能程度样本的系数大小及变化。

③是否参加医疗保险。在老年人的日常消费中，医疗支出占很大比重。数据显示，医疗支出在 2015 年中国城市和农村老年人平均医药费用支出中占比分别为 11.6% 和 15.7%[①]。同时有研究表明，医疗保险能够促进老年人对医疗服务的选择，提高老年人的及时就医率，为老年人身心健康发展提供重要保证[②]。因

---

① 佚名. 中国老年人在干什么 [J]. 中国科技信息，2018 (21)：6－7.

② 白继萍. 分析医疗保险对老年人医疗支出与健康的影响 [J]. 世界最新医学信息文摘（电子版），2018，18 (97)：166－167.

此，医疗保险不仅影响老年人的消费观，更会影响老年人的身体健康，是一个重要的控制因素。是否参加医疗保险在问卷中对应问题编码是 EA001 - W3 - 1 ~ EA001 - W3 - 3。这 3 个问题分别对上次访问的结果进行确认以及询问自上一次访问后到这次访问期间是否参加了医疗保险。为确保数据的有效性，主要以自上一次访问后此次访问期间的数据为准。这里所指的医疗保险包括城镇职工医疗保险、城镇居民医疗保险、新农合、城乡居民医疗保险、公费医疗、医疗救助、单位或个人购买的商业医疗保险、城镇无业居民大病医疗保险和其他医疗保险 10 类。有其中 1 种的赋值为 1，表示享有医疗保险；以上都没有的赋值为 0，表示不享受医疗保险。该变量是一个二分类变量。具体变量设置如表 6 - 1 所示。

表 6 - 1　　研究变量设置一览表

变量			变量类型	定义
因变量		正式照护选择	类别变量	1 = 使用；0 = 未使用
		养老院服务选择	类别变量	1 = 使用；0 = 未使用
		保姆看护选择	类别变量	1 = 使用；0 = 未使用
自变量		个人经济收入	连续变量	取对数处理
控制变量	个人特征	性别	类别变量	1 = 男性；0 = 女性
		年龄	连续变量	介于 60 ~ 108 岁
		受教育程度	虚拟变量	文盲、小学、初高中、大专及以上*
		有无配偶	类别变量	1 = 有配偶；0 = 没有配偶
		居住地	类别变量	1 = 居住城市；0 = 居住乡村
		同住人数	连续变量	介于 0 ~ 5 人
	家庭特征	家庭照护时间	连续变量	介于 0 ~ 8484 小时
		健在子女数量	连续变量	介于 0 ~ 10 位
		健在女儿数量	连续变量	介于 0 ~ 7 位
		子女收入	连续变量	介于 0 ~ 66 万元
		医疗费用支付者	类别变量	1 = 家庭支付；0 = 非家庭支付
	健康特征	患慢性病数量	连续变量	介于 0 ~ 6 种。0 = 没有患慢性病
		ADL 指数（失能程度）	虚拟变量	ADL 取值介于 1 ~ 6，以“ADL = 1”为参照组
		是否参加医疗保险	类别变量	1 = 有医疗保险；0 = 没有医疗保险

注：* 以文盲为参照组。

（三）研究假设

文献梳理表明，众多学者对老年人经济收入水平与正式照护的关系进行过研究，但无论是国外还是国内都没有形成统一的认识。除了研究方法、研究对象不一致可能带来的偏差外，还有其他因素在其中或加强或削弱了经济收入对正式照护选择的影响。根据前人研究成果和本章研究内容，本章提出如下研究假设。

假设1：收入对失能老人正式照护（包括保姆看护和养老院服务使用）的选择具有正向的影响，即收入越高的老年人选择正式照护的概率越大。从理论上分析，正式照护作为一种商品，当需求水平一定的情况下，失能老人收入越高支付能力越高，对正式照护的选择程度和消费能力也就越高，两者同方向变化。

假设2：在不同的失能程度下，收入对老年人正式照护的影响有所差别；收入对保姆看护和养老院使用的影响也不尽相同。对于轻度失能老人，生活尚能自理，所需帮助尤其是医疗方面的专业帮助较少，是否有专业看护并不会影响其正常生活，收入的增加或较少并不会带来很大变化。对于重度失能老人，生活基本不能自理，需要长时间护理及看护，对正式照护需求非常大。因此，根据假设1的猜想，收入的增加会提高对正式照护的选择程度。

假设3：其他因素（主要是家庭特征等）会影响失能老人正式照护的收入效应，且影响程度不一。根据以往研究，年龄、性别、受教育程度、居住在城市还是农村这些因素都会导致老年人认知和决策的不同。其中，家庭非正式照护与正式照护在内容上有很大的相似性，二者必然存在一定的关系。由于该因素介入，收入的增加将会提高对正式照护选择的概率。

三、样本数据描述性分析

（一）因变量描述性分析

1. 失能老人正式照护使用情况

从表6－2可以看出，选择使用正式照护的失能老人仅占样本整体的

4.25%。其中，选择保姆看护的占多数（2.41%），选择接受养老院服务的较少（1.84%）。这从侧面反映了在我国老年人中有着“落叶归根”的思想，即使养老院提供的服务更专业，设备条件更好，老年人还是希望最终能在自己家中养老。

表 6-2　　　　失能老人正式照护使用情况

正式照护使用情况		样本数量及占比	轻度失能数量及占比	中度失能数量及占比	重度失能数量及占比
正式照护	使用	60（4.25%）	38（3.80%）	12（4.15%）	10（8.20%）
	不使用	1351（95.75%）	962（96.20%）	277（95.85%）	112（91.80%）
保姆看护	使用	34（2.41%）	22（2.20%）	8（2.77%）	4（3.28%）
	不使用	1377（97.59%）	978（97.80%）	281（97.23%）	118（96.72%）
养老院	使用	26（1.84%）	16（1.6%）	4（1.34%）	6（4.92%）
	不使用	1385（98.16%）	984（98.4%）	285（98.66%）	116（97.54%）

对比不同失能程度老年人数据可以看出，轻度失能老人选择正式照护的比例约为3.80%，中度失能老人选择正式照护的比例约为4.15%，重度失能老人选择正式照护的比例约为8.20%。随着失能程度的加深，老年人选择正式照护的概率存在逐渐增大的趋势。不同失能程度的老年人选择保姆看护的概率也存在相同的趋势（轻度失能老人选择保姆看护的占比为2.20%，中度失能老人选择保姆看护的占比为2.77%，重度失能老人选择保姆看护的占比为3.28%）。老年人失能程度越重，其日常照护压力越大。除基本生活照护外，照护人员还可能肩负一定的日常医疗帮助。例如，慢性疾病日常所需的注射治疗等。这就需要更加专业的人员提供相关服务。这与对文献梳理的结果一致，失能程度对老年人正式照护的选择具有正向的影响①。

对于轻度失能老人和中度失能老人来讲，对正式照护方式的选择与全体样本一致，选择保姆看护的比例（轻度失能老人选择保姆看护的占比为2.20%，中度失能老人选择保姆看护的占比为2.77%）大于选择养老院服务的比例（轻度失能老人1.60%，中度失能老人1.34%），更多地希望在家中养老。而重度失能老人选择保姆看护的比例为3.28%，选择养老院服务的比例为4.92%，后者

① 金卉．城市失能老人长期照护方式选择的影响因素分析——基于杭州市的调查［J］．中共杭州市委党校学报，2015（2）：66-72.

明显大于前者。这说明，对重度失能老人日常看护压力较大，一旦选择正式看护方式，选择养老院的可能性会更大，即从消费者的角度看，生活尚能自理的老年人因为多种原因选择养老院的概率较小，养老院的受众群体为中度及重度失能老人。

2. 失能老人养老院使用情况的统计

失能老人对养老院服务的选择除上述的失能程度差异外，还存在其他方面的不同。从性别来看，男性老年人选择养老院的概率（2.22%）高于女性老年人（1.54%）。通过计算可以得知，男性老年人选择养老院的概率约为女性老年人的1.44倍；从年龄层次分析，90岁以上失能老人选择养老院的概率最大，为3.23%，而后依次是60～69岁（含）的失能老人（1.79%）和80～89岁（含）的失能老人（1.59%），如表6－3所示。这与我们的常识有所矛盾。通常情况下我们认为，随着年龄的增长老年人身体出现各种疾病的概率也会增大，身体健康状况会变差，更加需要养老院等专业的服务。对于该问题将结合本章的计量结果进行综合分析，这里不做过多论述。

表6－3　　　失能老人养老院服务使用情况统计表

变量		养老院服务	
		使用	不使用
性别	男	14（2.22%）	618（97.78%）
	女	12（1.54%）	767（98.46%）
年龄	60～69岁（含）	10（1.79%）	550（98.21%）
	70～79岁（含）	10（1.87%）	525（98.13%）
	80～89岁（含）	4（1.59%）	248（98.41%）
	90岁及以上	2（3.23%）	62（96.77%）
受教育程度	文盲	8（1.66%）	474（98.34%）
	小学毕业	6（1.01%）	586（98.99%）
	初高中毕业	10（3.22%）	301（96.78%）
	大专及以上	2（7.69%）	24（92.31%）
有无配偶	有	8（0.99%）	798（99.01%）
	无	18（2.98%）	587（97.02%）

续表

变量		养老院服务	
		使用	不使用
居住地	城市	12（2.84%）	411（97.16%）
	农村	14（1.42%）	974（98.58%）
患慢性病数量	0种	2（1.01%）	197（98.99%）
	1~3种	20（1.68%）	1173（98.32%）
	4~6种	4（21.05%）	15（78.95%）

注：括号内为占比。

从受教育程度的交叉结果来看，并不能得出受教育程度越高选择养老院服务的概率越大的结论。对于文化程度为文盲、小学毕业、初高中毕业、大专及以上毕业的老年人，选择养老院的概率分别为1.66%、1.01%、3.22%、7.69%。对比文化程度为文盲和初高中毕业的统计结果，概率确实提高了1.9倍多，但是文化程度为文盲的样本结果是小学毕业样本结果的约1.6倍。因此，无法从交叉分析中准确得出受教育程度与养老院服务选择的关系。相反，有无配偶对失能老年人养老院服务选择的影响则较为明确。有配偶陪伴时老年人选择养老院的概率仅为0.99%，没有配偶在身边照护的老年人选择养老院的概率为2.98%，几乎是前者的3倍。由此可以看出，配偶在失能老人的生活中扮演着重要的角色。

从在居住地方面来看，中国是一个城乡差异较大的国家，无论是物质生活还是医疗资源分布，城镇地区都具备很大的优势，城市地区老年人可选择的社会资源的数量和质量都远远高于农村地区老年人。分析数据结果可知，城市地区老年人选择养老院服务的概率是2.84%，而农村地区老年人选择养老院服务的概率仅为1.42%，约为城市老年人的1/2。一方面，可能因为城市养老院产业发展好于农村；另一方面，可能是收入差距的影响，城市地区老年人收入高于农村地区老年人，支付时选择余地更大。在患慢性病方面，有些老年人可能因为一些重大疾病（例如，癌症等）需要长期卧床甚至依靠医疗手段和设备存活。然而，没有患慢性病的失能老人在现实中也是存在的。对于全样本来讲，大多数老年人同时患有1~3种慢性病，患有4种以上慢性病的样本存在但是比例很小。随着所患慢性病数量的增加，老年人选择养老院的可能性也会相应增加，从1.01%增加到21.05%。由于患4种以上慢性病的样本数量较少，可能会影响该部分概率的大小。

3. 失能老人保姆照护使用情况统计

失能老人保姆看护的统计结果与养老院统计结果有相似性，但也存在细微的差距。在性别差异上，男性老年人选择保姆看护的概率为2.52%，女性老年人选择保姆看护的概率为2.31%，两者差异仅为0.21%，并不十分明显。说明在请保姆或者其他照护人员这项选择上并不像养老院服务那样明显受性别的影响。在年龄结构上，随着年龄的上升，失能老人选择保姆看护的概率大体呈现增加的趋势，从60~69岁的1.79%上升到90岁及以上的9.38%，上升了5.2倍之多（如表6-4所示）。这与上述失能老人养老院服务选择概率有很大的不同，明显表现出随着年龄增大，选择保姆看护概率增加的趋势。

表6-4　　失能老人保姆照护服务使用情况统计表

变量		保姆照护	
		使用	不使用
性别	男	16（2.52%）	616（97.48%）
	女	18（2.31%）	761（98.40%）
年龄	60~69岁（含）	10（1.79%）	550（98.21%）
	70~79岁（含）	12（2.24%）	523（97.76%）
	80~89岁（含）	6（2.38%）	246（97.62%）
	90岁及以上	6（9.38%）	58（90.62%）
受教育程度	文盲	6（1.24%）	476（99.38%）
	小学毕业	14（2.36%）	578（97.64%）
	初高中毕业	10（3.22%）	301（96.78%）
	大专及以上	4（15.38%）	22（84.62%）
有无配偶	有	20（2.51%）	786（97.49%）
	无	14（2.31%）	591（97.69%）
居住地	城市	12（2.84%）	411（97.16%）
	农村	22（2.23%）	966（97.77%）
患慢性病数量	0种	4（2.01%）	195（97.99%）
	1~3种	26（2.18%）	1167（97.82%）
	4~6种	4（21.05%）	15（78.95%）

注：括号内为占比。

与养老院服务使用情况相同，受教育程度对失能老人保姆照护选择存在明显的正向影响。随着老年人受教育程度的提高，选择保姆照护的概率分别为1.24%、2.36%、3.22%、15.35%，存在明显的概率梯度，且受过大专及以上教育的老年人选择保姆照护的概率高出没有文化的老年人14.11个百分点，这在整个数据结构中是一个很大的差距。令人惊讶的是，当有配偶陪伴时，失能老人选择保姆照护的概率比没有配偶照护高出0.2个百分点，说明有配偶时老年人更倾向于雇用保姆。这或许是为了减轻配偶的照护压力。这个问题将作为本部分的一个存疑，在具体计量中加以验证和探讨。

与养老院使用情况一样，由于保姆照护的发展和普及在城乡间存在较大差异，所以城市地区老年人保姆照护的使用比例要高于农村地区老年人。有意思的是，城乡间保姆照护的使用差异仅有0.61%，并没有像养老院使用情况一样表现出较大差异。可能的原因是随着农村经济的发展，保姆照护已不再是城市居民特有的服务，保姆照护不仅给农村妇女带来了大量的工作机会，还为留守失能老人提供日常照护。因此，保姆照护在农村地区也有所发展。但也可能是由于城市样本较少带来的数据结果偏差。在患慢性病数量的差异上，失能老人选择保姆照护的结果与养老院使用情况一样。随着老年人所患慢性病数量的增加，选择保姆照护的概率也不断加大，从没有慢性病的2.01%增长到患4～6种慢性病的21.05%，这在样本数据中也是一个较大的差异。因此，可以推断慢性病数量对失能老人保姆照护存在明显的正向影响。

（二）自变量描述性分析

1. 失能老人经济收入来源构成

根据对老年人个人经济收入的定义，将个人收入7个部分的信息列表如表6－5所示。从表6－6中可以看出，对于全体样本，家庭成员供养占失能老人收入来源比例最大，达到了76.78%；其次是离退休金或养老金收入，占比为14.21%；占比排在第三位的是其他社会保障收入，为5.01%；劳动收入和财产性收入占比较低，分别为3.91%和0.09%，其他收入并未体现在问卷中。表6－5说明，失能老人个人经济收入主要来源于家庭成员供养，其次是离退休金或养老金收入，这与已往研究老年人收入来源的“三大支柱”（离退休金、家庭成员供养和劳动收入）存在部分相符合。因此，本书有必要将失能老人作为独立的群体进行研究。

表 6－5　　失能老人收入来源统计

来源	①	②	③	④	⑤	⑥	合计
总数（人）	6616775	1224555	431923	336741	7815	0	8617809
占比（%）	76.78	14.21	5.01	3.91	0.09	0	100

注：表中序号含义如下：①家庭成员供养；②离退休金或养老金收入；③其他社会保障收入；④劳动收入；⑤财产性收入；⑥其他收入。

表 6－6　　失能老人收入统计参数　　单位：元/年

统计参数	全样本收入	轻度失能收入	中度失能收入	重度失能收入
最大值	150000	150000	144690	123300
最小值	0	0	0	0
均值	6108	6310	5672	3555
标准差	11612	10441	11612	10445

注：表中数据为四舍五入后保留到整数位的结果。

从全样本看，失能老人收入的均值为 6107.59 元/年，平均月收入为 508.97 元，失能老人收入普遍较低，远低于 2015 年国家统计局发布的全国居民人均可支配收入（21966 元）[①]。同时，整体数据的标准差为 10724.45 元/年，说明数据的分散程度较大，从侧面反映出失能老人存在较大的收入差距。在对全样本按照失能程度分类后可以看出，轻度失能老人收入的均值为 6309.7 元/年，中度失能老人收入的均值为 5672.2 元/年，重度失能老人收入的均值为 3555.28 元/年。随着失能程度的加重，老年人的收入也在减少。可能的原因是，失能程度较重的老年人除日常照护需求外，还存在大量的医疗需求。根据本章分析，失能老人收入大多来自家庭成员供养，由于医疗需求的增加，家庭成员供养的钱多数用于交付医院等医疗机构费用，而没有用于老年人本身的日常看护。此外，从标准差观察，无论失能程度深浅，在老年人群体中都存在着较大收入差距。但是轻度失能老人和重度失能老人数值明显大于中度失能老人，说明中度失能老人群体收入差距较小。

2. 控制变量描述性分析

（1）个人特征。表 6－7 展示的是控制变量的描述统计结果。在全体失能老

① 数据来源于国家统计局官网 2015 年人均可支配收入。

人样本中，性别的均值和标准差相差较小。其中，男性样本比例为44.79%，女性样本为55.21%，男性与女性样本占比差别不大。样本的平均年龄为73岁，标准差为8.626，样本年龄多集中在60～79岁（含），这一年龄段样本所占比例为77.6%，80～89岁（含）老年人样本较少，约占失能老人的17.79%，90岁及以上样本有65个，占比为4.61%，年龄分布相对集中。关于受教育程度，文盲组和小学组的均值较大，且标准差都在0.5以下，由此可以判断失能老人样本平均受教育程度为文盲和小学毕业的居多。从频率分布来看，小学组所占比例最大，约为41.96%，其次是文盲组，约占34.16%，初高中及以上受教育程度的失能老人比例较小，占比约为23.88%。没有配偶的老年人在全体样本中占比为42.88%，有配偶的比例约为57.12%，相差较小，分布较为均匀。失能老人在居住地方面的差异较大，常住地为农村的样本占总体样本的70.02%，城市老年人仅占29.98%。有半数老年人处于独居状态，占比为59.39%，同住人数超过2人的仅占12.26%。

表6－7　控制变量描述统计结果

<table>
<tr><th colspan="3">变量</th><th>均值</th><th>标准差</th><th>最小值</th><th>最大值</th></tr>
<tr><td rowspan="9">个人特征</td><td colspan="2">性别</td><td>0.448</td><td>0.497</td><td>0</td><td>1</td></tr>
<tr><td colspan="2">年龄</td><td>73.035</td><td>8.626</td><td>60</td><td>108</td></tr>
<tr><td rowspan="4">教育程度</td><td>文盲</td><td>0.3416</td><td>0.4744</td><td>0</td><td>1</td></tr>
<tr><td>小学</td><td>0.4196</td><td>0.4936</td><td>0</td><td>1</td></tr>
<tr><td>中学</td><td>0.2204</td><td>0.4147</td><td>0</td><td>1</td></tr>
<tr><td>大专及以上</td><td>0.0184</td><td>0.1345</td><td>0</td><td>1</td></tr>
<tr><td colspan="2">有无配偶：有</td><td>0.5712</td><td>0.495</td><td>0</td><td>1</td></tr>
<tr><td colspan="2">居住地：城市</td><td>0.2998</td><td>0.458</td><td>0</td><td>1</td></tr>
<tr><td colspan="2">同住人数</td><td>0.551</td><td>0.773</td><td>0</td><td>5</td></tr>
<tr><td rowspan="5">家庭特征</td><td colspan="2">家庭照护时间（小时/月）</td><td>84.905</td><td>334.757</td><td>0</td><td>8484</td></tr>
<tr><td colspan="2">健在子女数量</td><td>3.322</td><td>1.787</td><td>0</td><td>10</td></tr>
<tr><td colspan="2">健在女儿数量</td><td>0.894</td><td>1.271</td><td>0</td><td>7</td></tr>
<tr><td colspan="2">子女收入（万元/年）</td><td>14.345</td><td>11.546</td><td>0</td><td>66</td></tr>
<tr><td colspan="2">医疗费用支付者：家庭</td><td>0.9008</td><td>0.299</td><td>0</td><td>1</td></tr>
<tr><td rowspan="3">健康特征</td><td colspan="2">患慢性病数量</td><td>0.963</td><td>1.027</td><td>0</td><td>6</td></tr>
<tr><td colspan="2">失能程度</td><td>2.099</td><td>1.405</td><td>1</td><td>6</td></tr>
<tr><td colspan="2">有医疗保险</td><td>0.143</td><td>0.376</td><td>0</td><td>1</td></tr>
</table>

（2）家庭特征。在家庭特征的测量中，失能老人的家庭照护时间均值为84.905小时/月，平均每天的照护时间将近3个小时，但是其标准差较大，最小值为0小时/月，最大值达到了8484小时/月，数据分布较为分散，说明失能老人受到的家庭照护时间存在较大差异。全体样本失能老人平均有3个子女，根据频率分布，没有子女的老年人仅占全体样本的6.17%，大部分老年人有2~4个健在子女，占到全体样本的62%以上。健在女儿均值约为1，但是标准差较大，1个女儿都没有的老年人所占比例超过半数，有1~2个女儿的比例为31.75%。子女收入均值为14.345，且问卷设置对应的年收入为大于20万元/年。从频率分布看，子女没有收入的比例最大，为18.5%，其余样本子女收入分布较为均匀，个别家庭子女收入较多的有47个，占总样本比例较小，约为3.47%。医疗费用的主要支付者仍然以家庭支付为主，所占比例高达90.08%，家庭支付压力较大。

（3）健康特征。根据统计，85%以上的失能老人同时患有多种慢性疾病。多数老年人患有1~2种慢性病，患3种及以上慢性病的老年人占比约为12.9%。失能程度的均值为2.099，表示轻度失能，这与频率分布一致，轻度失能老人在样本中占比约为70%，中度和重度失能老人占比30%。在医疗保险方面，大多数老年人没有享受医疗保险，占比达85.7%，仅有不到20%的失能老人享有医疗保险，这可能与样本中农村样本过多有关。

四、研究模型与实证分析

（一）计量模型

本章研究老年人经济收入与正式照护选择的关系，被解释变量（因变量）设定为“失能老人是否选择正式照护”。无论是选择保姆照护还是选择养老院服务，该变量都是一个典型的二分类变量。因此，主要通过构建二元 logistic 模型来观测老年人经济收入对正式照护的影响。本章构建的计量模型为：

$$\mathrm{Ln}\left(\frac{P}{1-P}\right)=\alpha+\beta_1 \mathrm{Log}(income_i)+\beta_2 X_i+\varepsilon_i \qquad \text{式 } 6-1$$

式6－1中，P 表示选择正式照护服务的概率；$1-P$ 代表没有选择正式服务的概率；$\text{Ln}\left(\frac{P}{1-P}\right)$代表选择与未选择正式照护的发生比；$income_i$表示第 i 个老年人的个人收入，为减少极端值影响，在这里取对数处理，因此得到 $\text{Log}(income_i)$；X_i 代表其他一系列控制变量，包括变量定义的个人特征、家庭特征和健康特征等所有变量；β_1和β_2表示老年人个人经济收入和其他控制变量在此模型中需要特别关注的估计参数，反映了所考察自变量对因变量影响的方向及大小；ε_i为误差项。

文献梳理表明，对正式照护的研究中有不少学者指出非正式照护对正式照护具有替代关系（Boaz et al.，1994；Pezzin et al.，1999），即老年人得到的家庭非正式照护越多，选择正式照护的可能性越小。考虑到老年人个人经济收入与正式照护之间的相关性可能受到家庭因素的较大影响，本章将构建 2 个二元 logistic 模型：模型（1）的自变量为经济收入，因变量为正式照护的选择，控制变量为个人特征和健康特征；模型（2）的自变量和因变量不变，在控制变量中加入家庭特征。本章通过这 2 个模型的比较分析确定老年人经济收入对正式照护的影响以及家庭因素对收入效应的影响。

（二）失能老人经济收入对正式照护选择的影响

表 6－8 和表 6－9 分别示出了失能老人个人经济收入对正式照护服务使用的回归系数与边际效应，对于总体的正式照护选择，当模型（1）中只引入控制变量“个人特征”和“健康特征”时，收入对正式照护选择虽然是正向的影响，但是在统计学上显著水平较低，无法准确说明二者的关系。在模型（2）中加入家庭特征后，个人收入水平对正式照护选择产生显著的正向影响，估计系数为 0.292，边际效应为 0.005，统计学检验在 5% 的水平上显著。说明失能老人收入每增加一个单位，其对正式照护的选择将增加 0.005 个单位。

表 6－8　　　　选择正式照护服务回归系数表

自变量	正式照护		养老院服务		保姆照护	
	模型（1）	模型（2）	模型（1）	模型（2）	模型（1）	模型（2）
个人经济收入	0.217 （0.152）	0.292** （0.154）	0.128 （0.214）	0.202 （0.222）	0.640** （0.267）	0.631** （0.260）
性别	0.632 （0.426）	0.566 （0.438）	0.849 （0.648）	0.765 （0.669）	0.231 （0.654）	0.168 （0.687）

续表

自变量		正式照护		养老院服务		保姆照护	
		模型（1）	模型（2）	模型（1）	模型（2）	模型（1）	模型（2）
年龄		0.011	0.002	-0.072*	0.056	-0.027	-0.233
		(0.024)	(0.026)	(0.042)	(0.045)	(0.036)	(0.041)
受教育程度	小学	0.705	0.683	-0.662	-0.725	1.369	1.349
		(0.550)	(0.556)	(0.799)	(0.812)	(1.107)	(1.122)
	初高中	1.046*	1.031*	0.493	0.448	1.832*	1.835*
		(0.588)	(0.593)	(0.734)	(0.743)	(1.132)	(1.163)
	大专及以上	1.191*	1.034*	1.204	1.334	2.723*	2.528*
		(1.164)	(1.206)	(1.256)	(1.316)	(1.463)	(1.578)
有无配偶		-1.278***	-1.309***	-1.849**	-1.805**	0.153	0.068
		(0.462)	(0.470)	(0.734)	(0.749)	(0.732)	(0.787)
居住地		0.807**	0.794**	0.773	0.762	-0.231	-0.318
		(0.407)	(0.414)	(0.627)	(0.635)	(0.693)	(0.710)
同住人数		-0.009	0.154	0.343	0.425	-0.046	0.608
		(0.271)	(0.288)	(0.354)	(0.381)	(0.400)	(0.415)
患慢性病数量		0.304*	0.356**	0.236	0.267	0.088	0.146
		(0.169)	(0.174)	(0.252)	(0.259)	(0.279)	(0.296)
失能程度	2	-0.250	-0.228	-0.071	-0.061	-0.903	-0.944
		(0.592)	(0.595)	(0.855)	(0.861)	(1.098)	(1.112)
	3	-0.205	-0.256	-0.155	0.230	-0.185	-0.272
		(0.783)	(0.789)	(1.131)	(1.147)	(1.125)	(1.159)
	4	0.637	0.666	0.626	0.719	0.070	-0.087
		(0.608)	(0.612)	(0.870)	(0.888)	(1.108)	(1.174)
	5	—	—	—	—	—	—
	6	1.644**	1.438**	1.105	0.955	1.770**	1.689*
		(0.643)	(0.677)	(1.155)	(1.208)	(0.914)	(1.032)
有无医疗保险		-0.674	-0.767	—	—	-0.575	-0.603
		(0.718)	(0.746)			(1.042)	(1.094)
家庭照护时间			-0.0004		0.0002		-0.0006
			(0.0004)		(0.0015)		(0.0008)
健在子女数量			-0.082		-0.159		-0.146
			(0.141)		(0.221)		(0.213)
健在女儿数量			-0.249		-0.116		-1.955*
			(0.214)		(0.282)		(1.034)

续表

自变量	正式照护		养老院服务		保姆照护	
	模型（1）	模型（2）	模型（1）	模型（2）	模型（1）	模型（2）
子女收入		-0.026 (0.023)		-0.016 (0.035)		-0.018 (0.032)
医疗费用支付者		-0.218 (0.643)		-0.151 (1.083)		-0.692 (0.830)
常数项系数	0.104 (0.941)	0.124 (1.080)	0.123 (0.817)	0.135 (0.881)	0.109 (0.695)	0.198 (0.788)
样本量（个）	1411					

注：（1） *** 表示 $P<0.01$， ** 表示 $P<0.05$， * 表示 $P<0.1$；（2）括号内示出标准误差；（3）受教育程度参照组 = 文盲，失能程度参照组 = 1。

表 6-9　　选择正式照护服务边际效应

解释变量		正式照护		养老院服务		保姆照护	
		模型（1）	模型（2）	模型（1）	模型（2）	模型（1）	模型（2）
个人经济收入		0.004 (0.003)	0.005** (0.002)	0.001 (0.002)	0.002 (0.002)	0.0051** (0.002)	0.0049** (0.002)
性别		0.012 (0.0004)	0.010 (0.008)	0.008 (0.007)	0.007 (0.007)	0.002 (0.005)	0.001 (0.005)
年龄		-0.0002 (0.00004)	-0.00003 (0.0004)	-0.0007* (0.0004)	-0.0005 (0.0004)	0.0002 (0.0002)	0.0002 (0.0003)
受教育程度	小学	0.011 (0.008)	0.010 (0.007)	-0.005 (0.006)	-0.006 (0.007)	0.007 (0.005)	0.006 (0.004)
	初高中	0.019* (0.011)	0.018* (0.011)	0.006 (0.010)	0.006 (0.011)	0.012* (0.007)	0.012* (0.007)
	大专及以上	0.023* (0.034)	0.018* (0.031)	0.012 (0.025)	0.016 (0.028)	0.030* (0.033)	0.024 (0.028)
有无配偶		-0.024*** (0.009)	-0.024*** (0.009)	-0.018** (0.008)	-0.017** (0.008)	0.001 (0.006)	0.0005 (0.006)
居住地		0.0150** (0.003)	0.0146** (0.008)	0.007 (0.006)	0.007 (0.006)	-0.002 (0.006)	-0.002 (0.005)
同住人数		-0.0002 (0.005)	0.003 (0.005)	0.003 (0.003)	0.004 (0.004)	-0.0003 (0.003)	0.005 (0.003)
患慢性病数量		0.005* (0.003)	0.007** (0.003)	0.002 (0.002)	0.003 (0.003)	0.0007 (0.002)	0.001 (0.002)

续表

解释变量		正式照护		养老院服务		保姆照护	
		模型（1）	模型（2）	模型（1）	模型（2）	模型（1）	模型（2）
失能程度	2	-0.004 (0.008)	-0.004 (0.008)	-0.0007 (0.007)	-0.0005 (0.007)	-0.005 (0.005)	-0.005 (0.005)
	3	-0.003 (0.011)	-0.004 (0.011)	-0.001 (0.009)	-0.002 (0.008)	-0.001 (0.008)	-0.002 (0.008)
	4	0.015 (0.017)	0.016 (0.017)	0.008 (0.013)	0.009 (0.014)	0.0006 (0.009)	-0.0007 (0.009)
	5	—	—	—	—	—	—
	6	0.063* (0.039)	0.049* (0.035)	0.017 (0.026)	0.014 (0.024)	0.037 (0.033)	0.032 (0.032)
有无医疗保险		-0.013 (0.014)	-0.014 (0.014)	—	—	-0.005 (0.009)	-0.005 (0.008)
家庭照护时间			5.63 (6.88)		1.86 (0.00001)		4.83 (6.79)
健在子女数量			-0.002 (0.003)		-0.002 (0.002)		-0.001 (0.002)
健在女儿数量			-0.005 (0.004)		-0.001 (0.003)		-0.15* (0.009)
子女收入			-0.0005 (0.0004)		0.0002 (0.0003)		-0.0001 (0.0002)
医疗费用支付者			-0.004 (0.012)		-0.001 (0.010)		-0.005 (0.007)
样本量（个）		1411					

注：（1）*** 表示 $P<0.01$，** 表示 $P<0.05$，* 表示 $P<0.1$；（2）括号内示出标准误差；（3）受教育程度参照组 = 文盲，失能程度参照组 = 1。

此外，通过考察家庭特征的 4 个因素可以发现，虽然家庭特征对正式照护选择的影响没有显著的统计学水平，但这几个控制变量的回归模型估计系数与边际效应都呈现为负值。对此可以理解为当经济收入水平一定时，家庭照护时间越长、健在子女数量越多、子女收入水平越高、家庭承担医疗费用越多，失能老人选择正式照护的概率就越小。这证实了本章的假设 3。家庭非正式照护的提供者通常是配偶或者子女，当他们的照顾能够满足失能老人日常生活需要时，必然降低其选择正式照护的概率。同时，使用正式照护需要足够的资金支持，当家庭承担这部分支出开销的比例较小时，老年人用于正式照护的费用将会减少，其选择正式照护的概率也相对较低，呈现负向的影响。

通过比较养老院服务和保姆照护的使用情况可以发现，无论是模型（1）还是模型（2），收入对失能老人养老院的使用都没有显著影响。由此认为，随着收入水平的提高，失能老人对养老院的使用并不会发生明显变化。相反，随着收入的增加，选择保姆照护的失能老人会增加。此时，模型（1）和模型（2）的统计学检验都呈现为5%的显著水平，从边际效应表中也可以看出模型（2）比模型（1）降低了0.002。这不仅验证了家庭因素对经济收入的正向影响形成减弱效应，而且揭示出家庭非正式照护对正式照护有一定的替代作用。

除收入和家庭特征对正式照护产生影响外，受教育程度、有无配偶、居住地、患慢性病数量和失能程度都对正式照护有不同程度的影响。例如，无论是否加入家庭因素，随着学历的升高，选择正式照护的边际效应都增大，初高中学历的这种正向影响在10%水平上显著。此外，受教育程度对养老院服务和保姆照护都产生正向影响，但保姆照护与初高中和大专及以上学历样本有较高的统计学显著水平。因此，与收入水平一样，受教育程度对正式照护的影响主要体现在保姆照护的使用上。教育程度高低影响老年人对不同类型养老服务项目的需求①。受教育程度较高的老年人对临终照护、休闲娱乐服务需求较高，他们更注重生活质量，认为支出部分钱换取高质量的养老服务是值得的；而受教育程度较低的老年人更为关注医疗保健、康复护理等方面，对他们来说，只要满足自己或者家庭成员的日常活动需求即可。

由于家庭养老观念和养老院产业的不尽完善，相比于养老院照护，人们还是更倾向于选择居家雇用保姆的正式照护方式。从配偶情况来看，有无配偶对失能老人正式照护的使用有着明显的负向影响（在1%水平上），且模型（1）和模型（2）差距较小。这种负向影响主要表现在对养老院服务的使用上。换句话说，有配偶的失能老人对正式照护的选择程度较低，没有配偶的失能老人选择养老院服务的可能性较高。在家庭非正式照护中，配偶是主要的照护承担者之一。有研究表明，配偶的照护效果较好②，失能老人满意度较高。因此，当配

① 阎志强．城市老年人的机构养老意愿及其影响因素——基于2017年广州老年人调查数据的分析［J］．南方人口，2018，33（6）：58－65，57.

② 梁航．失能程度、长期照料与失能老人的照料效果［J］．新疆农垦经济，2018（10）：86－92.

偶在身边时，大多是夫妻相互扶持外加子女看护。当配偶离世或离婚分居后，失能老人难免会有孤独之感，加上日常生活照护压力较大，老年人也不想给子女增添太多负担，如果经济条件允许，选择养老院服务的可能性就会增加。养老院除了能为老年人提供医疗护理服务，还能够增加同龄人互相交流的机会，比较单独在家由保姆照护有一定优势。这与前面描述性统计结果一致，没有配偶在身边的老年人选择正式照护的可能性更大。

居住地与正式照护选择的关系存在一定的城乡差异。总体上，城市地区的老年人更倾向于选择正式照护，但这种差异在家庭因素作用下有缩小的趋势，其边际效应减少了0.0004。城乡老年人在经济水平、受教育程度、医疗服务设施、社交网络等方面都存在一定差距，在养老观念和健康水平上也有差异。通常情况下，城市地区的老年人身体健康状况好于农村地区的老年人，对正式照护的接受程度也高于农村地区的老年人。此外，居住地对养老院服务和保姆照护并没有显著影响，这可能是由于正式照护拆分后各自样本较少的原因所致。同样，患慢性病数量和失能程度对于总体正式照护存在显著的正向影响，老年人患慢性病数量越多、失能程度越高，选择正式照护的概率也就越大，但由于拆分后样本量的限制，这2种因素对正式照护的选择也没有表示出显著的影响。有所不同的是，在加入家庭特征后，老年人患慢性病数量的影响提高了0.071，而失能程度的影响降低了0.03。可能的原因是，随着患慢性病数量的增加，失能老人照护者除了承担日常生活照护任务外，还须具备更高的疾病医疗知识以应对慢性病的发展，所以需要更专业的照护人员。而对于失能程度一定的老年人，如果在家庭照护中得到了相应的满足，就不会再过多考虑选择正式照护的外部力量。这也体现出家庭照护对正式照护的替代。

（三）失能程度—经济收入对正式照护选择的影响

以上提到的失能程度的高低对正式照护的使用存在一定的影响，为了更好地评估经济收入对正式照护的影响，以下按失能程度将失能老人划分为轻度失能和中度及重度失能（重度失能样本较少，单独列出无法做回归模型且说服力较小）。表6－10和表6－11分别报告了不同失能程度的老年人个人经济收入对养老院服务和保姆照护的影响。

表 6 - 10　　养老院使用情况回归系数表

解释变量		轻度失能		中度及重度失能	
		模型（1）	模型（2）	模型（1）	模型（2）
个人经济收入		0.015 (0.206)	0.079 (0.215)	-0.015 (0.368)	0.549 (0.570)
性别		1.304** (0.670)	1.365** (0.689)	1.031 (1.193)	0.548 (1.683)
年龄		0.008 (0.037)	-0.0008 (0.041)	-0.026 (0.070)	0.061 (0.091)
受教育程度	小学	0.304 (0.762)	0.361 (0.778)	-0.329 (1.370)	-1.741 (1.992)
	初高中	0.483 (0.847)	0.413 (0.859)	0.085 (1.417)	-1.103 (1.611)
	大专及以上	0.408 (0.811)	0.422 (0.841)	0.103 (1.287)	-0.905 (1.445)
有无配偶		-1.927*** (0.731)	-1.799*** (0.741)	-1.468 (1.325)	-0.745 (1.626)
居住地		1.016* (0.624)	0.875* (0.631)	2.230** (1.230)	3.250** (1.564)
同住人数		-0.015 (0.427)	-0.130 (0.478)	0.358 (0.648)	0.939 (0.970)
患慢性病数量		-0.215 (0.307)	-0.219 (0.314)	1.073** (0.535)	1.364** (0.647)
有无医疗保险		-0.520 (0.942)	-0.641 (0.986)	—	—
家庭照护时间			0.0009 (0.0009)		-0.004 (0.009)
健在子女数量			-0.005 (0.204)		0.613* (0.436)
健在女儿数量			0.130 (0.261)		-0.245 (0.676)
子女收入			-0.039 (0.034)		-0.078 (0.072)
医疗费支付者			—		-2.692 (1.951)
常数项系数		0.110 (0.715)	0.127 (0.804)	0.283 (0.675)	0.422 (1.157)
样本量（个）		1000		411	

注：*** 表示 $P<0.01$，** 表示 $P<0.05$，* 表示 $P<0.1$。

表 6－11　　养老院使用情况的边际效应

解释变量		轻度失能		中度及重度失能	
		模型（1）	模型（2）	模型（1）	模型（2）
个人经济收入		0.0002 (0.002)	0.001 (0.003)	−0.0002 (0.004)	0.005 (0.006)
性别		0.015** (0.009)	0.017** (0.010)	0.011 (0.014)	0.005 (0.017)
年龄		−0.00009 (0.0004)	−0.00001 (0.0005)	−0.0003 (0.0008)	0.0006 (0.0009)
受教育程度	小学	0.003 (0.008)	0.004 (0.009)	−0.003 (0.014)	−0.014 (0.143)
	初高中	0.006 (0.010)	0.005 (0.011)	0.001 (0.017)	−0.001 (0.020)
	大专及以上	0.010 (0.012)	0.008 (0.015)	0.005 (0.011)	−0.003 (0.018)
有无配偶		−0.022*** (0.010)	−0.023** (0.011)	−0.016 (0.016)	−0.007 (0.016)
居住地		0.012* (0.008)	0.011* (0.009)	0.024* (0.017)	0.032* (0.018)
同住人数		−0.0002 (0.005)	−0.002 (0.006)	0.004 (0.007)	0.009 (0.010)
患慢性病数量		−0.002 (0.004)	−0.003 (0.004)	0.011* (0.007)	0.014* (0.007)
有无医疗保险		−0.006 (0.011)	−0.008 (0.013)	—	—
家庭照护时间			−0.0001 (0.001)		−0.00005 (0.00009)
健在子女数量			−0.00006 (0.003)		−0.006* (0.005)
健在女儿数量			0.001 (0.003)		−0.002 (0.007)
子女收入			−0.0005 (0.004)		−0.0008 (0.0007)
医疗费用支付者			—		−0.027 (0.021)
样本量（个）		1000		411	

注：*** 表示 $P<0.01$，** 表示 $P<0.05$，* 表示 $P<0.1$。

1. 对养老院服务选择的影响

对于轻度失能老人来说，无论是否加入家庭特征的影响，个人经济收入对失能老人正式照护使用的影响都不显著。同时，家庭非正式照护时间对正式照护也没有显示出明显的影响。可能的原因如下：在对失能老人筛选时主要采取 Katz 量表的吃饭、穿衣、洗澡、上厕所、室内走动和控制大小便 6 项指标，以独立完成每项指标是否有困难为测量标准，将部分有困难但可以完成的老年人纳入了样本。因此，对于轻度失能老人来说很多问题虽然完成起来有困难，但还是能够达到目的，出于勤俭节约以及“不愿给子女找麻烦”的想法，这部分老年人既不会花钱购买养老服务，接受家庭照护的时间也较少，所以出现报告中所显示的收入和家庭照护时间对正式照护的使用都不显著的结果。

从中度及重度失能老人角度来看，收入对其是否选择养老院服务也没有显著的影响。与轻度失能老人的研究结果一样，随着个人经济收入的提高，中度及重度失能老人入住养老院的概率没有显著变化。

从其他影响养老院服务的因素来看，性别、有无配偶、居住地对轻度失能老人选择养老院服务有显著的影响；对于中度及重度失能老人，影响其选择养老院服务的使用因素只有居住地和患慢性病数量 2 个因素。无论是模型（1）还是模型（2），性别对轻度失能老人的影响都是显著的（5% 的显著水平），男性失能老人更倾向于选择养老院服务。随着失能程度的加深，男性和女性的照护压力都会增加，需要的服务趋于相同，这种性别差异将会减小。对于轻度失能老人来说，日常生活中无论是物质活动还是精神需求，有配偶在身边陪伴和帮助，都会减少其对养老院服务的需要。但是当失能程度加深，自理活动需要别人帮忙甚至无法完成时，配偶的陪伴作用就会减弱。从居住地来看，无论失能程度如何，城市地区的老年人都比农村地区的老年人选择入住养老院的概率大，显示出明显的城乡差异（10% 的显著水平）。主要的原因可能是：①养老院产业发展的城乡差异较大，城市的养老资源、社会资源明显多于农村，城市养老院的发展比农村更快、更好；②由于经济发展带动的思想进步，城市地区的老年人相比农村地区的老年人对于养老院的认知和接受程度更高，选择入住的概率也就更大。患慢性病数量对于正式照护使用的影响（5% 的显著水平）仅体现在中度及重度失能老人中。患慢性病数量每增加 1 种，入住养老院的概率将增加近 1 个单位，说明慢性病是影响养老院服务使用的重要因素。这也与上述的研究结果一致，入住养老院的老年人大多是失能程度高、患慢性病数量多的人。

针对上述自变量描述性分析中 80 岁及以上老年人入住养老院的概率小于 70~79 岁（含）老年人的存疑问题，从表 6-10 可以看出，年龄的回归系数显著性较低。所以，单从样本数据无法准确判断年龄对养老院服务选择程度的影响。但是有研究表明①②，年龄越大的老年人对养老机构接受程度越大，这与人们的常识相一致。分析不显著的原因可能有以下 2 个方面：一是本章的主要研究对象是失能老人，活动失能是一个长期的过程，随年龄的增长，失能老人的身体状况逐渐恶化，可能在 80 岁之前已经去世，对整体样本有一定的影响；二是年龄在 80 岁及以上的老年人生于 20 世纪 30 年代至 20 世纪 40 年代，当时中国社会情况不稳定，这部分老年人平均受教育程度较低，所以对新事物的接受程度也低。

2. 对保姆照护选择的影响

与养老院不同，保姆照护以“家”为主要活动场所，更符合中华传统孝道文化和“落叶归根”的思想。因此，其服务具有一定的特殊性。个人经济收入只对中度及重度失能老人保姆照护选择产生显著影响，回归系数为 2.212，边际效应为 0.031，在 5% 水平上显著（如表 6-12、表 6-13 所示）。对轻度失能老人仍无法确定明确的效应，原因与轻度失能老人养老院使用因素类似。大多数轻度失能老人虽然有各种困难，但仍能够完成日常活动，在家庭成员的帮助下，勉强能够自理，购买养老服务的意愿较低。这不仅体现在对养老院的选择上，也体现在对保姆照护的选择上。此外，无论是模型（1）还是加入家庭特征的模型（2），个人经济收入对中度及重度失能老人均有显著影响，显示了收入对正式照护选择的重要性。但与中度及重度失能老人的养老院使用不同，个人经济收入水平越高的老年人选择保姆照护的概率越大。值得注意的是，对于中度及重度失能老人，加入家庭因素后，2 个模型都呈现显著的前提下，个人经济收入对保姆照护影响的边际效应反而增加了 0.021。从家庭特征来看，家庭照护时间对正式照护存在正向的显著影响，家庭照护时间每增加 1 小时/周，正式照护使用的边际效应就提高 0.0006（10% 显著水平）。可见，家庭非正式照护对正式照

① 高程程. 老年人机构养老意愿及影响因素分析［J］. 中国集体经济，2018（34）：144-145.

② 聂秀泉，陈雅婷，骆曜宇等. 武汉城市居民养老方式选择意愿及影响因素［J］. 中国老年学杂志，2018，38（23）：5849-5851.

护存在互补关系。当失能程度达到中度以上时，老年人无法独立完成日常活动，家庭成员的照护压力增大，只要经济条件允许，选择保姆照护就是不错的选择。同时，因为老年人身体状况变差，配偶和子女会增加对老年人的关心和照顾，家庭照护时间也会随之上升。因此，个人经济收入和家庭照护时间都对保姆照护选择产生正向的影响。

表 6－12　　保姆照护使用情况回归系数表

解释变量		轻度失能		中度及重度失能	
		模型（1）	模型（2）	模型（1）	模型（2）
个人经济收入		0.420 (0.340)	0.422 (0.333)	1.003** (0.489)	2.212* (1.307)
性别		0.746 (0.879)	0.703 (0.892)	－0.489 (1.270)	－1.755 (1.952)
年龄		0.024 (0.050)	0.054 (0.055)	－0.005 (0.059)	－0.102 (0.141)
受教育程度	小学	0.181 (1.245)	0.367 (1.271)	1.377 (1.463)	2.484 (7.228)
	初高中	1.397 (1.143)	1.499 (1.192)	—	—
	大专及以上	1.377 (1.160)	1.475 (1.214)	—	—
有无配偶		1.004 (1.165)	1.114 (1.169)	－1.148 (1.384)	0.180 (2.262)
居住地		－0.372 (0.857)	－0.527 (0.885)	－0.044 (1.248)	0.638 (2.006)
同住人数		－0.375 (0.662)	0.333 (0.659)	0.247 (0.603)	2.378* (1.575)
患慢性病数量		0.078 (0.352)	0.044 (0.372)	0.157 (0.460)	0.931 (1.015)
有无医疗保险		－0.246 (1.048)	－0.362 (1.117)	—	—
家庭照护时间			—		0.004* (0.003)
健在子女数量			－0.188 (0.295)		－0.949 (0.091)
健在女儿数量			－1.228 (1.045)		—

续表

解释变量	轻度失能		中度及重度失能	
	模型（1）	模型（2）	模型（1）	模型（2）
子女收入		-0.023 (0.044)		-0.065 (0.091)
医疗费用支付者		0.163 (1.136)		-4.582* (2.614)
常数项系数	0.111 (0.972)	0.174 (1.075)	0.254 (0.927)	0.605 (0.743)
样本量（个）	1000		411	

注：（1）** 表示 $P<0.05$，* 表示 $P<0.1$；（2）括号内示出标准误差。

表 6-13　　保姆照护使用情况的边际效应

解释变量		轻度失能		中度及重度失能	
		模型（1）	模型（2）	模型（1）	模型（2）
个人经济收入		0.003 (0.003)	0.004 (0.004)	0.010* (0.007)	0.031* (0.018)
性别		0.006 (0.007)	0.007 (0.010)	-0.005 (0.014)	-0.025 (0.027)
年龄		0.0002 (0.0004)	0.0006 (0.0006)	-0.00006 (0.0006)	-0.001 (0.002)
受教育程度	小学	0.0008 (0.0005)	0.002 (0.008)	0.008 (0.007)	0.015 (0.015)
	初高中	0.012 (0.009)	0.017 (0.013)	—	—
	大专及以上	0.015 (0.011)	0.018 (0.021)	—	—
有无配偶		0.007 (0.009)	0.011 (0.013)	-0.012 (0.015)	0.002 (0.032)
居住地		-0.003 (0.006)	-0.005 (0.009)	-0.0005 (0.013)	0.009 (0.029)
同住人数		-0.003 (0.005)	0.003 (0.007)	0.003 (0.007)	0.034* (0.023)
患慢性病数量		0.0006 (0.003)	0.0005 (0.004)	0.002 (0.005)	0.013 (0.014)
有无医疗保险		-0.002 (0.008)	-0.004 (0.012)	—	—
家庭照护时间			—		0.00006* (0.00004)

续表

解释变量	轻度失能		中度及重度失能	
	模型（1）	模型（2）	模型（1）	模型（2）
健在子女数量		-0.002 （0.003）		-0.013 （0.011）
健在女儿数量		-0.013 （0.012）		—
子女收入		-0.0002 （0.0004）		-0.0009 （0.001）
医疗费用支付者		0.002 （0.012）		-0.065* （0.035）
样本量（个）	1000		411	

注：（1）*表示 $P<0.1$；（2）括号内示出标准误差。

受教育程度对轻度失能老人和中度及重度失能老人保姆照护的选择都呈现正向的影响。接受过教育的样本比文盲样本选择保姆照护的边际效应要高，并且随着受教育程度的提高，边际效应也有升高的趋势。因此可以认为，受教育程度越高、失能程度越高的老年人选择保姆照护的概率越大。家庭承担的医疗费用对中度及重度失能老人有负向的显著影响（10%的显著水平），失能程度升高往往伴随着不同程度的疾病，直接增加老年人的照护成本。有学者在研究照护成本时发现，新加坡痴呆老人人均每年居家照护费用约为人民币222739元，并且随着痴呆严重程度的增加，费用也随之增长①。在收入水平一定的情况下，家庭承担的医疗费用越多，可用于支付保姆照护的费用就会越少。因此，医疗费用的增加会减少保姆照护的使用。但是这样的负向影响并不体现在轻度失能老人中。对于轻度失能老人来说，日常疾病开销较小或者较为固定（慢性病患者用于缓解和控制疾病的药品短期内不会有很大变动），对于家庭承担费用的分配影响较小。因此，对保姆照护的使用不会产生明显影响。

（四）收入效应的城乡差距分析

为了验证个人收入对正式照护选择的影响，本章将总数据样本划分为城镇和

① 黄伟，王玉环，马文娟．基于利益相关视角分析失能老年人居家非正式照护经济补偿［J］．中国老年学杂志，2018，38（23）：5856-5859.

农村 2 类加以讨论，作为本章的稳健性检验部分。划分标准以老年人居住地为准。随着中国城镇化进程的加快，许多老年人的居住地随着子女居住地的迁移而变化，其居住安排呈现出复杂的状态①。因此，城乡划分不能局限于老年人的户籍所在地，而应以其常驻地为准。本章在上述变量描述中，已将“居住地”定义为当前老年人的常住地址。所以，该变量可以作为城乡数据样本的划分依据。

表 6 - 14 示出了城乡数据样本的回归分析结果。可以看出，个人收入对于农村失能老人正式照护的选择具有正向影响（统计学检验在 5% 水平显著），老年人手里可支配的资金数量越多，选择正式照护的可能性就越大。但在城市样本中，个人收入对失能老人正式照护的选择并没有呈现出显著的影响。分析其原因可能有：①与农村老年人相比，城市老年人的收入差距较小，对于正式照护的选择概率较高。当老年人的可支配收入变化幅度较小时，对正式照护选择的影响也相应较小；②上述样本选择时由于整体调查数据的限制以及城乡老年人健康水平的差异，城市失能老人样本数量较少，可能影响了数据分析的结果。此外，无论是城市还是农村，有无配偶对失能老人正式照护的选择均具有显著的负向影响。这再次验证了配偶是失能老人的主要家庭照护者，有配偶的老年人对正式照护的选择程度较低。

表 6 - 14　　城乡差距对正式照护选择回归系数表

解释变量		城市样本		农村样本	
		模型（1）	模型（2）	模型（1）	模型（2）
个人经济收入		-0.082 (0.199)	-0.041 (0.211)	0.571** (0.238)	0.575*** (0.232)
性别		0.604 (0.615)	0.585 (0.641)	0.617 (0.607)	0.543 (0.629)
年龄		-0.015 (0.036)	-0.024 (0.041)	0.039 (0.036)	0.032 (0.037)
受教育程度	小学	1.098 (0.847)	1.118 (0.862)	0.367 (0.758)	0.349 (0.770)
	初高中	0.986 (0.979)	0.983 (1.001)	1.184 (0.768)	1.089 (0.785)
	大专及以上	1.679 (1.458)	1.542 (1.503)	—	—

① 魏宁，周绿林．基于家庭变化视角分析中国老年人居住安排变化的影响因素［J］．中国老年学杂志，2018，38（17）：4265 - 4267.

续表

解释变量		城市样本		农村样本	
		模型（1）	模型（2）	模型（1）	模型（2）
有无配偶		-1.590^{**} (0.748)	-1.586^{**} (0.768)	-1.065^{*} (0.638)	-1.096^{*} (0.638)
同住人数		—	—	—	—
患慢性病数量		-0.052 (0.424)	-0.002 (0.481)	-0.123 (0.354)	0.072 (0.383)
失能程度	2	-0.984 (1.094)	-0.876 (1.109)	0.415 (0.757)	0.345 (0.765)
	3	-0.404 (1.124)	-0.342 (1.148)	0.100 (1.118)	-0.0008 (1.130)
	4	0.512 (0.865)	0.403 (0.904)	0.747 (0.869)	0.729 (0.879)
	5	—	—	—	—
	6	1.268 (0.951)	1.462 (1.035)	2.105 (0.947)	1.929 (1.009)
有无医疗保险		-0.658 (1.048)	-0.876 (1.109)	-0.729 (1.055)	-0.787 (1.070)
家庭照护时间			-0.0001 (0.0005)		0.0007 (0.0008)
健在子女数量			0.050 (0.206)		-0.229 (0.203)
健在女儿数量			0.013 (0.307)		-0.359 (0.327)
子女收入			-0.041 (0.035)		0.002 (0.031)
医疗费用支付者			-0.930 (0.888)		0.538 (1.083)
常数项系数		0.254 (0.705)	0.435 (0.815)	0.143 (0.711)	0.235 (0.724)
样本量（个）		422		989	

注：（1） *** 表示 $P<0.01$， ** 表示 $P<0.05$， * 表示 $P<0.1$；（2）括号内示出标准误差。

（五）个人经济收入分析

根据本章的概念界定，老年人个人经济收入主要包括劳动收入、离退休金或养老金收入、家庭成员供养、其他社会保障收入、财产性收入和其他 6 类。根据统计，在本章所用 1411 个样本中拥有劳动收入的样本有 131 个。其中，选择正式照护的样本有 4 个；拥有财产性收入的样本为 5 个，其中，选择正式照护的样本有 0 个；拥有其他收入的样本有 29 个，其中，选择正式照护的样本有 0 个。可以看出，劳动收入可能对正式照护选择存在影响，但是本章由于样本数量限制无法进行模型分析。因此，依据 CHARLS 数据无法确定劳动收入、财产性收入和其他收入对正式照护选择的影响，人为定义这 3 类收入对于老年人选择正式照护的影响较小。由此表明，失能老人的收入来源主要还是离退休金或养老金收入、家庭成员供养和其他社会保障收入。表 6 – 15 示出了离退休金或养老金收入、家庭成员供养和其他社会保障收入对正式照护选择的影响。

从表 6 – 15 可以看出，无论是否有家庭因素的影响，离退休金或养老金收入对于失能老人正式照护的选择都具有显著的正向影响，家庭成员供养对于正式照护的影响也是正向的但并不显著，而其他社会保障收入对于正式照护则存在明显的负向影响。离退休金或养老金收入和家庭成员供养这 2 类收入回归分析结果与前述的结论一致，老年人拥有的可支配收入越多，在其有相关需求时选择正式照护的可能性也就越大。至于家庭成员供养影响的显著性较低可能是因为总体样本量较少所致，另外可能的原因还有有些家庭对于老年人入住养老院或者请保姆照护的费用主要是由子女承担，而这一部分费用在问卷调查时并未计入家庭成员的供养范围内，从而影响了回归结果的显著性。从老年人其他社会保障收入来看，主要包括除养老金之外的医疗保险、最低生活保障等。这些险种的存在主要是保障老年人的身体健康和基本生活。医疗保险资金专款专用，用于医疗支出，老年人身体状况得到改善自然会减少对正式照护的使用。领取最低生活保障的老年人大多是无依无靠的孤寡老人，对于他们来讲，正式照护是一种“奢侈品”，有效需求本身就很低。所以，该种收入类别对于正式照护的使用存在负向影响。

表 6－15　　老年人分类收入回归系数表

解释变量		离退休金或养老金收入		家庭成员供养		其他社会保障收入	
		模型（1）	模型（2）	模型（1）	模型（2）	模型（1）	模型（2）
主要系数		0.217*** （0.085）	0.168* （0.089）	0.066 （0.082）	0.043 （0.088）	－0.231* （0.126）	－0.201* （0.126）
性别		－0.144 （0.597）	－0.232 （0.614）	－0.204 （0.603）	－0.371 （0.618）	－0.107 （0.600）	－0.326 （0.611）
年龄		－0.030 （0.034）	－0.032 （0.039）	－0.037 （0.034）	－0.040 （0.037）	－0.044 （0.033）	－0.047 （0.038）
受教育程度	小学	0.874 （0.835）	0.683 （0.846）	0.961 （0.831）	0.822 （0.841）	0.930 （0.831）	0.806 （0.842）
	初高中	0.949 （0.892）	0.869 （0.909）	1.123 （0.884）	1.027 （0.909）	1.023 （0.882）	0.901 （0.903）
	大专及以上	1.745 （1.383）	1.572 （1.485）	2.210* （1.286）	1.943 （1.376）	2.239* （1.296）	1.867 （1.404）
有无配偶		0.325 （0.690）	0.328 （0.714）	0.545 （0.686）	0.463 （0.706）	0.540 （0.707）	0.477 （0.726）
居住地		－0.228 （0.643）	－0.324 （0.662）	－0.036 （0.620）	－0.121 （0.635）	－0.062 （0.622）	－0.169 （0.639）
同住人数		－0.069 （0.389）	0.468 （0.419）	－0.023 （0.369）	0.564 （0.399）	－0.002 （0.382）	0.558 （0.406）
患慢性病数量		－0.050 （0.293）	－0.084 （0.310）	－0.026 （0.292）	－0.059 （0.305）	－0.037 （0.297）	－0.031 （0.310）
失能程度	2	－1.060 （1.084）	－0.933 （1.099）	－1.109 （1.079）	－1.052 （1.094）	－1.053 （1.082）	－1.040 （1.093）
	3	－0.440 （1.095）	－0.375 （1.121）	－0.495 （1.082）	－0.401 （1.117）	－0.513 （1.086）	－0.441 （1.125）
	4	0.046 （1.099）	0.154 （1.112）	－0.178 （1.092）	－0.056 （1.102）	－0.107 （1.095）	0.061 （1.106）
	5	0.453 （1.098）	0.398 （1.114）	0.284 （1.092）	0.234 （1.104）	0.306 （1.094）	0.239 （1.109）
	6	1.567* （0.905）	1.368* （0.992）	1.399 （0.888）	1.217 （0.965）	1.316* （0.891）	1.212 （0.976）
有无医疗保险		－0.621 （1.012）	－0.808 （1.078）	－0.703 （1.023）	－0.931 （1.069）	－0.749 （1.024）	－0.960 （1.069）

续表

解释变量	离退休金或养老金收入		家庭成员供养		其他社会保障收入	
	模型（1）	模型（2）	模型（1）	模型（2）	模型（1）	模型（2）
家庭照护时间		0.0004 (0.0004)		0.0004 (0.0004)		0.0004 (0.0004)
健在子女数量		-0.131 (0.215)		-0.170 (0.206)		-0.179 (0.206)
健在女儿数量		-0.966* (0.566)		-1.101** (0.575)		-1.054* (0.569)
子女收入		0.009 (0.031)		0.013 (0.031)		0.012 (0.031)
医疗费支付者		-1.331** (0.656)		-1.441** (0.647)		-1.378** (0.647)
常数项系数	0.466 (0.503)	0.255 (0.433)	0.814 (1.041)	0.405 (0.682)	0.574 (0.659)	0.261 (0.441)
样本量（个）	1411					

注：（1）** 表示 $P<0.05$，* 表示 $P<0.1$；（2）括号内示出标准误差。

从表6-15中还可以看出，无论在哪一种收入的影响下，健在女儿数量和医疗费用承担者对于失能老人正式照护的选择都具有显著的负向影响。在前面章节中提到，家庭非正式照护中女性往往充当着重要的角色，女儿数量越多老年人得到的照护也越多。然而根据实证结果显示，健在女儿数量对于正式照护的影响是负向的，这与前人的研究结论正好相反。本章所用的 CHARLS 数据调查对象来自全国各地，样本中健在女儿数量并不是与老年人同住或生活在周边的女儿人数，女儿出嫁之后在其自己的家庭里也是家庭非正式照护的主要承担者，尤其在其拥有自己的子女后，压力更是有增无减。因此，女儿出嫁后可能会减少对父母的照护。对于医疗费用支付者，老年人失能意味着需要更多的医疗护理（包括打针、吃药等），这些日常的医疗护理费用是老年人的主要开销之一。如果这部分费用主要由家庭支付（保险报销比例小），那么必然会减少家庭的可支配收入，用于正式照护的费用也会随之减少，产生负向影响。

（六）实证结果讨论

实证分析结果表明，收入对失能老人的正式照护使用存在正向影响，但是这种影响只针对保姆照护，对于提供更专业照护服务的养老院却没有显著影响。

同样作为正式照护的方式，为何保姆照护与养老院照护之间会存在差别？从总体上看，家庭非正式照护对正式照护的收入效应存在负向的影响，但是对于失能程度较高的老年人两者又是显著的补充关系，这是否存在前后矛盾的问题？针对这两个问题，有必要进行深入的讨论。

首先，讨论关于收入对保姆照护与养老院服务使用影响不同的问题。对于失能老人的正式照护，按照主要照护者应具备的素质可以分为技术性（医疗性）照护和非技术性（生活性）照护。总的来说，对于失能老人的养老照护服务可以大致分为日常生活照护、医疗护理服务、精神陪伴慰藉和社会交往服务等。在实践中，这几类服务往往是相伴而行，并不能简单地将某一项服务拆开来看。因此，整个照护过程存在很大的复杂性和多面性。在中华传统文化影响下，"家本位"已经由一种思想逐渐内化成了人们的潜意识，"父慈子孝""养儿防老"这些词语深刻地反映了中国以家庭为单位的养老方式。家庭养老不仅能够满足老年人的生活照护需求，而且还能提供精神的鼓励与支持，涵盖了养老照护服务的很多方面。正因如此，即使身体健康状况不佳，大多数老年人还是希望将家作为养老场所。较之养老院，保姆照护则在更大程度上满足了老年人的这项要求。从家庭成员的角度来看，保姆照护一般提供日常生活照护服务，包括做饭、打扫卫生、洗衣服等家务劳动。同时，也可以帮忙照顾老人的日常活动。在很大程度上减轻了家庭照护人员的压力，使其能够更好地处理老年人照护和工作的冲突。在这2个方面因素的共同作用下，保姆照护的使用率自然会高于养老院。

从养老机构来看，一方面，公众对养老机构存有"入住难""一床难求"等印象；另一方面，存在养老机构全国平均空置率达48%的现实①，根据《中国养老机构发展报告》显示，这48%的空置率主要来自农村养老院。作为经营者，由于老年人入住养老院的比率较低（即有效需求的缺乏），为了维持经营，养老院服务的定价往往较高，即使存在一些收费较低的农村或者社区养老院，往往因为经费短缺对服务的提供存在敷衍了事现象。由此导致的现状是，低收费的养老院因在老年人中口碑差而导致入住率低，高收费的养老院老年人又住不起。此外，由于近年来"医闹"现象的出现，很多养老院出于规避风险的目的，对有意向入住养老院的老年人进行逆向筛选，只接受那些身体状况较好、收入水平较高的老年人。这使得养老院的入住率更低，养老院为维持经营会进一步提高费用。长此以往，形成

① 黄小希，陈诺．养老机构如何走出"冰火两重天"窘境［N］．中国改革报，2015-08-11（010）．

了恶性循环，导致中国养老机构“冰火两重天”的现状愈演愈烈，老年人选择养老院的概率也越来越低。因此，在传统养老观念和养老机构市场不完善两者的共同作用下，当收入水平提高时，老年人自然会倾向于选择保姆照护而不是养老院服务。

其次，针对不同失能程度家庭非正式照护对收入效应影响不一的问题，主要表现为非正式照护和正式照护之间的关系。学术界关于这两者的关系结论不一。一种认识为，非正式照护与正式照护存在替代的关系（Charles et al.，2005；Bolin et al.，2007；Eric Bonsang，2008），子女或家庭成员提供的家庭照护会减少老年人对正式照护的使用；另一种认识为，这两者之间是一种互补的关系（Davey et al.，2005；Li，2005），老年人接受的家庭照护越多，其受到的社会支持也就越多；还有学者发现，老年人在接受长期照护过程中，随身体健康状况和照护需求的变化，正式照护和非正式照护资源也在不断发生变化（Barrett & Lynch，1999；Keating et al.，1999；Norah K. et al.，2003）。目前，我国还没有完全建立起正式照护服务体系，钟点工或保姆所提供的上门服务无论在时间上还是内容上都远远无法满足长期失能老人（特别是重度失能老人）的需求。在此情况下，家庭成员依然充当着主要的照护角色。此时，正式照护和非正式照护同时存在，但各自的作用又十分有限，且各自所能提供的照护服务也有所差别。处于一种介于所谓“替代模式”和“互补模式”之间的“补充模式”（熊波，2013）。对于轻度失能老人来说，需要的照护服务内容较少，时间较短，大多是简单的家务劳动，当有子女完成这部分工作后则不需要再选择保姆照护，这时两者之间就存在一定的替代关系。因此，对于正式照护与非正式照护之间的关系不能一概而论，要结合相应的实际情况具体分析，不同失能程度下家庭非正式照护前后产生的不同影响也并不矛盾。

五、本章结论

（一）研究结论

1. 失能老人个人经济收入对正式照护的使用具有正向的影响

从研究的整体样本来看，失能老人的个人经济收入主要来源于养老金收入和家庭成员供养。其收入越高，使用正式照护的概率也就越大。收入每增加1个单位，正式照护选择的边际效应将增加0.005。但是，这种收入的正向效应主要体现在对保姆照护的使用上，对于入住养老院的影响则不明显。此外，从城乡分样本考察经济收入对正式照护选择的正向效应，在农村样本中比较显著，而城市地区的老年人由于收入差距较小，收入对正式照护选择的效应不明显。

正式照护不仅是一种养老方式，更被作为一种商品呈现在养老市场上。这种特殊的商品服务本身具有相当的专业性和科学性，需要从业人员具备一定的专业素质。因此，这种商品也具有一定的不可替代性。对于有该种护理需求的老年人来说，收入越高，支付能力越强，对正式照护的选择程度自然会有促进作用。保姆照护和养老院服务都属于正式照护的范畴，从理论上讲收入对两者都具有一定的正向影响，但是由于社会和家庭因素的影响，对两者的选择结果有所差别。一方面，由于传统文化的影响，进入老年生活以后人们更希望在家养老，当护理需求较少并集中于日常生活照护时，老年人更倾向于雇用保姆而非入住养老院；另一方面，养老服务业属于新兴产业，当前大部分公立养老机构规模尚小、投资收益明显不足，一时难以得到大的发展。少数民办养老机构为了节省成本、赚取更多的利润，养老和医疗保障设施差、工作人员服务水平普遍不高①，造成高品质服务的养老院收费高，收费低的养老院服务差，导致人们对养老院的评价不一，对选择养老院服务更多是持观望态度。因此，收入的促进作用在保姆照护和养老院服务上存在差异。

2. 家庭非正式照护影响失能老人正式照护使用的收入效应

收入水平一定时，家庭照护时间越长，子女数量越多，日常医疗费用越多，失能老人对整体正式照护的使用度越低。但是，对于中度及重度失能老人来说，家庭非正式照护时间与保姆照护存在一定程度的补充。此外，性别、有无配偶、居住地和患慢性病数量也对正式照护的使用产生影响。一般来说，所患慢性病数量较多、没有配偶的城市男性老年人对正式照护的需求较大。保姆照护通常指雇用保姆（或月嫂）提供照护服务，主要提供洗衣、做饭、打扫卫生等服务，这也是家庭成员能够为失能老人提供的帮助之一，二者职能或者服务范围有很大的交叉重叠，难免存在替代效应。保姆照护的提供会减少家庭成员对老年人的日常照护服务，也使家庭成员有更多时间从事社会经济活动，换取对其更为

① 丁家发. 破局养老院“一床难求”刻不容缓［N］. 中国商报，2018-11-20（P02）.

重要的价值。也正是因为保姆照护为老年人提供了日常照护服务，使家庭成员能够从日常琐事中解放出来，拥有更多的时间关注失能老人的精神状态，给予失能老人更多的精神慰藉。尤其对于身体状况较差、失能程度较高的老年人，平常的护理照护压力较大，家庭成员能力有限时会寻求保姆或养老院的帮助，但是也会一同协助照护老年人并给予更多关心。此时，两者在老年人的照护过程中充当着不同的角色，共同促进老年人生活水平的提高。从这个角度来说，两者又是介于替代和互补之间的补充状态。

3. 不同失能程度下正式照护的收入效应会产生差异，中度及重度失能老人收入效应更大

对于轻度失能的老年人，收入的提高无论是对选择养老院服务还是保姆照护都没有显著影响。对于中度及重度失能的老年人，收入的提高对保姆照护的使用存在正向的影响，但是对养老院服务的使用没有明显的作用。随着年龄的增长，老年人的身体机能下降，各个组织器官逐渐衰老，疾病随之而来，难免需要他人不同程度的帮助。大部分老年人在吃饭、穿衣等活动时出现困难，但仍可以自己完成。这时，老年人往往会有“咬咬牙就过去了”或“小问题没关系”的想法，不想麻烦子女或者花钱请保姆（或小时工）。只有当老年人失能程度较高、日常生活无法独立完成时才会考虑借助正式照护的帮助。在居家养老观念以及当前养老院发展背景下，失能老人也往往偏向于选择保姆照护而非养老院服务。

（二）讨论

根据上述实证结果以及相关问题讨论的结果，个人经济收入与失能老人正式照护的使用存在正向的关系，这种关系主要体现在保姆照护的使用上，且对不同失能程度的非正式照护对收入效应存在不同的影响。因此，本章提出以下几点对策建议。

1. 全方位、多渠道保障失能老人的经济收入

第一，保障老年人的基本收入，加大对失能老人尤其是无依无靠的老年人群体的社会保障投入。通过对失能老人的收入分析发现，失能老人的收入大部分来自子女的经济支持和包括离退休金和养老金在内的社会保障收入。对于失能老人来说，收入是享受包括生活服务和医疗卫生服务在内的一切服务的前提，

要想保障这部分老年人的生活水平，首先要保障其收入水平。对于有退休金和养老金的老年人，按时发放并核对相关数目。对于那些无依无靠的独居失能老人，应该加大社会救助的力度，通过建立志愿者网络，为这些老年人提供相应的物质帮助和情感支持。当然，从长远考虑，对于尚能自理的老年人要采取多种措施提高其经济收入。例如，开设老年特长班，将有技术、有能力、有精力或者想学习的老年人聚集起来，增加其收入能力，通过编制手工艺品、担任特殊职业顾问等来获取额外的收入。从另一方面考虑，这也是丰富其文化生活的手段之一，有助于减缓老年人的衰老速度。

第二，积极有效应对中国目前的养老金缺口，以预防未来逐渐增多的老龄人口以及失能人口的养老需要。建议可以从以下几个方面着手：一是渐进式开展延迟退休政策。有研究显示，退休对老年人健康存在负面的影响，保持工作可以维持健康水平。延迟退休不仅可以增加老年人的收入水平，还能够帮助缓解养老金缺口以应对未来更大的养老压力。二是大力发展补充性养老保险和储蓄性养老保险。目前，我国的养老保险体系有基本养老保险、企业补充养老保险和储蓄性养老保险三大支柱，但是三者的比例严重失调，第一支柱对第二和第三支柱的挤出效应较为严重。因此，要从多个渠道筹集养老金，适当降低基本养老金替代率，通过发展补充养老金和储蓄养老金提高总和养老金替代率。三是提高养老金投资规模和收益率。引入市场力量，充分发挥养老金基金的作用，稳步推进养老金入市，多元化、多渠道投资，委托专业的机构辅之以专业化、市场化的监管，在保持养老金保值增值的同时保证其安全。

2. 正式照护机构有针对性地拓展受众群体

第一，积极发展正式照护市场，养老院和家政服务公司要找准自己的定位。我国失能老人的长期照护保障需要从政策供给、财政经济、产业发展、照护体系和服务供应等多个方面着手，探索以政府为主导，市场、社会、组织、家庭和个人共同参与的发展环境。一方面，完善养老市场，为养老机构提供用地、水电、基础设施等优惠政策，降低其运营成本，加大对相关市场监管，督促养老机构提供经济实惠的养老服务，帮助其宣传，鼓励老年人选择养老院；另一方面，发展新型保姆照护模式，对一般保姆照护人员进行医疗常识培训或者专门聘请专业的医疗陪护人员为失能老人家庭提供日常家务服务和日常医疗护理与检测。上述两类机构在发展过程中要找准定位，明确服务对象。养老院的服务对象主要是失能程度较高，不仅需要日常生活照护还需要专业医学护理照护的老年人，而家政服务公司主要是服务于那些失能程度较低、希望在家养老的老年人。

第二，城乡发展要因地制宜，城市正式照护以保姆照护为主，农村则主要发展养老院。由于城乡老年人在身体健康、收入水平方面存在差异，两类正式照护市场发展侧重点也要根据当地实际进行规划。对于城市地区的老年人，主要以发展保姆照护市场为主，提高从事相关工作人员的素质，不仅在家政方面，更要在简单护理知识方面。在农村地区则主要是整合当地资源，统一安排和规划养老院，以镇、乡为单位集中资源提高养老院服务质量，为老年人提供专业、全面的养老护理服务，满足其养老需求。

3. 以社区为单位对失能老人开展精准照护

第一，对失能老人进行分类，实行精准照护。以社区为单位将失能老人基本信息记录入册，按照失能程度将老年人分为需要正式照护帮助和需要少部分帮助 2 类，然后根据老年人退休或养老金收入、老年人名下财产数量进一步分为需要养老院帮助、需要保姆帮助和家庭照护即可 3 类。将需要养老院帮助的老年人名单统一上交街道或区域，统一整合资源发展社区养老院，抑或以区域为单位与大型养老机构签订养老合同，为老年人争取优惠服务的同时也能保障养老机构的发展。对于需要保姆照护的老年人，社区内帮助协调和安排相关人员对其进行日常生活帮助，并定期安排人员进行回访，询问老年人身体状况和生活需求，进行人员或服务调整。也可以通过集体谈判的方式与家政和养老机构协调，适当降低保姆照护费用，保障对老年人的照护服务质量。对于那些仅通过家庭照护就可以满足需求的老年人，社区通过开展相关养老助老活动，帮助家庭照护人员及时了解老年人身体状况，同时关注老年人需求变化，以便及时进行调整。

第二，在社区大力开展养老知识普及活动，帮助老年人接受和运用新型的养老服务。从目前情况看，失能老人对正式照护的接受及选择程度普遍较低，对养老院服务的选择程度更低。除了经济因素的考量，主要原因还是在于传统的养老观念或者说“家为本”的传统思想。社区工作人员应定期开展养老服务知识普及活动，加大对社区老年人活动场所、设施的投入，组织开展社区老年人各项娱乐活动，加强舆论宣传引导，使老年人能够跟上社会发展的脚步，调整和转变传统的养老观，了解更多科学的医疗常识，逐步扭转其对正式照护的固有印象，促进正式照护市场的健康发展。

第七章　社区居家养老：医养结合模式及实现路径探析

一、社区居家养老及存在问题

社区居家养老是一种以社区为平台、老年人居住在家庭中安度晚年的养老模式。这一养老模式介于家庭养老和机构养老之间，强调利用社区的嵌入资源提供养老服务。在社区居家养老过程中，老年人不需要离开自己熟悉的家庭，同时可以享受一定的专业照护，既保留了传统家庭养老的优点，又缓解了当前机构养老供给不足、服务费用较高的问题。因此，它是社会经济发展的必然产物，成为中国现阶段大力推行的一种养老模式。中华人民共和国民政部和中华人民共和国国家发展和改革委员会2016年颁布的《民政事业发展第十三个五年规划》提出，“全面建成以居家为基础、社区为依托、机构为补充、医养结合的多层次养老服务体系”。党的十九大报告明确提出，“推进医养结合，加快老龄事业和产业发展”，从而将构建功能完善的社区居家养老服务体系提升为国家层面的战略行动。但我国现阶段的大多数社区居家养老服务能力和功能并不完善，主要问题是医疗服务嵌入受限，无法为失能失智老年人提供专业化的次级照护。究其原因，与医疗服务、社会照护的行业异质性和功能分化有关。

就养老范畴而言，医疗服务的主旨是“医”，包括一般疾病诊治、危重疾病抢救、慢性病康复治疗、中医养生保健等；社会照护的主旨为“养”，包括生活照护、精神慰籍、社会参与、文化活动等。二者均需要多种能力的公共服务，具有社会福利性质和公益属性，同时也具有市场性。利润并不是医养服务追求的唯一目的，为老年人提供及时、便利、精准、连续的医养服务，在提高他们生活质量基础上实现市场价值，才是发展社区居家养老服务医养结合的最终目标。但医和养又是2个不同层次、不同领域的服务，二者的资源具有明显的非对称性。医疗服务具有高资本、高技术、高人力资本附加值的行业特点，不仅准入门槛高、运行成本高、收费标准高，而且优质服务的可及性（获得性）通常也有一定难度（邓汉慧，2008）。社会照护以追逐服务品质为重点，具有技术含量及准入门槛低、运行成本与收费标准低、可及性高等行业特点（邓汉慧，2015）。尽管医疗服务的成本超过社会照护30%以上，但前者盈利能力、从业人员经济收入和社会地位等明显高于后者。

医疗服务与社会照护具有不同的社会服务功能（如表7－1所示）。医疗服务的核心是治愈疾病和挽救生命，通过以医生为主导的治疗过程，提供病理检查、疾病诊断、药物处理、手术等服务，其服务对象是各个年龄段所有病人，患病老年群体只是其中的一部分。为此，医院设立各种临床科室并配备相应的医生、护士，提供系统的治疗；专门诊治老年疾病的老年科，也主要为医疗之需而设。社会照护的核心是弥补家庭照护功能的不足，达到维持老年人基本生活需求的目的，其服务对象是生理意义上的老龄人口。因此，社会照护以老年人需求为中心，通过社会化方式配置养老资源，为老年人提供精神慰籍、助餐、助浴、助厕、助行等生活照护。

表7－1　医疗与社会照护行业的服务差异性

行业分类及其职责	医疗服务		社会照护
	疾病治疗	医疗护理或次级照护	生活护理或初级照护
服务目标	疾病治愈	身体康复	维持基本生活需求
服务对象	涵盖各个年龄段病人	涵盖各个年龄段病人	60岁及以上老年人
服务内容	检查、诊断、药物处理、手术等	医护照护：给药、病情观察、输液、肌注等	生活照护：助餐、助浴、助厕、助行、精神慰籍等
服务场地	医院	医院或养老院	家庭、社区照护中心、养老院
服务时间	1天	一般为1～15天	长期
服务模式	医生为主导	护士为主导	老年人为中心
保障措施	医疗保险	医疗保险	老年人及家庭资金*
服务成本	高	高	低
收费标准	高	高	低

续表

行业分类及其职责	医疗服务		社会照护
	疾病治疗	医疗护理及次级照护	生活护理及初级照护
服务提供者	医生、医疗护士	医疗护士、国外注册护士拥有处方权	养老护理人员、家人、社会工作者
服务可及性	低	较低	高
服务周转率	高	高	低

注：* 表示政府兜底的“五保”、“三无”、贫困失能老人等除外。

由于医疗服务与社会照护在资源、市场地位的非对称性和服务功能的差异性，导致优质稀缺的医疗服务无暇也无意与社会照护结合，从而形成当前社区居家养老体系中医疗服务嵌入困难的局面。对此，本章从分析不同生理阶段老年人的医养需求入手，阐释医养结合的本质，通过国内外对比研究，探讨社区居家养老的医养结合模式，并尝试给出医养结合社区居家养老的实现路径。

二、医养结合：基于整合照护的服务链

（一）不同生理阶段老年人的医养需求

为了探讨社区居家养老的医养结合模式，有必要分析不同生理阶段老年人的医养需求，以阐明老年人生命周期中医疗服务介入程度。需要指出，老年人的医养需求事实上很难以年龄来界定。在现实社会生活中，既不乏精神抖擞的80岁老年人，也可见到60岁左右就失能或半失能的老年人。本章根据人体生理机能状况将老年人划分为以下3类5个生理阶段（如表7－2所示）。

表7－2　不同生理阶段老年人对医养服务需求的差异

老年人分类	生活自理老年人		半自理老年人	失能、失智老人	
老年生理阶段	健康活跃阶段	辅助生活阶段	行动不便阶段	失能阶段	临终阶段
医疗需求	健康管理	非正式医疗	正式医疗	正式医疗	临终关怀
	疾病预防、健康支持、中医养生、慢性病管理		疾病治疗、慢性病管理、专业康复护理	疾病治疗、康复训练、专业护理	生命尊严、减轻痛苦

续表

老年人分类	生活自理老年人		半自理老年人	失能、失智老人	
照护需求	旅游、娱乐、交友、健身	保健、养生和来自家人、社区的关照	定期照护	长期照护	长期照护
医养服务需求	普适性服务	普适性服务	普适性+特殊服务	特殊服务	特殊服务

（1）生活自理老年人。处于健康活跃阶段或辅助生活阶段，对医疗服务的需求与其他年龄群体差异不大，主要为疾病预防、健康支持和常见慢性病管理。由于生活能够自理，其照护需求也仅限于娱乐、旅游、交友、健身以及来自家人、社区的简单关照。因此，这类老年人的医养服务需求与常人无异。

（2）半自理老年人。生活半自理老年人大多处于半失能的行动不便阶段，对医疗服务的需求主要围绕老年科临床医学范畴。例如，老年人疾病或慢性病的治疗与管理、次级照护和专业康复护理等。需要一定时间与社会照护关联的初级照护。显然，这类老年人的医养服务除了普适性需求，还需要一定程度的特殊服务。

（3）失能、失智老人。这类老年人所处生理阶段包括完全失能阶段和临终阶段。对医疗服务的需求，失能阶段以老年科的临床医疗为主，但更为强调专业的康复训练和护理；临终阶段的临终关怀则以维护生命尊严、减轻临终痛苦为主。社会照护提供长期的初级照护，是这类老年人的生活刚需。因此，这类老年人需要的医养服务，可概括为医养高度融合的特殊服务。

综上所述，半失能或失能、失智老年人是社区居家养老体系中医养服务的重点对象。为了避免医养资源配置、服务供给与需求的错位，有必要根据失能原因，将这类老年人进一步划分为3种类型（杨燕绥，2016），并阐明每一类型对应的医养服务需求（如表7－3所示）。

表7－3　不同失能状况老年人的医养服务需求

	生理机能老化失能	病残失能	失能失智
失能原因	高龄、机能自然老化衰退	疾病	认知、记忆等机能丧失
所需医养	慢性病管理、长期生活照护	康复训练、长期照护	记忆服务、长期照护
服务场所	居家或家庭病床	家庭或社区病床	家庭或社区病床
护理等级	I级护理 ADL－A度	I级护理 ADL－B度	I级护理 ADL－C度

续表

	生理机能老化失能	病残失能	失能失智
服务时间	每周（39.4 ± 7.35）小时	每周（98.32 ± 11.55）小时	每周（213.55 ± 25.18）小时
服务主体	家庭或社会照护	医疗护理 + 社会照护	医疗护理 + 社会照护
医养序列	以养为主，以医为辅	以医为主，以养为辅	专业护理为主，以养为辅

注：根据杨燕绥（2016）资料修改得出。

（1）生理机能老化失能老人。因高龄、身体机能（或功能）自然老化衰退而产生功能障碍和不归为其他器官系统的疾病（例如，典型的老年综合征），不可能完全治愈，只能靠医养护理维持。在行动不便与机能弱化的过程中，老年人经历自理—半自理—失能阶段，需要家人或社会提供长期的生活照护。这种类型的老年人以养为主，以医为辅，家庭或社会照护为宜。

（2）病残失能老人。因疾病导致身体机能的丧失或残疾，既需要医疗服务的对症诊疗、病后康复和慢性病管理，又需要家人或社会提供的长期生活照护和护理。这种类型老年人的社区居家养老应以医为主、以养为辅，社会照护为宜。

（3）失能、失智老人。因老年性痴呆导致认知、记忆等机能丧失，与病残失能老人相似，既需要医疗机构的治疗和康复训练，也需要家人或社会提供的长期照护与护理。这种类型老年人应以医护为主、以养为辅，社会照护为宜。

（二）基于整合照护的服务链

根据上述不同生理阶段老年人的医养需求分析，显然，不能把社区居家养老的医养结合简单理解为“养老院 + 医院”、抑或“医院 + 养老院”。事实上，大多数老年人罹患的老年病难以治愈，他们更需要带病生存状态下的日常照护以及辅以控制病情发展、维持生理机能的医疗卫生服务。所以，失能或半失能老人的核心需求并非治疗疾病而是长期照护。医疗服务必须以社区为基础，通过资源嵌入、功能嵌入和多元运作方式嵌入构建的医养结合社区居家养老模式中，必须围绕不同生理阶段老年人的医养需求，形成老年人安度晚年的养护保障。从这一意义上看，医养结合中的“医”，是针对养老过程的“医”，具有非医性。

因此，有理由认为，医养结合的本质是基于整合照护理念的综合性养老服务链（Lioyd & Wait，2011），通过整合相关的照护资源，形成集生活照护—精神慰藉—健康管理—疾病诊治—康复护理—临终关怀为一体、无缝衔接的养老服务体系。医养结合的核心内容，是通过多种照护资源耦合构成的从“养”到“医”、由“医”到“养”双向关联的服务序列，最大程度地维持老年人的生理、心理健康以及基本生活需求。基于这一认识，社区居家养老的医养结合，不再是由医疗服务主导，社会照护辅助的治疗模式，应转变为多元化主体（尤其是老年人）参与，连续的服务链模式。

三、发达国家社区居家养老的医养结合模式

20世纪60年代以来，发达国家人口老龄化日趋严重，社会保障制度已难以承担高昂的机构养老费用，推行社区居家养老成为各国改革养老模式的基本思路。为解决社区养老需求多元化与服务碎片化的矛盾，发达国家提出并积极推动“整合照护”这一政策理念。“整合照护”的基本含义是整合不同的照护资源，使处于碎片化照护中的个体达至健康照护和社会照护的理想化水平（Godlee，2012；杜鹏等，2014）；其核心内容之一是医养结合。基于整合照护策略的社区医养结合典范，西方国家以美国和英国为代表，亚洲则以日本为代表。

（一）美国和英国的医养结合模式

美国PACE（Program of All－inclusive Care for the Elderly，PACE）是在老年医疗保险基础上发展的医疗与社会照护整合方案，也是美国二十余年最被认可的医养结合模式（Coleman，2002），通过政府监督和商业运营实施。PACE主要服务对象是失能或半失能的老年人，为他们提供全方位的医疗和长期照护服务，包括疾病门诊与住院治疗、功能恢复护理、社区照护（初级治疗和次级照护）等。其特点包括：①老年人可以选择在社区接受长期照顾服务；②通过多学科专家团队进行个案管理；③整合成人日常健康中心（ADHC）的各种医疗服务。PACE不仅为需要长期照护的老年人提供连续性医养服务链服务，而且使这些老年人可以居住于熟悉的社区，在尽可能保持健康的同时，保持一种有尊严、有

质量并且相对独立的生活。

作为典型福利国家，英国医养结合模式的基本策略是：政府出资、社会组织出力；以服务评价体系为基准，政府购买社会组织的社区医养服务（乌丹星，2015）。在政府“整合照护”政策主导下，提供服务的社会组织对全科诊所、养老、康复、NHS（National Health Service）门诊、志愿者等进行资源整合（与全科诊所和医院门诊建立战略合作关系），按照与地方政府签订的合同，为社区失能或半失能老人提供无缝衔接的持续医疗照护服务。

根据美国和英国社区居家养老的医养结合实践，Valentijn 等（2013）总结的基于不同层次的整合照护路径（胡宏伟等，2017）如图 7－1 所示。

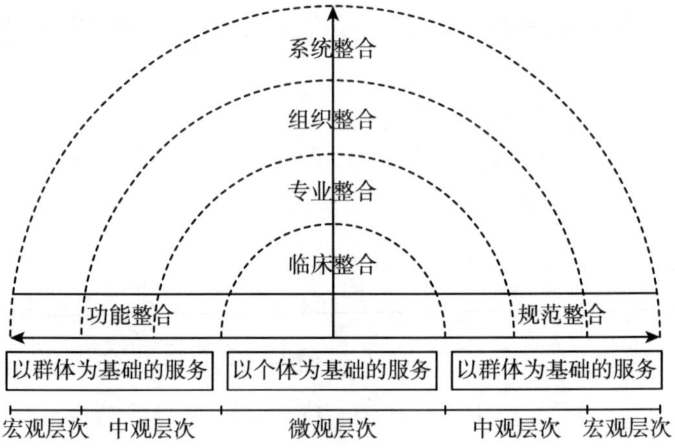

图 7－1　基于不同层次的整合照护路径

（1）宏观层次的系统整合。该层次整合逾越了无缝衔接的照护服务体系，通过系统的组织架构、政策措施以及相关准则关联，为老年群体提供合理、有效的照护服务。系统整合具有以下 2 种不同的取向：纵向对不同层级照护服务进行整合；横向对同一层级照护服务组织进行整合。例如，卫生与日常照护组织的整合。

（2）中观层次包括组织整合和专业整合。组织整合基于组织之间关系的调整，有完全整合和不完全整合 2 种形式。前者可通过组织并购或合并实现，后者可通过签订协议、构建共同战略关系、共享知识及技术网络等方式形成组织间的合作。专业整合主要以分享权益、社会责任、角色与义务为基础，通过不同专业人员之间构建战略合作关系来实现。

（3）微观层次的临床整合。这一层次整合是以个体的医养服务连续性为目标，实现基本医疗卫生和照护服务输送的无缝衔接。为此，需要逾越不同行业、部门及政策的界面障碍，围绕老年人的医养需求，对各个类型照护服务进行整合。

上述3个层次的整合通过“功能整合”和“规范整合”相互关联。功能整合是指在基层照护服务输送过程中，通过将关键支撑性功能（例如，管理、财政和信息等）相互连接，进而协调与系统整合有关的政策制定者，与组织整合有关的管理者，与专业整合有关的专业人员以及与临床整合有关的个体。规范整合是一种道德与精神层面的整合，通过照护服务体系的社会组织、专业群体和个体之间建立并保持一个共同认可的愿景框架（例如，共同的文化背景、价值观、服务愿景和使命），达到协同服务的目的。

（二）日本的医养结合模式

日本的医养结合模式介于市场化美国模式和福利型英国模式之间（乌丹星，2015），总体趋势是从福利型逐步转向市场化。日本养老制度的基本特征是推行家庭护理、保健、医疗和福利一体化。为此，日本在1997年12月通过《护理保险法》，决定在全体国民中实施护理保险制度。该项制度的主要目的是“脱离医院，让老年人回归社区，回归家庭”。日本的护理保险是强制性医疗保险，保险费为收入的1.13%，在65岁以后就可以获得这项保险提供的服务。通过实施护理保险制度，日本将失能或半失能老人的长期照护场所逐步从医疗卫生机构转移到家庭病床或社区老年福利院、老年保健中心以及疗养型综合体。

以护理保险制度为基础，日本通过整合照护政策引导、社会组织实施的方式，整合医疗卫生、社会照护、专业护理等服务资源，形成了较为完善的社区居家养老医养服务体系。居家的失能或半失能老人不仅生活不便时有人照护，而且有病能及时得到治疗和护理。专业人员的定期上门医疗护理和康复指导，既可有效延缓衰老进程，促进和维持健康状况，也节约了大量的医疗费用。同时，政府还实施“友爱访问员派遣制度”，通过社区志愿者（健康老年人）的每周数次探视，维系居家失能老人的社会联系。日本居家养老的长期照护费用，由被照护老人及其家庭承担10%，其余90%由政府公费和护理保险费各负担45%。这样的支出比例，有效地降低了居家养老的成本。

四、中国试点的医养结合模式

当前，中国社区居家养老的医养结合模式还处于试点阶段，通过对老年人需求的不断总结和制度创新，探索切合老年人实际需求的多元化社区居家养老医养结合服务内容。从北京、上海和青岛的社区居家养老医养结合模式（如表7－4所示），可总结出以下特点：

表7－4　　中国社区居家养老试点地区的医养结合模式

医养结合模式	北京：政府养老政策主导	上海：基于养老服务评估	青岛：依托医疗护理保险
资金来源	政府财政和福彩公益为主	政府财政和福彩公益为主	护理保险、财政和福彩等
资金支付	政府购买养老服务，发放养老卡和高龄津贴，实施百岁老人医疗补助	为评估达到护理需求老人提供养老服务补贴①，为70岁以上老人发放高龄津贴	根据社会医保缴费档次，确定差异化的支付标准和保险比例③
医养服务平台	街道、乡镇养老照护中心	社区居家养老服务社、日间照护中心、助餐服务点	社区居家养老服务、日间照护中心、助餐服务点
医疗嵌入形式	与周边医疗资源合作，形成多种形式的社区卫生服务机构	社区医疗卫生中心	社区医疗卫生中心
主要服务对象	失能、独居等老年人	经评估需要照护的老年人	失能或半失能老人、高龄老人
医养服务内容	助餐、日间或夜间照护、喘息服务、疾病诊疗和康复护理等，主要为短期服务	轻度照护等级提供一般照护，重度照护安排护理专业人员上门服务②	助餐、康复辅助、日间护理、家庭出诊、全科呼叫、家庭病床延伸医护

注：①根据老年人的家庭经济状况和轻度、中度、重度3个护理等级，提供不同比例养老服务补贴和专项护理补贴；②上海市民政局（2014）：上海市关于调整本市社区居家养老服务相关政策实施意见；③青岛市人力资源和社会保障局：2014年青岛市长期医疗护理保险管理办法；青岛市人民政府：2014年青岛市社会医疗保险办法。

（1）政策措施注重融入人性化的立意（时小喻，2016），从老年人健康理念、养老价值取向、智能化养老等方面持续优化养老政策。照护服务的相关制度设计体现出以失能或半失能老人需求为导向的理念，尽可能帮助他们保持正常的心理与生理状态，体现出对特殊老年群体医养需求的关注。

（2）根据各地社会经济的发展状况，长期照护的资金筹集渠道有一定程度的拓展。在总结发达国家经验基础上，通过相对合理、多样化的资金使用方式，在一定程度上为社区居家养老的医养结合服务提供了较为有力的经费支撑。

（3）注重政府层面的引导作用，充分调动社区基层医疗卫生机构、社会养老服务组织和社区工作者及志愿者的参与积极性，创造条件整合社区居家养老的医疗卫生与养老照护资源，共同参与并形成社区居家养老的医养结合服务。

但是，与发达国家社区居家养老的医养结合模式比较，我国上述试点地区存在的问题也十分明显。

第一，试点地区支撑医养结合社区居家养老的制度和政策设计缺乏基于整体发展战略高度的整体性和系统性，呈现碎片化。主要表现为相关制度和政策目标、服务资源整合及其执行过程均各自独立并表现为零散状态。这种制度和政策的碎片化，既不利于优化制度和政策的整体功能并协调相关部门、社会组织之间的关系，也不利于医养结合社区居家养老模式的逐步完善与推广。同时，制度和政策的碎片化，必然导致社区居家养老体系的资源嵌入受限，难以构建多元化主体的社区养老服务链，从而形成社区居家养老的医养服务碎片化。

第二，社区医养服务资金的来源，总体上是以政府公共财政预算为主、福彩公益金划拨为辅，缺乏更加多元化的资金筹集渠道。尽管已开始试点长期护理保险制度，但进展缓慢。发达国家的经验业已证明，除北欧地区一些实力雄厚的福利国家外，美国、日本等老龄人口基数巨大的国家，仅靠政府财政和有限的公益资金，很难支撑失能或半失能老人的长期照护。事实上，试点地区对于社区居家养老的长期照护，主要以补贴形式给予一定的资助。在中国绝大多数老年人“未富先老”的国情下，这种有限的补贴仅是杯水车薪，解决不了失能或半失能老人的长期照护问题。

第三，试点地区医养结合模式缺乏明晰的“整合照护”政策取向。由于医疗卫生和社会照护部门存在对服务供给方向的不同理解（Billings，2005），将对社区医养资源嵌入及服务的一致性形成负面影响。因此，社区居家养老的医养结合模式设计首先便要明确“整合照护”是以“被照护者”为导向①，还是以

① 据杜鹏等（2014）文献，以“被照护者”为导向的整合照护，还可细分为传统形式和改进形式。

“专家”或“一线工作者”为导向（杜鹏等，2014）。但试点地区的相关政策措施并未明确给出医养结合模式的“整合照护”政策取向信息，这一缺陷直接影响医养结合模式的有效性。

五、医养结合社区居家养老实现路径

综上所述，我国医养结合社区居家养老模式的实现路径，受到以下5个关键因素的制约：宏观层面的系统整合、长期照护的筹资渠道、整合照护的政策取向、医养服务的结构体系和复合型人才的培养。妥善处理这些制约因素，才有可能构建无缝衔接的社区养老服务链，从而实现基于整合照护理念的医养结合模式。

1. 宏观层面的系统整合

整合照护的实质是政策干预（杜鹏等，2014）。因此，发达国家大都通过设置一个卫生福利部门，管理与医疗卫生和养老服务相关的国家事务（唐钧，2013）。中国的医疗卫生和养老服务至少涉及3个政府部门：中华人民共和国民政部，主管养老服务；中华人民共和国国家卫生健康委员会，主管医疗服务；中华人民共和国人力资源和社会保障部，主管医疗保险。这种宏观层面结构分散的最大问题是整合照护的权责受限于各个部门工作职能，养老、医疗及医疗保险的协同管理难以实现，养老政策及措施呈现碎片化，形成了实现医养结合的制度障碍。为了有效整合资源、实现医养结合社区居家养老模式，国家层面的管理职能系统整合势在必行。

2018年3月启动的国务院机构改革方案，将全国老龄工作委员会办公室划归新组建的国家卫生健康委员会，整合医疗保险、医药价格管理、医疗救助等职责，组建国家医疗保障局。这些国家机构改革的举措，为基于“整合照护”理念的宏观层面系统整合奠定了良好基础。下一步的系统整合策略，应以实现医养结合社区居家养老模式为目标，对养老、医疗和相关保险政策的管理职责进行实质性整合，通过宏观层面专门机构的统一化管理，解决医养结合的政策干预碎片化问题。例如，由国家卫生健康委员会牵头，通过全国老龄工作委员会办公室整合养老资源的管理职责，从而为基于“整合照护”理念的医养结合提供制度保障。

2. 长期照护的筹资渠道

失能或半失能老人对医养服务的主要诉求是长期照护，突出问题必然是长期照护经费的来源。尽管与医疗机构比较，社区居家养老的长期照护费用至少低30%左右（唐钧，2013），但对于"未富先老"的绝大多数老年人而言也难以承担。因此，长期照护的筹资渠道直接关联医养结合社区居家养老的实现。在中国老龄人口基数巨大的背景下，以政府财政支出为主的英国福利模式必定难以为继。借鉴美国、日本等国的养老政策，以长期护理保险为主、多渠道筹集资金为辅的经费对策，才能够形成对失能或半失能老人长期照护的有效经济支撑。对此，我国相关职能部门已形成明确认识（邱海峰等，2018）。全国老龄工作委员会办公室副主任朱耀垠指出，探索建立长期护理保险制度是积极应对中国人口老龄化的重要战略举措。

2016年，中国在15个城市和2个重点省份启动了长期护理保险制度试点，覆盖人口约为4800万人。在有效减轻失能或半失能老人及其家庭经济负担的同时，带动试点地区相关产业投资约70亿元（邱海峰等，2018），有力促进了社会照护市场的发展。在长期护理保险制度的下一步推广中，建议关注以下问题：①鉴于衰老失能是老年人生命周期演化的必然结果，有必要将长期护理保险作为国家强制保险，覆盖到每一位公民；②与医疗保险一致，长期护理保险具有显著的社会互助、互利和共济属性，对此应加强宣传以形成全社会的共识；③谨慎制订不同类型人员的保险缴纳比率，对于经济困难的失能或半失能老人，应通过政府财政或社会公益资金给予必要的支持。

3. 整合照护的政策取向

根据中国社区居家养老的实际并借鉴发达国家的经验，医养结合的整合照护政策应当明确以被照护者为导向。这一政策取向主要以被照护者为中心，系统围绕老年人整合资源和组织服务，尊重并积极回应他们的兴趣、偏好和价值观，尽可能以无缝衔接方式向个体提供连续、一致的整合照护。以被照护者为导向的养老服务体系，是一种个体可以沿着照护路径自由移动的模式，不需要考虑被照护者需要哪些照护资源（杜鹏等，2014）。因此，服务连续性是以被照护者为导向养老服务体系的关键环节，其核心要素是始终如一照护和关注被照护者（ICES，2011）。

实际的养老服务体系中，"被照护者"导向模式很难与"专家"导向、"一线工作者”导向模式完全割裂开。一线工作者直接面对被照护者，能够熟知每一位被照护者的具体需求，因而可以有针对性提供照护服务。同时，这一过程也需要不同领域专家的配合，通过评估被照护者的个体需求，以“一揽子”照护方案提供无缝衔接的医养服务。由此来看，国际上关于整合照护政策取向的分类仅具学术意义和参考价值（Raney，2013；Butt et al.，2012）。中国整合照护的政策取向既使明确以被照护者为导向，也应兼容“专家”导向和“一线工作者”导向的部分内容，形成以老年人个体为核心的整合照护策略。

4. 医养服务的结构体系

结构体系是指对群体的覆盖（黄佳豪，2014；杨哲，2016）。与机构养老有所不同，医养结合社区居家养老服务的结构体系不仅包括失能或半失能老人，而且还包括健康老年人。CLHLS 数据统计表明（如图 7－22 所示），在老年人群体中失能或半失能数量占比为 26.48%，健康数量占比为 73.52%。对于占七成以上居家养老的健康老年人而言，同样需要社区的医养服务，但其服务需求与前者大相径庭。美国社区居家养老案例[①]表明（张强等，2014），健康老年人群体主要存在以下 4 个方面的核心需求：个人社工服务[②]、医疗健康服务、教育娱乐服务和志愿者机会。

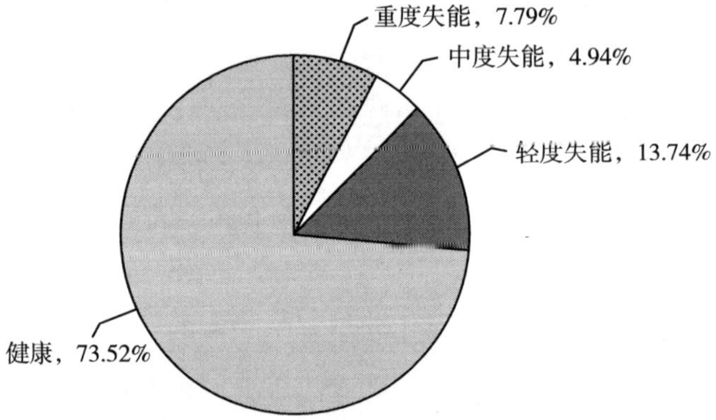

图 7－2　CLHLS 观测的不同类型老年人比例

资料来源：根据 2011—2012 年 CLHLS 数据统计；依据老年人的 ADL 值：0～1 为重度失能，2～3 为中度失能，4～5 为轻度失能，6 为健康。

① 美国 NORC 社区（Naturally Occurring Retirement Community）。

② 社工服务是指，通过训练有素的专业社工，为老年人提供信息和服务推荐，协调各方力量监督并满足老年人的生理、心理和社会需求。

必须指出，目前中国的大多数医养结合研究和社区居家养老试点均聚焦于失能或半失能老人，忽视了健康老年人的医养需求。本章认为，社区居家养老的医养服务主体是失能或半失能老人，但从养老战略层面考虑，也需要重视健康老年人群体的医养服务需求。由此形成的效能有二：其一，通过预防、教育和健康监督，形成基于社区的有效老年病防预体系，变后期被动治疗为前期主动预防，不仅有利于老年人长期健康水平的提升，而且有望为社会节省宝贵的长期照护资源；其二，健康群体的志愿者机会，将使他们从服务接受者转变为服务参与者，有效促进社区养老服务链的建设。

5. 复合型人才的培养

从20世纪80年代开始，发达国家逐渐将生活照护和不以治愈疾病为目标的护理照护从医疗服务中分离出来，形成一门新的专业。根据这一专业方向，培养的人才定位于家政—护士之间或护士—医生之间，从而形成复合型的长期照护专业人才。这种复合型的照护专业人才，能够有效避免医疗服务与社会照护之间不同行业原则、价值观、文化背景等的冲突，以相同的服务目标和服务对象为基础，实现二者的无缝衔接。因此，复合型专业照护人才的缺乏是制约中国医养结合社区居家养老模式实现的关键因素之一。

为了培养复合型的照护专业人才，建议构建以医疗—护理—照护综合教育为核心的多层次专业人才培养体系：①高等医科院校增设老年照护本科专业，培养定位于护士—医生之间、类似于日本护工（又称介护士）的高级照护人才；②高职、高专进一步完善对老年护理学科及专业的建设，培养定位于护士—医生或家政—护士之间的专业照护人才；③对从事长期照护的在职人员进行系统培训，以培养老年护理知识为重点，培养定位于家政与护士之间的专业人才。

参考文献

［1］白雪洁，程于思．医疗资源配置的城乡区域差异与中老年人个体健康［J］．西安交通大学学报（社会科学版），2019，39（2）：80－89.

［2］曹裴娅，罗会强，侯利莎等．中国 45 岁及以上中老年抑郁症状及影响因素研究［J］．四川大学学报（医学版），2016，47（5）：763－767.

［3］车茂娟．中国家庭养育关系中的“逆反哺模式”［J］．人口学刊，1990（4）：52－54.

［4］陈长香，冯丽娜，李淑杏等．家庭及社会支持对城乡老年人心理健康影响的研究——以河北省城乡老年人调查为例［J］．医学与哲学（A），2014，35（2）：30－33.

［5］陈春林，刘继恩．试论社区卫生服务及其指标系列［J］．中国医院管理，1987，7（8）：21－24，36.

［6］陈芳，方长春．家庭养老功能的弱化与出路：欠发达地区农村养老模式研究［J］．人口与发展，2014，20（1）：99－106.

［7］陈国娟，刘芳．我国养老金缺口问题分析及对策研究［J］．劳动保障世界，2018（20）：14.

［8］陈璐，范红丽，赵娜等．家庭老年照料对女性劳动就业的影响研究［J］．经济研究，2016，51（3）：176－189.

［9］陈强．高级计量经济学及 Stata 应用［M］．北京：高等教育出版社，2010.

［10］陈巧依，余昌妹，杨舒蕙等．不同居住状况老年人健康影响因素和健康需求调查［J］．护理研究，2012，26（16）：1463－1465.

［11］陈肖舒．西方福利经济理论的批判与反思［D］．长春：吉林大学，2017.

［12］陈欣欣，董晓媛．社会经济地位、性别与中国老年人的家庭照料［J］．世界经济，2011，34（6）：147－160.

［13］储飞．定期健康体检对改善老年人健康行为的效果评价［J］．当代医学，2016，22（8）：23－24.

［14］陈雪玲．农村老年人医疗服务利用及影响因素研究［D］．南京：南京农业大学，2014.

［15］陈妍霖．养老方式对中国老年人自评健康、主观幸福感的影响［D］．扬州：扬州大学，2014.

［16］陈颖，马丽霞，裴慧丽等．不同失能程度老年人居家养老照护服务项目需求调查［J］．中国实用神经疾病杂志，2016，19（1）：38－40.

［17］陈英耀，王立基，王华．卫生服务可及性评价［J］．中国卫生资源，2000（6）：279－282.

［18］程令国，张晔，沈可．教育如何影响了人们的健康？——来自中国老年人的证据［J］．经济学（季刊），2015，14（1）：305－330.

［19］储亚萍．政府购买社区公共卫生服务的模式与成效研究——基于国内五个典型案例的分析［J］．东北大学学报（社会科学版），2014，16（2）：170－175.

［20］初炜，胡冬梅，宋桂荣等．老年人群养老需求及其影响因素调查分析［J］．中国卫生事业管理，2007（12）：836－838.

［21］崔佳，刘桂芝，张喜红．医疗保险定额付费方式有效性的探讨［J］．保险研究，2011（4）：76－80.

［22］戴冰，赵攀，熊梅等．四川省城市老年人社会支持状况及其与抑郁相关性［J］．中国老年学杂志，2018，38（16）：4071－4073.

［23］戴卫东．国外长期护理保险制度：分析、评价及启示［J］．人口与发展，2011，17（5）：80－86.

［24］邓峰，高建民．我国医疗资源与利用相关情况回顾分析［J］．中国卫生经济，2013，32（2）：83－85.

［25］邓敏，杨莉，陈娜．医养结合下老年人医疗消费行为影响因素分析——以南京市为例［J］．中国卫生政策研究，2017，10（1）：52－57.

［26］邓诺，卢建华，周业勤．医养结合养老模式探索［J］．中国老年学杂志，2017，37（7）：1805－1807.

［27］狄金华，韦宏耀，钟涨宝．农村子女的家庭禀赋与赡养行为研究——基于 CGSS2006 数据资料的分析［J］．南京农业大学学报（社会科学版），2014，

14 (2): 35 -43.

[28] 刁丽君，汤哲，孙菲. 北京市老年人照料需求调查 [J]. 中国老年学杂志，2005 (8): 985 -986.

[29] 丁波，王蓉. 新型城镇化背景下农民工定居地选择意愿的研究——基于科尔曼理性选择理论视角 [J]. 西北人口，2015, 36 (4): 118 -122.

[30] 丁志宏. 我国高龄老人照料资源分布及照料满足感研究 [J]. 人口研究，2011, 35 (5): 102 -110.

[31] 丁志宏. 中国老年人经济生活来源变化：2005—2010 [J]. 人口学刊，2013 (1): 69 -77.

[32] 丁志宏. 我国农村中年独生子女父母养老意愿研究 [J]. 人口研究，2014, 38 (4): 101 -111.

[33] 董夏燕，臧文斌. 退休对中老年人健康的影响研究 [J]. 人口学刊，2017, 39 (1): 76 -88.

[34] 杜本峰，郭玉. 中国老年人健康差异时空变化及其影响因素分析 [J]. 中国公共卫生，2015, 31 (7): 870 -877.

[35] 杜本峰，王旋. 老年人健康不平等的演化、区域差异与影响因素分析 [J]. 人口研究，2013, 37 (5): 81 -90.

[36] 杜鹏，王红丽. 老年人日常照料角色介入的差序格局研究 [J]. 人口与发展，2014, 20 (5): 85 -92, 111.

[37] 杜鹏，武超. 中国老年人的主要经济来源分析 [J]. 人口研究，1998 (4): 51 -57.

[38] 杜鹏，武超. 1994—2004 年中国老年人主要生活来源的变化 [J]. 人口研究，2006, 30 (2): 20 -24.

[39] 方鹏骞，熊昌娥. 社区卫生服务机构薪酬制度研究 [J]. 中国卫生经济，2010, 29 (6): 65 -67.

[40] 费孝通. 家庭结构变动中的老年赡养问题——再论中国家庭结构的变动 [J]. 北京大学学报 (哲学社会科学版), 1983 (3): 7 -16.

[41] 冯笑，郭丽娜，刘堃. 精简版流调中心抑郁量表在社区老年人中的信效度评价 [J]. 中国现代医学杂志，2016, 26 (10): 133 -137.

[42] 高利平. 农村失能老人照护方式及社会支持研究 [J]. 人口与发展，2015, 21 (4): 92 -102.

[43] 高建民，陈钢．互助医疗改善卫生服务可及性的效果评价 [J]．中国卫生经济，2007 (10)：34 - 38.

[44] 高月霞，徐程，刘国恩等．社会支持对老年人健康相关生命质量影响研究——基于南通的实证 [J]．人口与发展，2013，19 (4)：73 - 81.

[45] 顾大男．中国高龄老人就医及时性状况研究 [J]．人口学刊，2002 (3)：54 - 60.

[46] 顾大男，曾毅．1992—2002 年中国老年人生活自理能力变化研究 [J]．人口与经济，2006 (4)：9 - 13.

[47] 顾和军，刘云平．与收入相关的老人健康不平等及其分解——基于中国城镇和农村的经验研究 [J]．南方人口，2011，26 (4)：1 - 9.

[48] 谷琳，乔晓春．我国老年人健康自评影响因素分析 [J]．人口学刊，2006 (6)：25 - 29.

[49] 谷琳，杜鹏．我国老年人健康自评的差异性分析——基于 2002 年和 2005 年全国老年跟踪调查数据 [J]．南方人口，2007 (2)：58 - 64.

[50] 龚秀全．居住安排与社会支持对老年人医疗服务利用的影响研究——以上海为例 [J]．南方经济，2016 (1)：11 - 27.

[51] 龚幼龙．卫生服务研究 [M]．上海：复旦大学出版社，2002 年。

[52] 桂世勋．构建广义的老年人照料体系——以上海为例 [J]．人口与发展，2008 (3)：78 - 83.

[53] 郭延通，郝勇．失能与非失能老人社区养老服务需求比较研究——以上海市为例 [J]．社会保障研究，2016 (4)：25 - 33.

[54] 郭志刚．中国低生育进程的主要特征——2015 年 1% 人口抽样调查结果的启示 [J]．中国人口科学，2017 (4)：2 - 14，126.

[55] 韩杨，李红玉．锦州市老年人医养结合机构养老意愿及其影响因素分析 [J]．中国全科医学，2018，21 (12)：1456 - 1460.

[56] 郝静，王炜．子代支持对养老担心问题的影响——基于 2015 年第一代独生子女家庭调查 [J]．调研世界，2017 (7)：13 - 16，21.

[57] 郝静．城市第一代独生子女家庭代际互动关系研究——基于 2015 年五省市调查数据 [J]．山东社会科学，2017 (3)：76 - 80.

[58] 郝晓宁，薄涛，刘建春等．北京市失能老人照料现状及需求影响因素研究 [J]．中国卫生经济，2015，34 (8)：59 - 62.

[59] 何刚，丁国武，范艳存．我国准老年人、老年人自评健康现状及其影响因素分析——基于 CHARLS 数据的实证分析 [J]．老龄科学研究，2016，4 (3)：46－54.

[60] 何军，王恺，陈文婷．新时期参保农民养老意愿的调查分析 [J]．经济问题，2015 (1)：99－104.

[61] 贺志峰．代际支持对农村老年人主观幸福感的影响研究 [J]．人口与经济，2011 (S1)：1－3.

[62] 侯干干．医疗服务可及性对农村老龄人口健康的影响研究 [D]．蚌埠：安徽财经大学，2016.

[63] 侯磊，温伟军，金超等．住院病人空间分布函数研究 [J]．中国卫生政策研究，2015，8 (9)：69－74.

[64] 侯占伟，吴焕．浅析我国医疗资源纵向整合中存在的问题及建议 [J]．中国卫生事业管理，2009，26 (4)：249－250.

[65] 胡宏伟，栾文敬，杨睿等．挤入还是挤出：社会保障对子女经济供养老人的影响——关于医疗保障与家庭经济供养行为 [J]．人口研究，2012，36 (2)：82－96.

[66] 胡宏伟，李延宇，张澜．中国老年长期护理服务需求评估与预测 [J]．中国人口科学，2015 (3)：79－89，127.

[67] 胡宏伟，刘国恩．城镇居民医疗保险对国民健康的影响效应与机制 [J]．南方经济，2012 (10)：186－199.

[68] 胡宏伟，李玉娇．我国老年人自评健康状况及其影响因素研究——基于 ordered probit 模型的估计 [J]．山西财经大学学报，2011，33 (2)：1－8.

[69] 胡琳琳．我国与收入相关的健康不平等实证研究 [J]．卫生经济研究，2005 (12)：13－16.

[70] 胡静．医疗保险对不同收入老年群体健康和医疗服务利用的影响 [J]．中南民族大学学报（人文社会科学版），2015，35 (5)：141－145.

[71] 胡畔，魏家星，王兴平．城市边缘区居民就业、居住和服务空间区位选择——基于南京市桥北高新片区的实证分析 [J]．大连理工大学学报（社会科学版），2017，38 (4)：126－133.

[72] 画妍，郑晓莉，化前珍等．社会支持与养老机构老年人抑郁情绪的相关性 [J]．中国健康心理学杂志，2017，25 (8)：1180－1183.

［73］黄成礼，庞丽华．人口老龄化对医疗资源配置的影响分析［J］．人口与发展，2011，17（2）：33－39.

［74］黄敦平．农村劳动力流动微观决策分析［J］．人口学刊，2016，38（5）：54－59.

［75］黄枫，傅伟．政府购买还是家庭照料？——基于家庭照料替代效应的实证分析［J］．南开经济研究，2017（1）：136－152.

［76］黄枫，甘犁．过度需求还是有效需求？——城镇老人健康与医疗保险的实证分析［J］．经济研究，2010，45（6）：105－119.

［77］黄枫．人口老龄化视角下家庭照料与城镇女性就业关系研究［J］．财经研究，2012，38（9）：16－26.

［78］黄俊辉，李放．哪些老年人更倾向于入住养老院？——基于江苏农村地区的实证调查数据［J］．西北人口，2013，34（3）：102－106.

［79］黄匡时，陆杰华．中国老年人平均预期照料时间研究——基于生命表的考察［J］．中国人口科学，2014（4）：92－101，128.

［80］黄匡时．中国高龄老人日常生活照料需求满足状况及其影响因素研究［J］．中国人口·资源与环境，2014，24（S3）：331－334.

［81］黄黎若莲，张时飞，唐钧．中国人口老龄化进程与老年服务需求［J］．学习与实践，2006（12）：103－113.

［82］黄庆波，胡玉坤，陈功．代际支持对老年人健康的影响——基于社会交换理论的视角［J］．人口与发展，2017，23（1）：43－54.

［83］黄伟，王玉环，马文娟．基于利益相关视角分析失能老年人居家非正式照护经济补偿［J］．中国老年学杂志，2018，38（23）：5856－5859.

［84］黄伟，乌日乐，关鹏等．中国空巢老人抑郁情况及其影响因素分析［J］．中国公共卫生，2016，32（9）：1137－1140.

［85］黄伟伟，陆迁，赵敏娟．社会资本对西部贫困地区农村老年人健康质量的影响路径——基于联立方程模型的中介效应检验［J］．人口与经济，2015（5）：61－71.

［86］黄晓宁，李勇．新农合对农民医疗负担和健康水平影响的实证分析［J］．农业技术经济，2016（4）：51－58.

［87］惠蓉，张华丽，张茹英等．我国老年人健康状况评价［J］．实用护理杂志，2002（7）：57－58.

[88] 冀云，孙鹃娟．中国老年人居住方式、代际支持对抑郁的影响 [J]．宁夏社会科学，2018 (6)：152-160.

[89] 贾云竹．老年人日常生活照料资源与社区助老服务的发展 [J]．社会学研究，2002 (5)：119-122.

[90] 贾云竹．北京市城市老年人对社区助老服务的需求研究 [J]．人口研究，2002 (2)：44-48.

[91] 贾云竹．老年人健康状况及家庭照料资源的社会性别分析 [J]．浙江学刊，2008 (3)：207-212.

[92] 蒋承，赵晓军．中国老年照料的机会成本研究 [J]．管理世界，2009 (10)：80-87.

[93] 江求川，张克中．宗教信仰影响老年人健康吗？[J]．世界经济文汇，2013 (5)：85-106.

[94] 姜向群，郑研辉．中国老年人的主要生活来源及其经济保障问题分析 [J]．人口学刊，2013，35 (2)：42-48.

[95] 姜向群，刘妮娜．老年人长期照料模式选择的影响因素研究 [J]．人口学刊，2014，36 (1)：16-23.

[96] 焦娜．社会养老保险会改变我国农村家庭的代际支持吗？[J]．人口研究，2016，40 (4)：88-102.

[97] 金卉．城市失能老人长期照护方式选择的影响因素分析——基于杭州市的调查 [J]．中共杭州市委党校学报，2015 (2)：66-72.

[98] 金卉．失能老人的社会地位与生活照料——基于 CLHLS 2011 的分析 [J]．浙江学刊，2017 (2)：45-50.

[99] 荆涛．长期护理保险理论与实践研究　聚焦老龄人口长期照料问题 [M]．北京：对外经济贸易大学出版社，2015.

[100] 康青松．定期健康体检对中老年人的重要性及影响 [J]．中外医学研究，2015，13 (3)：154-155.

[101] 雷丽华．机构养老方式的影响因素实证研究——以海南为例 [J]．统计与管理，2017 (3)：30-32.

[102] 李冰水，胡宏伟．教育与医疗保险对老年人健康状况的影响 [J]．南方人口，2010，25 (6)：1-8.

[103] 李波，王胜今，葛艳萍等．健康老龄化与卫生服务利用探析 [J]．

人口学刊，2012（3）：23－30.

［104］李春华，吴望春．代际互动对老年人死亡风险的影响——基于CLHLS 2002—2014年数据［J］．人口学刊，2017，39（3）：78－87.

［105］李春波，何燕玲，张明园．抑郁症状对社区亚老龄及老龄人群心身健康结局影响的随访研究［J］．中华流行病学杂志，2002（5）：18－21.

［106］李翠翠，江珊，杨婷婷等．山东省城乡空巢独居老人抑郁状况及影响因素［J］．中国公共卫生，2015，31（12）：1587－1589.

［107］李恩平．农村老年人口经济状况对健康和医疗资源利用的影响［D］．北京：中国社会科学院研究生院，2003.

［108］李佳，赵建国．新农合提高医疗服务可及性了吗？——基于农民主观感受的测度［J］．数学的实践与认识，2015，45（23）：71－80.

［109］李甲森，马文军．中国中老年人抑郁症状现状及影响因素分析［J］．中国公共卫生，2017，33（2）：177－181.

［110］李建新，夏翠翠．我国城乡老年人口医疗服务可及性差异研究——基于2011年中国老年健康影响因素跟踪调查数据［J］．中国卫生政策研究，2014，7（9）：39－44.

［111］李军，王丽民．我国老年人的收入状况——基于第四次中国城乡老年人生活状况抽样调查数据的分析［J］．老龄科学研究，2018，6（6）：3－17.

［112］李实，杨穗．养老金收入与收入不平等对老年人健康的影响［J］．中国人口科学，2011（3）：26－33，111.

［113］李伟峰．基于居民需求的社区卫生服务提供模式研究［D］．上海：上海交通大学，2009.

［114］李元．我国失能老人长期照护资金规模的测算分析［J］．人口学刊，2018，40（5）：78－85.

［115］李迎生．国家、市场与社会政策：中国社会政策发展历程的反思与前瞻［J］．社会科学，2012（9）：50－64.

［116］李运华，刘亚南．城镇失能老人子女照料的影响因素分析——来自CLHLS 2014的经验证据［J］．调研世界，2019（1）：30－35.

［117］李忠友，唐振柱，方志峰等．广西城乡居民高血压患病率、知晓率、治疗率与未确诊高血压人群的高血压检出率及分布［J］．中华高血压杂志，2016，24（10）：954－959.

［118］梁航．失能程度、长期照料与失能老人的照料效果［J］．新疆农垦经济，2018（10）：86－92．

［119］廖小利．农村失能老年人长期照护服务需求及影响因素分析——基于湖南的实证［J］．人口与发展，2019，25（1）：119－128．

［120］廖小利，罗军飞，罗阳．代际支持对农村老年人医疗服务利用的影响研究——来自湖南的实证［J］．人口与发展，2017，23（6）：87－95．

［121］凌蔚．浅析发展社区医疗服务面临的问题及对策［J］．实用预防医学，2011，18（8）：1596－1598．

［122］刘柏惠，俞卫，寇恩惠．老年人社会照料和医疗服务使用的不均等性分析［J］．中国人口科学，2012（3）：86－95，112．

［123］刘昌平，汪连杰．社会经济地位对老年人健康状况的影响研究［J］．中国人口科学，2017（5）：40－50，127．

［124］刘昌平，赵洁．新农合制度的医疗服务可及性评价及其影响因素——基于CHARLS数据的实证分析［J］．经济问题，2016（2）：86－91．

［125］刘德浩．长期照护制度中的家庭团结与国家责任——基于欧洲部分国家的比较分析［J］．人口学刊，2016，38（4）：36－47．

［126］刘二鹏，张奇林．失能老人子女照料的变动趋势与照料效果分析［J］．经济学动态，2018（6）：92－105．

［127］刘国恩，李星宇，石菊．退休对我国居民健康的影响——基于CFPS2010数据的研究［J］．卫生经济研究，2017（7）：3－6．

［128］刘国恩，蔡春光，李林．中国老人医疗保障与医疗服务需求的实证分析［J］．经济研究，2011，46（3）：95－107，118．

［129］刘欢．社会经济地位差异下的老年人口居住安排——基于家庭代际支持视角的研究［J］．北京社会科学，2017（9）：102－111．

［130］刘晶．子女数对农村高龄老人养老及生活状况的影响［J］．中国人口科学，2004（S1）：50－56，176－177．

［131］刘岚，董晓媛，陈功等．照料父母对我国农村已婚妇女劳动时间分配的影响［J］．世界经济文汇，2010（5）：1－15．

［132］刘岚，陈功．我国城镇已婚妇女照料父母与自评健康的关系研究［J］．人口与发展，2010，16（5）：52－59．

［133］刘立国．农村家庭养老中的代际交换分析及其对父代生活质量的影

响［J］. 南方人口，2004（2）：52－57.

［134］刘萌，马伟，伊向仁等．济南市城市社区不同自理能力老年人养老意愿及其影响因素［J］. 中国公共卫生，2016，32（10）：1301－1308.

［135］刘娜，刘长庚．居民收入提升与家庭照料约束——市场与家庭联立视角下收入差距扩大再探因［J］. 财经研究，2014，40（7）：4－16.

［136］刘茜．我国社区卫生服务效率差异的区域分解研究［J］. 中国卫生经济，2014，33（4）：59－61.

［137］刘泉．中国家庭代际关系与老年男子生活幸福度［J］. 南方人口，2014，29（4）：35－46.

［138］刘西国．基于 Heckman－HLM 模型的代际经济支持影响因素分析［J］. 统计与决策，2016（11）：95－99.

［139］刘西国，刘晓慧．基于家庭禀赋的失能老人照护模式偏好研究［J］. 人口与经济，2018（3）：56－66.

［140］刘西国．代际经济支持健康效应检验［J］. 西北人口，2016，37（1）：45－51.

［141］刘西国．经济赡养能增进老年人健康吗——基于 2011 年 CHARLS 数据的内生性检验［J］. 南方人口，2015，30（1）：47－57.

［142］刘晓婷，侯雨薇．子女经济支持与失能老年人的非正式照料研究——基于 CLHLS 的分析［J］. 浙江大学学报（人文社会科学版），2016，46（4）：144－157.

［143］刘亚飞，张敬云．非正式照料会改善失能老人的心理健康吗？——基于 CHARLS 2013 的实证研究［J］. 南方人口，2017，32（6）：64－78.

［144］刘亚飞，胡静．谁来照顾老年父母？——机会成本视角下的家庭分工［J］. 人口学刊，2017，39（5）：67－76.

［145］刘一伟．互补还是替代："社会养老"与"家庭养老"——基于城乡差异的分析视角［J］. 公共管理学报，2016，13（4）：77－88，156.

［146］陆佩佩，李红玉．失能老人养护模式选择的影响因素及养护康复需求调查［J］. 中国康复医学杂志，2015，30（5）：490－493.

［147］罗楚亮．城镇居民健康差异与医疗支出行为［J］. 财经研究，2008（10）：63－75.

［148］骆琪，阎国光．社会经济地位对老年人健康影响的实证检验［J］.

统计与决策，2012（13）：91－94.

［149］马瑞丽．农民养老中子女支持的性别差异研究［J］．华中农业大学学报（社会科学版），2015（4）：13－21.

［150］孟德锋，张兵，王翌秋．新型农村合作医疗对农民卫生服务利用影响的实证研究——以江苏省为例［J］．经济评论，2009（3）：69－76.

［151］孟琴琴，张拓红．老年人健康自评的影响因素分析［J］．北京大学学报（医学版），2010，42（3）：258－263.

［152］孟琴琴，张拓红．机体功能及健康行为对老年人健康自评的影响［J］．中华全科医学，2010，8（11）：1413－1414，1424.

［153］孟琛，项曼君．北京老年人的抑郁状况调查及 CES－D 的结构分析［J］．中国心理卫生杂志，1997（1）：56－59.

［154］孟昭兰．人类情绪［M］．上海：上海人民出版社，1989.

［155］苗艳青．卫生资源可及性与农民的健康问题：来自中国农村的经验分析［J］．中国人口科学，2008（3）：47－55，96.

［156］倪荣，刘新功，朱晨曦．城市失能老人长期照料现状及对策［J］．卫生经济研究，2010（7）：39－41.

［157］聂建亮．子女越多农村老人越幸福吗？——兼论代际支持对农村老人主观幸福感的影响［J］．西北大学学报（哲学社会科学版），2018，48（6）：91－101.

［158］聂秀泉，陈雅婷，骆曜宇等．武汉城市居民养老方式选择意愿及影响因素［J］．中国老年学杂志，2018，38（23）：5849－5851.

［159］宁满秀，潘丹．新型农村合作医疗对农户医疗服务利用平等性影响的实证研究——基于 CHNS 的数据分析［J］．东南学术，2011（2）：64－71.

［160］潘丹．中国农村居民医疗服务利用影响因素分析［J］．农业技术经济，2010（7）：41－46.

［161］潘金洪，帅友良，孙唐水等．中国老年人口失能率及失能规模分析——基于第六次全国人口普查数据［J］．南京人口管理干部学院学报，2012，28（4）：3－6，32.

［162］彭华茂，尹述飞．城乡空巢老人的亲子支持及其与抑郁的关系［J］．心理发展与教育，2010，26（6）：627－633.

［163］秦立建，童莹．医养结合养老模式的支付意愿影响因素研究［J］．

统计与信息论坛，2017，32（9）：107－114.

［164］任勤，黄洁．社会养老对老年人健康影响的实证分析——基于城乡差异的视角［J］．财经科学，2015（3）：109－120.

［165］任燕燕，阚兴旺，宋丹丹．逆向选择和道德风险：基于老年基本医疗保险市场的考察［J］．上海财经大学学报（哲学社会科学版），2014，16（4）：54－63.

［166］山娜，姜向群，王硕．老年人眼中的养老院：现状和出路——基于老年人需求层次和社会分层理论［J］．调研世界，2016（9）：54－59.

［167］舍曼·富兰德，艾伦·C. 古德曼，迈伦·斯坦诺．卫生经济学［M］．北京：中国人民大学出版社，2011.

［168］石人炳，宋涛．应对农村老年照料危机——从“家庭支持”到“支持家庭”［J］．湖北大学学报（哲学社会科学版），2013，40（4）：65－68.

［169］陶立群．高龄老人自理能力和生活照护及其对策［J］．中国人口科学，2001（C00）：36－41.

［170］王德文，叶文振，朱建平等．高龄老人日常生活自理能力及其影响因素［J］．中国人口科学，2004（S1）：93－97.

［171］王新军，郑超．医疗保险对老年人医疗支出与健康的影响［J］．财经研究，2014，40（12）：65－75。

［172］解垩．与收入相关的健康及医疗服务利用不平等研究［J］．经济研究，2009（2）：92－105.

［173］杨慧康．个体医疗资源及其可及性对老年人健康的影响［J］．人口与社会，2015，31（4）：79－88.

［174］史亚楠，官慧敏，孙秋华．老年轻度认知障碍患者抑郁情绪对工具性日常生活能力的影响［J］．预防医学，2018，30（3）：221－225.

［175］于大川，丁建定．社会医疗保险对老年人健康的影响——基于倾向得分匹配方法的反事实评估［J］．华中科技大学学报（社会科学版），2016，30（1）：107－115.

［176］朱莉华，曹乾，王健．居民健康与卫生保健及医疗服务的可及性关系——基于 CHNS 2006 年数据的实证研究［J］．经济研究导刊，2009（13）：205－207.

［177］朱昕婷，徐怀伏．医疗保险对老年人健康影响研究［J］．中国卫生

经济，2016，35（1）：38－40.

[178] 尹尚菁，杜鹏．老年人长期照护需求现状及趋势研究［J］．人口学刊，2012（2）：49－56.

[179] Aday L. A.，Andersen R. A framework for the study of access to medical care［J］. Health Services Research. 1974，9（3）：208－220.

[180] Agree E. M.，Freedman V. A.，Cornman J. C.，et al. Reconsidering substitution in long term care：When does assistive technology take the Place of Personal care［J］. Journal of Gerontology：Social Sciences，2005，60（5）：S272－S280.

[181] Anand S.，Fan V. Y.，Zhang J.，et al. China's human resources for health：quantity，quality and distribution［J］. The Lancet，2008，372（9651）：1774－1781.

[182] Andresen E. M.，Malmgren J. A.，Carter W. B.，et al. Screening for depression in well older adults：Evaluation of a short form of the CES－D（Center for Epidemiologic Studies Depression Scale）［J］. American Journal of Preventive Medicine，1993，10（2）：77－84.

[183] Baker D. W.，Sudano J. J.，Albert J. M.，et al. Lack of health insurance and decline in overall health in late middle age［J］. The New England Journal of Medicine，2001，345（15）：1106－1112.

[184] Barrett A. E.，Lynch S. M. Care－giving networks of elderly persons：Variation by marital status［J］. The Gerontologist，1999，39（6）：695－704.

[185] Beard J. R.，Petitot C. Aging and urbanization：Can cities be designed to foster active aging?［J］. Public Health Reviews，2011，32（2）：427－450.

[186] Becker G. Human capital［M］. New York：Columbia University Press，1964.

[187] Becker G，Tomes N. Child endowments and the quantity and quality of children［J］. Journal of Political Economy，1976，84（4）：2.

[188] Bolin K.，Lindgren B.，Lundborg P. Informal and formal care among single－living elderly in Europe［J］. Health Economics，2008（17）：393－409.

[189] Bongaarts J. World Economic and Social Survey 2007：Development in an ageing world［J］. Population and Development Review，2008，34（3）：580－581.

[190] Bonsange E. Does informal care from children to their elderly parents sub-

stitute for formal care in Europe? [J]. Journal of Health Economics, 2009, 28 (1): 143 -154.

[191] Bremera P., Challisb D., Leino - Kilpi H., et al. Informal and formal care: Substitutes or complements in carefor people with dementia? Empirical evidence for 8 European countries [J]. Health Policy, 2017, 121 (6): 613 -622.

[192] Carmichael F., Charles S. The opportunity costs of informal care: Does gender matter [J]. Journal of Health Economics, 2003, 22 (5): 781 -803.

[193] Charles K. K., Sevak P. Can family caregiving substitute for nursing home care? [J]. Journal of Health Economics, 2005, 24 (6): 1174 -1190.

[194] Chen Y., Hicks A., While A. E. Depression and related factors in older people in China: A systematic review [J]. Reviews in Clinical Gerontology, 2012, 22 (1): 52 -67.

[195] Chollet F., Cramer S. C., Stinear C., et al. Pharmacological therapies in post stroke recovery: Recommendations for future clinical trials [J]. Journal of Neurology, 2013, 261 (8): 1461 -1468.

[196] Collins A. L., Glei D. A., Goldman N. The role of life satisfaction and depressive symptoms in all - cause mortality [J]. Psychology and Aging, 2009, 24 (3): 696 -702.

[197] Courtney Harold Van Houtven, Edward C. Norton. Informal care and health care use of older adults [J]. Journal of Health Economics, 2004, 23 (6): 1159 - 1180.

[198] Courtney Harold Van Houtven, Edward C. Norton. Informal care and Medicare expenditures: Testing for heterogeneous treatment effects [J]. Journal of Health Economics, 2008, 27 (1): 134 -156.

[199] Cousineau N., McDowell I., Hotz S., et al. Measuring chronic patients' feelings of being a burden to their caregivers: Development and preliminary validation of a scale [J]. Medical Care, 2003, 41 (1): 110 -118.

[200] Cousins C. Social exclusion in Europe: Paradigms of social disadvantage in Germany, Spain, Sweden and the United Kingdom [J]. Policy and Politics, 1998, 26 (2): 127 -146.

[201] Davey A., Femia E. E., Zarit S. H., et al. Life on the edge: Patterns of

formal and informal help to older adults in the United States and Sweden [J]. Journal of Gerontology: Social Sciences, 2005, 60 (5), S281 - S288.

[202] David H. Peters, Anu Garg, Gerry B. Poverty and access to health care in developing countries [J]. Annals of the New York Academy of Sciences, 2008, 1136 (1): 161 - 171.

[203] DeFries E. L., McGuire L. C., Andresen E. M, et al. Caregivers of older adults with cognitive impairment [J]. Preventing Chronic Disease, 2009, 6 (2): 1 - 10.

[204] Dawson A. Future costs of long - term care for older people - some useful sources [J]. Social policy and Society, 2007 (6): 461 - 466.

[205] Elizabeth K DO, Steven A. Cohen, Monique J. Brown. Socioeconomic and demographic factors modify the association between informal caregiving and health in the Sandwich Generation [J]. Public Health, 2014, 14 (1): 362 - 369.

[206] Fulton A. T., Gary E. L. Family caregiving at the end of life [J]. Medicine and Health, 2011, 94 (2): 34 - 35.

[207] Geerlings S. W., Beekman A. T., Deeg D. J., et al. The longitudinal effect of depression on functional limitations and disability in older adults: An eight - wave prospective community - based study [J]. Psychological Medicine, 2001, 31 (8): 1361 - 1371.

[208] Cotting U., Haug K., Hinrichs K. The Long Road to Long - term Care Insurance in Germany [J]. Journal of Public Policy, 1994, 14 (3): 285 - 309.

[209] Grossman M. On the Concept of Health Capital and The Demand for Health [J]. Journal of Political Economy, 1972, 80 (2): 223 - 255.

[210] Grossman M. The demand for health: A theoretical and Empirical investigation [J]. Nber Books, 1972, 137 (2): 279.

[211] Healthy aging & the built environment. Centers for Disease Control and Prevention [website]. Atlanta, GA: Centers for Disease Control and Prevention; 2015 (http: //www. cdc. gov/healthyplaces/healthtopics/healthyaging. htm, accessed 17 June 2015).

[212] Idler E., Leventhal H., McLaughlin J., et al. In sickness but not in health: Self - ratings, identity, and mortality [J]. Journal of Health and Social Be-

havior, 2004, 45 (3): 336 -356.

[213] Jagger C., Gillies C., Moscone F., et al. Inequalities in healthy life years in the 25 countries of the European Union in 2005: A cross - national meta - regression analysis [J]. The Lancet, 2008, 372 (9656): 2124 -2131.

[214] Brown J. R., Finkelstein A. Why is the market for long - term care insurance so small? [J]. Journal of Public Economics, Elsevier, 2007, 91 (10): 1967 - 1991.

[215] Kane R. L. The Heart of Long Term Care [M]. New York: Oxford Press, 1988.

[216] Katz S., Ford A. B., Moskowitz R. W., et al. Studies of Illess in the aged. The Index of ADL: A standardized measure of biological and psychosocial function [J]. Journal of the American Medical Association, 1963: 185 (12): 914 - 919.

[217] Keating N., Fast J., Frederick J., et al. Eldercare in Canada: context, content and consequence [M]. Qttawa: Statistics Canada, 1999.

[218] Kessler R. C., Mcleod J. D. Social support and mental health in community samples [R]. American Psychological Association, 1985.

[219] Kim E. Y., Yang B. M. Cost - effectiveness analysis of long - term care services in South Korea [J]. Archives of Gerontology and Geriatrics, 2005, 40 (1): 73 -83.

[220] Kinney, Jennifer M. Home care and care - giving, [M] //James EBirren. Encyclopedia Gerontology. SanDiego: Academic Press, 1996: 667 -668.

[221] Knodel J. Living arrangements of older persons around the world [M]. New York: United Nations, 2005.

[222] Kohout F. J., Berkman L. F., Evans D. A., et al. Two shorter forms of the CES - D depression symptoms index [J]. Journal of Aging and Health, 1993, 5 (2): 179 -193.

[223] Kondratowitz H. V., Tesch - Roemer C. Welfare states do not crowd out the family: Evidence for mixed responsibility from comparative analyses [J]. Aging and Society, 2005, 25 (6): 863 -882.

[224] Lee R. L., Mok E. S. Evaluation of the psychometric properties of a modi-

fied Chinese version of the Caregiver Task Inventory—refinement and psychometric testing of the Chinese Caregiver Task Inventory: A confirmatory factor analysis [J]. Journal of Clinical Nursing, 2011, 20 (23 – 24): 3452 – 3462.

[225] Lei X., Lin W. C. The New Cooperative Medical scheme in Rural China: Does more coverage mean more service and better health? [J]. Health Economics, 2006, 2 (S2): S25 – S46.

[226] Li D., Zhang D. J., Shao J. J., et al. A meta – analysis of the prevalence of depressive symptoms in Chinese older adults [J]. Archives Gerontology and Geriatrics, 2014, 58 (1): 1 – 9.

[227] Li, L. W. Longitudinal changes in the amount of informal care among publicly paid home care recipients [J]. The Gerontologist, 2005, 45 (4): 465 – 473.

[228] Liu X., Liang J., Gu S. Flows of social support and health status among older persons in China [J]. Social Science and Medicine, 1995, 41 (8): 1175 – 1184.

[229] Miller W., Vigdor E. R., Manning W. G. Covering the uninsured: What is it worth? [J]. Health Affairs Suppl Web Exclusive, 2004 (3): 157 – 167.

[230] Mitchell J., Register J. C. An exploration of family interaction with the elder by race, socioeconomic status, and residence [J]. The Gerontologist, 1984, 24 (1): 48 – 54.

[231] Niu T. H., Meng Q. Y., Meng X. Z., et al. The analysis on the satisfactory degree of community health service and its influencing factors among the rural elders [J]. Chinese Journal of Health Statistics, 2010, 5 (27): 505 – 507.

[232] Torbica A., Calciolari S., Fattore G. Does informal care impact utilization of healthcare services? Evidence from a longitudinal study of stroke patients [J]. Social Science and Medicine, 2015, 124C (1): 29 – 38.